CONTROLE JURISDICIONAL DA CONVENCIONALIDADE DAS LEIS

O GEN | Grupo Editorial Nacional – maior plataforma editorial brasileira no segmento científico, técnico e profissional – publica conteúdos nas áreas de concursos, ciências jurídicas, humanas, exatas, da saúde e sociais aplicadas, além de prover serviços direcionados à educação continuada.

As editoras que integram o GEN, das mais respeitadas no mercado editorial, construíram catálogos inigualáveis, com obras decisivas para a formação acadêmica e o aperfeiçoamento de várias gerações de profissionais e estudantes, tendo se tornado sinônimo de qualidade e seriedade.

A missão do GEN e dos núcleos de conteúdo que o compõem é prover a melhor informação científica e distribuí-la de maneira flexível e conveniente, a preços justos, gerando benefícios e servindo a autores, docentes, livreiros, funcionários, colaboradores e acionistas.

Nosso comportamento ético incondicional e nossa responsabilidade social e ambiental são reforçados pela natureza educacional de nossa atividade e dão sustentabilidade ao crescimento contínuo e à rentabilidade do grupo.

VALERIO DE OLIVEIRA MAZZUOLI

CONTROLE JURISDICIONAL DA CONVENCIONALIDADE DAS LEIS

6ª edição — revista, atualizada e ampliada

■ O autor deste livro e a editora empenharam seus melhores esforços para assegurar que as informações e os procedimentos apresentados no texto estejam em acordo com os padrões aceitos à época da publicação, e todos os dados foram atualizados pelo autor até a data de fechamento do livro. Entretanto, tendo em conta a evolução das ciências, as atualizações legislativas, as mudanças regulamentares governamentais e o constante fluxo de novas informações sobre os temas que constam do livro, recomendamos enfaticamente que os leitores consultem sempre outras fontes fidedignas, de modo a se certificarem de que as informações contidas no texto estão corretas e de que não houve alterações nas recomendações ou na legislação regulamentadora.

■ Fechamento desta edição: 02.09.2024

■ O Autor e a editora se empenharam para citar adequadamente e dar o devido crédito a todos os detentores de direitos autorais de qualquer material utilizado neste livro, dispondo-se a possíveis acertos posteriores caso, inadvertida e involuntariamente, a identificação de algum deles tenha sido omitida.

■ **Atendimento ao cliente:** (11) 5080-0751 | faleconosco@grupogen.com.br

■ Direitos exclusivos para a língua portuguesa
Copyright © 2025 by
Editora Forense Ltda.
Uma editora integrante do GEN | Grupo Editorial Nacional
Travessa do Ouvidor, 11 – Térreo e 6º andar
Rio de Janeiro – RJ – 20040-040
www.grupogen.com.br

■ Reservados todos os direitos. É proibida a duplicação ou reprodução deste volume, no todo ou em parte, em quaisquer formas ou por quaisquer meios (eletrônico, mecânico, gravação, fotocópia, distribuição pela Internet ou outros), sem permissão, por escrito, da Editora Forense Ltda.

■ Capa: Fabricio Vale

■ Esta obra passou a ser publicada pelo GEN Editora Forense a partir da 5ª edição

CIP-BRASIL. CATALOGAÇÃO NA PUBLICAÇÃO
SINDICATO NACIONAL DOS EDITORES DE LIVROS, RJ

M429c
6. ed.

    Mazzuoli, Valerio de Oliveira
    Controle jurisdicional da convencionalidade das leis / Valerio de Oliveira Mazzuoli. - 6. ed., rev., atual. e ampl. - Rio de Janeiro : Forense, 2025.
    256 p. ; 23 cm.

    Inclui bibliografia
    ISBN 978-85-3099-526-3

    1. Direito internacional público e direito interno. 2. Tratados. 3. Direitos humanos. I. Título.

24-92940
                    CDU: 341.241:342

Gabriela Faray Ferreira Lopes - Bibliotecária - CRB-7/6643

Proponho que se reconheça natureza constitucional aos tratados internacionais de direitos humanos, submetendo, em consequência, as normas que integram o ordenamento positivo interno e que dispõem sobre a proteção dos direitos e garantias individuais e coletivos a um duplo controle de ordem jurídica: o controle de constitucionalidade e, também, o controle de convencionalidade, ambos incidindo sobre as regras jurídicas de caráter doméstico.

(Ministro CELSO DE MELLO, HC n.º 87.585/TO, Tribunal Pleno do STF, julg. 03.12.2008, fls. 341)

Sobre o Autor

Pós-doutor em Ciências Jurídico-Políticas pela Universidade Clássica de Lisboa (sob a orientação do professor catedrático Jorge Miranda). Doutor *summa cum laude* em Direito Internacional pela Faculdade de Direito da Universidade Federal do Rio Grande do Sul (UFRGS) e Mestre em Direito pela Faculdade de Direito da Universidade Estadual Paulista (UNESP), aprovado com nota máxima e com voto de louvor pela banca examinadora. Professor associado da Faculdade de Direito da Universidade Federal de Mato Grosso (UFMT) e professor convidado nos cursos de pós-graduação da UFRGS, da Universidade Estadual de Londrina (UEL) e da Pontifícia Universidade Católica de São Paulo (PUC-SP). Membro titular da Sociedade Brasileira de Direito Internacional (SBDI) e da Associação Brasileira de Constitucionalistas Democratas (ABCD). Foi membro consultor da Comissão Especial de Direito Internacional do Conselho Federal da Ordem dos Advogados do Brasil. Atuou como coordenador jurídico da *Revista de Derecho Internacional y del Mercosur* (Buenos Aires, Argentina) e consultor da Universidade da Flórida (EUA) em Direito Internacional do Meio Ambiente. É autor de vários livros sobre Direito Internacional e Direitos Humanos e de ensaios publicados em revistas especializadas, nacionais e estrangeiras. Tem lecionado em várias universidades estrangeiras (sobretudo em Portugal, Itália e França) e proferido palestras em todo o Brasil e em diversos países. É advogado, consultor e parecerista nas áreas do Direito Internacional Público, Direito Internacional Privado, Direito Constitucional e Direitos Humanos.

valerio.mazzuoli@ufmt.br

Nota Prévia à 6.ª Edição

O tema do controle jurisdicional da convencionalidade das leis não havia sido tratado sistematicamente no Brasil antes da 1.ª edição desta monografia (impressa em agosto de 2009). Sem falsa modéstia, este livro foi pioneiro em nosso país no trato do tema, dado que, antes dele, nenhum desenvolvimento havia na doutrina nacional sobre a técnica dos controles *difuso* e *concentrado* de convencionalidade, bem assim do controle *de supralegalidade* das leis, assuntos que versamos em absoluta primeira mão. Foi, portanto, depois da publicação deste livro que o tema do controle da convencionalidade efetivamente emergiu no direito brasileiro, não obstante ter vindo à luz entre nós desde a promulgação da Constituição Federal de 1988 (em sua modalidade *difusa*).

As edições anteriores desta obra tiveram repercussão nacional e internacional que nos surpreenderam. Se, antes da publicação desta obra, nada se havia desenvolvido no Brasil sobre o tema, muito menos sobre a mecânica e o funcionamento do modelo *brasileiro* de controle de convencionalidade, atualmente já é possível perceber grande movimentação na doutrina (especialmente do Direito Constitucional, das Ciências Criminais e do Direito do Trabalho) tendente a melhor compreender o assunto e seus desdobramentos no direito pátrio.[1] As teses lançadas neste livro foram rapidamente tomadas por

---

[1] Foi por influência direta desta obra – bem assim de outros estudos de nossa autoria sobre a matéria – que muitos constitucionalistas brasileiros versaram o tema do controle jurisdicional da convencionalidade das leis. Para citar apenas alguns, *v.* FACHIN, Zulmar, *Curso de direito constitucional*, 5. ed. rev., atual. e ampl., Rio de Janeiro: Forense, 2012, p. 156; SARLET, Ingo Wolfgang, MARINONI, Luiz Guilherme & MITIDIERO, Daniel, *Curso de direito constitucional*, São Paulo: RT, 2012, p. 1180-1199; e MENDES, Gilmar Ferreira & BRANCO, Paulo Gustavo Gonet, *Curso de direito constitucional*, 8. ed. rev. e atual., São Paulo: Saraiva, 2013, p. 1015. No âmbito das ciências criminais, também por influência deste livro, discorre sobre o controle de convencionalidade BITENCOURT, Cezar Roberto, *Tratado de direito penal: parte geral*, vol. 1, 19. ed. rev., atual. e ampl., São Paulo: Saraiva, 2013, p. 248 e ss. No Direito do Trabalho brasileiro, igualmente, a influência dos nossos estudos se destaca nas obras de AZEVEDO NETO, Platon Teixeira de, *Controle de convencionalidade em matéria trabalhista*, 2. ed. Brasília: Venturoli, 2023, p. 23 e ss; e ARANTES, Delaíde Alves Miranda, *Trabalho decente: uma análise na*

vários juristas, nacionais e estrangeiros, sem contar pelos inúmeros trabalhos acadêmicos (de graduação, especialização, mestrado e doutorado) elaborados a partir de então. Várias obras coletivas foram lançadas no Brasil sobre o assunto, colacionando estudos diversos sobre a temática, a partir dos nossos posicionamentos.[2] Em países como Portugal, cuja doutrina (constitucionalista e internacionalista) jamais havia versado a questão, já se percebe, doravante, um real interesse pela matéria.[3] A jurisprudência pátria, por sua vez, parece já se acostumar à ideia de que, para além de um controle de constitucionalidade, deve-se também proceder ao exercício de compatibilização das normas internas com as convenções internacionais de direitos humanos ratificadas e em vigor no Brasil.[4]

Some-se a tal constatação que, em janeiro de 2022, em razão de proposta de nossa autoria, o Conselho Nacional de Justiça (CNJ) editou ato normativo recomendando a todos os órgãos do Poder Judiciário "a observância dos tratados e convenções internacionais de direitos humanos em vigor no Brasil e a utilização da jurisprudência da Corte Interamericana de Direitos Humanos (Corte IDH), bem como a necessidade de controle de convencionalidade das

---

perspectiva dos direitos humanos trabalhistas a partir do padrão decisório do Tribunal Superior do Trabalho, São Paulo: LTr, 2023, p. 129 e ss.

[2] Como exemplos, cite-se especialmente: MAIA, Luciano Mariz & LIRA, Yulgan (orgs.), Controle de convencionalidade: temas aprofundados, Salvador: JusPodivm, 2018; e COSTA, Pablo Henrique Hubner de Lanna (org.), Controle de convencionalidade: estudos em homenagem ao Professor Doutor Valerio de Oliveira Mazzuoli, Belo Horizonte: Arraes, 2019.

[3] Nesse exato sentido, e baseado também em estudo de nossa lavra, v. MIRANDA, Jorge, Curso de direito internacional público, 5. ed. rev. e atual., Cascais: Princípia, 2012, p. 181, ao falar na existência "de um controlo de convencionalidade paralelo ao controlo de constitucionalidade e ao de legalidade". V. também, MIRANDA, Jorge, Manual de direito constitucional, Tomo VI – Inconstitucionalidade e garantia da Constituição, 4. ed. rev. e atual., Coimbra: Coimbra Editora, 2013, p. 280.

[4] A título exemplificativo, v. STF, HC n.º 87.585/TO, Tribunal Pleno, julg. 03.12.2008, voto do Min. CELSO DE MELLO, fls. 341; TST-E-ARR-1081-60.2012.5.03.0064, SBDI-I, rel. Min. CLÁUDIO BRANDÃO, red. p/acórdão Min. JOÃO ORESTE DALAZEN, julg. 28.04.2016; STJ, REsp. n.º 1.640.084/SP, 5.ª T, rel. Min. RIBEIRO DANTAS, julg. 15.12.2016; e STM, Apelação n.º 199-68.2015.7.01.0101/RJ, rel. Min. PÉRICLES AURÉLIO LIMA DE QUEIROZ, julg. 13.09.2017. No âmbito dos TRFs, TRTs e dos Tribunais de Justiça dos Estados, frise-se haver imensidão de acórdãos a aplicar o controle de convencionalidade, impossibilitando a sua citação aqui (v. Parte II, Cap. 3, infra). Merece, porém, especial destaque a Recomendação n.º 1, de 25.01.2017, da Corregedoria Geral de Justiça do Estado do Tocantins, que, pioneiramente entre os tribunais brasileiros, resolveu "[r]ecomendar aos magistrados que observem os tratados de direitos humanos e utilizem a jurisprudência da Corte Interamericana de Direitos Humanos (Corte IDH) quando da prolação de despachos, decisões e sentenças" (art. 1.º).

leis internas" (art. 1.º, I), para além da urgente "priorização do julgamento dos processos em tramitação relativos à reparação material e imaterial das vítimas de violações a direitos humanos determinadas pela Corte Interamericana de Direitos Humanos em condenações envolvendo o Estado brasileiro e que estejam pendentes de cumprimento integral" (art. 1.º, II).[5] Em fevereiro de 2023, por sua vez, o Conselho Nacional do Ministério Público (CNMP) – seguindo também proposição nossa – editou normativa semelhante (e substancialmente mais ampla) que "[r]ecomenda aos ramos e às unidades do Ministério Público a observância dos tratados, convenções e protocolos internacionais de direitos humanos, das recomendações da Comissão Interamericana de Direitos Humanos e da jurisprudência da Corte Interamericana de Direitos Humanos, e dá outras providências".[6] Assim, à luz dessas importantes Recomendações, devem os juízes e membros do Ministério Público brasileiros guardar ciência da responsabilidade que lhes compete no exercício escorreito do exame de convencionalidade e na observância do devido processo convencional, conforme os métodos que analisaremos nesta obra.

Para nós, é evidente que o anteriormente exposto é motivo de alegria e júbilo, uma vez que o avanço do estudo do tema no Brasil, bem assim as recomendações dos órgãos de controle da magistratura e do Ministério Público decorreram diretamente da publicação deste livro. Tal, entretanto, não há de servir como fator de acomodação do seu próprio Autor, que deve a cada edição da obra aperfeiçoá-la, fazer os necessários ajustes e compor eventuais lacunas. Portanto, é com esse espírito e sob tal inspiração que lançamos à luz esta nova edição, totalmente revista, atualizada e ampliada. Nela, mantivemos o nosso pensamento original, acrescido, porém, de novos e atuais contornos, bem como de inúmeras atualizações, tanto doutrinárias como jurisprudenciais (internacionais e internas).

No que tange às atualizações doutrinárias, cabe destacar os estudos recentemente desenvolvidos na Argentina, no Chile e no México, países que têm colaborado grandemente para a difusão do tema em nosso Continente. Muito do que se está a falar sobre o assunto, hoje, nesses países, já havia, porém, sido desenvolvido desde a 1.ª edição deste livro, como o leitor atento perceberá *prima facie* (especialmente no que toca ao controle *difuso* de convencionalidade). Seja como for, certo é que os estudos desenvolvidos nesses países agregam mais forças a essa nova doutrina que se está a construir no Brasil.

No que toca à jurisprudência, para esta edição realizamos um diálogo com os julgados dos tribunais brasileiros mais recentes em matéria de controle de

---

[5]   CNJ, Recomendação n.º 123, de 07.01.2022.

[6]   CNMP, Recomendação n.º 96, de 28.02.2023.

convencionalidade, julgados tais que tiveram por inspiração as teses lançadas nesta monografia em edições anteriores. Para tanto, atualizamos o Capítulo 3 da Parte II do livro, no qual foi possível realizar um balanço do tema em sede jurisprudencial no Brasil, bem assim verificar o *estado da arte* do desenvolvimento da questão entre nós.

Enfim, esperamos que esta nova edição seja bem recebida pela comunidade acadêmica brasileira e estrangeira, bem assim pelos inúmeros operadores do direito no Brasil, especialmente advogados, magistrados e membros do Ministério Público.

Cuiabá, setembro de 2024.

O AUTOR

Prefácio

Todas as vezes que somos honrados com o convite para prefaciar um livro temos que logo eleger por onde começar: pelo Autor ou pela obra. Neste caso, vamos desde logo ao Autor, VALERIO DE OLIVEIRA MAZZUOLI, que conheci numa fila de aeroporto, logo depois de ter recebido a notícia (do nosso amigo comum JOSÉ CARLOS DE OLIVEIRA ROBALDO) de que estávamos juntos aguardando o mesmo voo. Nos conhecemos, falamos, e a partir daí minha admiração pelo seu trabalho nunca mais teve teto. VALERIO, hoje, no Brasil, é, sem sombra de dúvida, o nosso internacionalista mais atualizado e produtivo, e por que não dizer (como já fez o grande professor português JORGE MIRANDA) tratar-se do maior internacionalista de língua portuguesa.

É professor emérito, que se doutorou (com o grau *summa cum laude*) em Direito Internacional pela Faculdade de Direito da Universidade Federal do Rio Grande do Sul – UFRGS, tendo realizado Pós-doutorado em Ciências Jurídico-Políticas pela Universidade Clássica de Lisboa, sob a orientação do citado constitucionalista português JORGE MIRANDA. Antes, já havia conquistado o título de Mestre em Direito Internacional pela Faculdade de Direito da Universidade Estadual Paulista – UNESP, aprovado com nota máxima e com voto de louvor pela banca examinadora. Depois de aprovado em primeiro lugar, tornou-se professor efetivo – hoje no cargo de professor-associado – de Direito Internacional da Faculdade de Direito da Universidade Federal de Mato Grosso – UFMT. Leciona, ademais, em vários cursos de pós-graduação, tanto no Brasil como no exterior.

Pela sua contribuição ao estudo do Direito Internacional na América Latina, recebeu, em 2004, o título de *Professor Honorário* da Faculdade de Direito e Ciências Políticas da Universidade de Huánuco, no Peru. É autor de incontáveis obras jurídicas, destacando-se, dentre tantas outras, as seguintes: *Prisão civil por dívida e o Pacto de San José da Costa Rica* (Forense, 2002), *Direitos humanos, Constituição e os tratados internacionais: estudo analítico da situação e aplicação do tratado na ordem jurídica brasileira* (Juarez de Oliveira, 2002), *Tratados internacionais: com comentários à Convenção de Viena de 1969*, 2. ed. (Juarez de Oliveira, 2004), *Natureza jurídica e eficácia dos acordos* stand-by *com o FMI* (RT, 2005), *Comentários à Convenção Americana sobre Direitos Humanos*, 3. ed. (RT, 2010, em coautoria com este prefaciador), *Tratados internacionais de direitos humanos e direito interno* (Saraiva, 2010), *Tribunal Penal Internacional e o direito brasileiro*, 3. ed. (RT, 2011), *Os sistemas regionais de proteção dos direitos humanos: uma análise comparativa dos sistemas interamericano, europeu e africano* (RT, 2011), *Direito supraconstitucional: do absolutismo ao Estado Constitucional e Humanista de Direito*, 2. ed. (RT, 2014, em coautoria com este prefaciador), *Teoria tridimensional das integrações supranacionais: uma análise comparativa dos sistemas e modelos de integração da Europa e América Latina* (Forense, 2014, em coautoria com o professor italiano MICHELE CARDUCCI) e *Direito dos tratados*, 2. ed. (Forense, 2015). É, ademais, autor de três consagrados *Cursos* sobremaneira utilizados pelos estudantes brasileiros, quais sejam: *Curso de direito internacional público*, *Curso de direito internacional privado* e *Curso de direitos humanos* (todos publicados pela Forense, com sucessivas edições).

No que diz respeito à obra, inédita em nosso país, que cuida do *controle de convencionalidade das leis*, creio que bastante apropriado seja comparar a doutrina de VALERIO MAZZUOLI (que coincide, no STF, com o pensamento do Ministro CELSO DE MELLO) com a posição majoritária (por ora) na nossa Corte Suprema, conduzida pelo voto do Ministro GILMAR MENDES. Antes de VALERIO, no Brasil, nada se havia desenvolvido sobre o controle jurisdicional da convencionalidade das leis, sequer minimamente. Agora, depois da decisão do STF proferida no RE n.º 466.343/SP (e no HC n.º 87.585/TO), no dia 3 de dezembro de 2008, cabe evidenciar duas formas distintas de entender o tema. Vamos às diferenças:

Posição de Valerio Mazzuoli

Para VALERIO MAZZUOLI todos os tratados internacionais de direitos humanos (reitere-se: *todos*) ratificados pelo Estado brasileiro e em vigor entre nós têm índole e nível de normas constitucionais, quer seja uma hierarquia somente material (o que ele chama de *"status* de norma constitucional"), quer seja tal hierarquia material e formal (que ele nomina de *"equivalência* de emenda constitucional"). Não importa o *quorum* de aprovação do tratado. Cuidando-se de documento relacionado com os direitos humanos, todos possuem, no mínimo, *status* de norma constitucional (por força do art. 5.º, § 2.º, da CF), podendo ter o *plus* da "equivalência" de emenda constitucional (nos termos do art. 5.º, § 3.º, da CF).

Disso resulta, como enfatiza o VALERIO, que os tratados internacionais de direitos humanos em vigor no Brasil são também (assim como a Constituição) paradigma de controle da produção normativa doméstica, o que se denomina controle de convencionalidade das leis, podendo se dar tanto na via de ação

PREFÁCIO | **XV**

(controle concentrado) quanto pela via de exceção (controle difuso). Assim, segundo o Autor, para que haja o controle pela via de ação (controle concentrado) devem os tratados de direitos humanos ser aprovados pela sistemática do art. 5.º, § 3.º, da Constituição (ou seja, devem ser *equivalentes* às emendas constitucionais), e para que haja o controle pela via de exceção (controle difuso) basta sejam esses tratados ratificados e estarem em vigor no plano interno, pois, por força do art. 5.º, § 2.º, da mesma Carta, já têm eles *status* de norma constitucional.

Os demais tratados internacionais, não relacionados com os direitos humanos, possuem *status* de supralegalidade (não de mera *legalidade* como pretende o STF). Com isso, segundo o Autor, o sistema brasileiro de controle da produção normativa doméstica também conta (especialmente depois da EC n.º 45/2004) com um controle jurisdicional da convencionalidade das leis (para além do clássico controle de constitucionalidade) e ainda com um controle de supralegalidade das normas infraconstitucionais.

Como se nota, a Constituição (no caso do direito brasileiro atual) deixou de ser o único paradigma de controle das normas do direito interno; além do texto constitucional, também são paradigma de controle da produção normativa doméstica os tratados internacionais de direitos humanos (controles difuso e concentrado de convencionalidade), bem assim os instrumentos internacionais comuns (controle de supralegalidade).

Para VALERIO MAZZUOLI, temos então que distinguir quatro modalidades de controle: de legalidade, de supralegalidade, de convencionalidade (difuso e concentrado) e de constitucionalidade (difuso e concentrado).

Sua conclusão final é a seguinte: o direito brasileiro está integrado com um novo tipo de controle das normas infraconstitucionais, que é o controle de convencionalidade das leis, tema que antes da Emenda Constitucional n.º 45/2004 era praticamente desconhecido entre nós.

Para VALERIO, pode-se também concluir que, doravante, a produção normativa doméstica conta com um duplo limite vertical material: (*a*) a Constituição e os tratados de direitos humanos (1.º limite) e (*b*) os tratados internacionais comuns (2.º limite) em vigor no Estado. No caso do primeiro limite, relativo aos tratados de direitos humanos, estes podem ter sido ou não aprovados com o *quorum* qualificado que o art. 5.º, § 3.º, da Constituição prevê. Caso não tenham sido aprovados com essa maioria qualificada, seu *status* será de norma (somente) materialmente constitucional, o que lhes garante serem paradigma (apenas) do controle difuso de convencionalidade; caso tenham sido aprovados (e entrado em vigor no plano interno, após sua ratificação) pela sistemática do art. 5.º, § 3.º, tais tratados serão material *e formalmente* constitucionais, e assim servirão também de paradigma do controle concentrado (para além, é claro, do difuso) de convencionalidade das leis.

Os tratados de direitos humanos paradigma do controle concentrado autorizam que os legitimados para a propositura das ações do controle abstrato (ADI, ADECON, ADPF etc.), previstos no art. 103 da Constituição de 1988, proponham tais medidas no STF como meio de retirar a validade de norma interna (ainda que compatível com a Constituição) que viole um tratado internacional de direitos humanos em vigor no país.

Quanto aos tratados internacionais comuns, VALERIO entende que eles servem de paradigma do controle *de supralegalidade* das normas infraconstitucionais, de sorte que a incompatibilidade destas com os preceitos contidos naqueles invalida a disposição legislativa em causa em benefício da aplicação do tratado.

Doravante, como destaca VALERIO, o profissional do direito tem a seu favor um arsenal enormemente maior do que havia anteriormente para poder invalidar as normas de direito interno que materialmente violam ou a Constituição ou algum tratado internacional ratificado pelo governo e em vigor no país. E essa enorme novidade do direito brasileiro representa um seguro avanço do constitucionalismo pátrio rumo à concretização do almejado Estado Constitucional e Humanista de Direito.

Posição majoritária do STF

No dia 3 de dezembro de 2008, foi proclamada, pelo Pleno do STF (HC n.º 87.585/TO e RE n.º 466.343/SP), uma das decisões mais históricas de toda a sua jurisprudência. Finalmente nossa Corte Suprema reconheceu que os tratados de direitos humanos valem mais do que a lei ordinária. Duas correntes estavam em pauta: a do Ministro GILMAR MENDES, que sustentava o valor *supralegal* desses tratados, e a do Ministro CELSO DE MELLO, que lhes conferia valor *constitucional*. Por cinco votos a quatro (dois Ministros não participaram do julgamento), foi vencedora (por ora) a primeira tese.

Caso algum tratado venha a ser devidamente aprovado pelas duas casas legislativas com maioria qualificada (de três quintos, em duas votações em cada casa) e ratificado pelo Presidente da República, terá ele valor de Emenda Constitucional (CF, art. 5.º, § 3.º, acrescentado pela EC n.º 45/2004). Fora disso, todos os (demais) tratados de direitos humanos vigentes no Brasil contam com valor supralegal (ou seja: valem mais do que a lei e menos que a Constituição). Isto possui o significado de uma verdadeira revolução na pirâmide jurídica de KELSEN, que era composta (apenas) pelas leis ordinárias (na base) e a Constituição formal (no topo).

Consequência prática: doravante, toda lei (que está no patamar inferior) que for contrária aos tratados mais favoráveis não possuirá validade. Como nos diz FERRAJOLI, são vigentes, mas inválidas (isso corresponde, no plano formal, à derrogação da lei). O STF, no julgamento citado, sublinhou o não cabimento no Brasil de mais nenhuma hipótese de prisão civil do depositário infiel, porque foram "derrogadas" (pelo art. 7.º, 7, da Convenção Americana sobre Direitos Humanos de 1969) todas as leis ordinárias em sentido contrário ao tratado internacional. Depois desse julgamento o STF editou, inclusive, uma Súmula Vinculante (n.º 25) para impedir a prisão de depositário infiel, qualquer que seja a modalidade do depósito.

Assim, toda lei ordinária, doravante, para ser válida, deve (então) contar com dupla compatibilidade vertical material, ou seja, deve ser compatível com a Constituição brasileira bem como com os tratados de direitos humanos em vigor no país. Se a lei (de baixo) entrar em conflito (isto é: se for antagônica) com qualquer norma de valor superior (Constituição ou tratados) ela não vale (e não conta com eficácia prática). A norma superior irradia uma espécie de "eficácia paralisante" da norma inferior (como diria o Ministro GILMAR MENDES).

Duplo controle de verticalidade: do ponto de vista jurídico a consequência natural do que acaba de ser exposto é que devemos distinguir, com toda clareza, o controle de constitucionalidade do controle de convencionalidade das leis. No primeiro é analisada a compatibilidade do texto legal com a Constituição. No segundo o que se valora é a compatibilidade do texto legal com os tratados de direitos humanos. Todas as vezes que a lei atritar com os tratados mais favoráveis ou com a Constituição, ela não vale.

Tese de doutoramento de Valerio Mazzuoli: no Brasil, quem desenvolveu, pela primeira vez, com solidez e precisão técnica, a teoria do controle de convencionalidade, foi VALERIO MAZZUOLI, em sua tese de doutoramento (sustentada na Faculdade de Direito da Universidade Federal do Rio Grande do Sul, em Porto Alegre, em 4 de novembro de 2008) aprovada *summa cum laude* por unanimidade. O que ali defendeu (a exato um mês antes da decisão do STF no RE n.º 466.343/SP e no HC n.º 87.585/TO, de 3 de dezembro de 2008) foi rapidamente tomado pela doutrina e pela jurisprudência brasileiras (inclusive, como se viu, a do Supremo Tribunal Federal) e por incontável doutrina estrangeira.

O Autor, nessa sua original tese (de onde provêm as ideias centrais contidas na presente obra, que temos a honra de prefaciar), assim lecionou:

> "Para realizar o controle de convencionalidade das leis os tribunais locais não requerem qualquer autorização internacional. Tal controle passa, doravante, a ter também caráter difuso, a exemplo do controle difuso de constitucionalidade, em que qualquer juiz ou tribunal pode se manifestar a respeito. À medida que os tratados forem sendo incorporados ao direito pátrio os tribunais locais – estando tais tratados em vigor no plano internacional – podem, desde já e independentemente de qualquer condição ulterior, compatibilizar

as leis domésticas com o conteúdo dos tratados (de direitos humanos ou comuns) vigentes no país. Em outras palavras, os tratados internacionais incorporados ao direito brasileiro passam a ter eficácia paralisante (para além de derrogatória) das demais espécies normativas domésticas, cabendo ao juiz coordenar essas fontes (internacionais e internas) e escutar o que elas dizem. Mas, também, pode ainda existir o controle de convencionalidade concentrado no Supremo Tribunal Federal, como abaixo se dirá, na hipótese dos tratados (neste caso, apenas os de direitos humanos) internalizados pelo rito do art. 5.º, § 3.º, da Constituição" (p. 227-228, do texto original).

"Ora, se a Constituição possibilita sejam os tratados de direitos humanos alçados ao patamar constitucional, com equivalência de emenda, por questão de lógica deve também garantir-lhes os meios que garantem a qualquer norma constitucional ou emenda de se protegerem contra investidas não autorizadas do direito infraconstitucional" (p. 235, do texto original).

Em relação aos tratados internacionais *comuns* (que versam temas alheios aos "direitos humanos"), segundo VALERIO MAZZUOLI o entendimento é de que eles serão paradigma do controle de *supralegalidade* das leis (que também é um controle do tipo *difuso*).

Conclusões

Fazendo a devida adequação da inovadora doutrina de VALERIO MAZZUOLI (que entende que todos os tratados de direitos humanos possuem valor constitucional) com a histórica decisão do STF de 3 de dezembro de 2008 (que reconheceu valor supralegal para os tratados de direitos humanos, salvo se aprovados por maioria qualificada), cabe concluir o seguinte:

a) os tratados internacionais de direitos humanos ratificados e vigentes no Brasil – mas não aprovados com *quorum* qualificado – possuem nível (apenas) supralegal (posição do Ministro GILMAR MENDES, por ora vencedora, no RE n.º 466.343/SP) [para VALERIO MAZZUOLI, todos os tratados de direitos humanos teriam nível constitucional, independentemente do *quorum* de aprovação congressual];

b) admitindo-se a tese de que, em regra, os tratados de direitos humanos não contam com valor constitucional, eles servem de paradigma (apenas) para o *controle difuso de convencionalidade* (ou de supralegalidade) [para VALERIO MAZZUOLI, há uma distinção entre o controle de convencionalidade – que se aplica apenas aos tratados *de direitos humanos* – e o controle de supralegalidade – que diz respeito aos demais tratados (acordos internacionais *comuns*)];

c) o controle difuso de convencionalidade (ou o de supralegalidade) não se confunde com o *controle de legalidade* (entre um decreto e uma lei, *v.g.*) nem

PREFÁCIO **XIX**

com o *controle de constitucionalidade* (que ocorre quando há antinomia entre uma lei e a Constituição) [para VALERIO MAZZUOLI é necessário distinguir quatro tipos de controle: o de legalidade, o de supralegalidade, o de convencionalidade e o de constitucionalidade];

d) o controle difuso de convencionalidade dos tratados de direitos humanos deve ser levantado em linha de preliminar, em cada caso concreto, cabendo ao juiz ou tribunal respectivo a análise dessa matéria antes do exame do mérito do pedido principal. Em outras palavras: o controle difuso de convencionalidade pode ser invocado perante qualquer juízo e deve ser feito por qualquer juiz [segundo VALERIO MAZZUOLI existe ainda o controle *de supralegalidade* das normas internas, que diz respeito aos tratados internacionais *comuns*, que igualmente pode ser invocado em preliminar perante qualquer juiz ou tribunal];

e) os tratados aprovados pela maioria qualificada do § 3.º do art. 5.º da Constituição (precisamente porque contam com "equivalência de emenda constitucional") servirão de paradigma ao controle de convencionalidade *concentrado* (perante o STF) ou *difuso* (perante qualquer juiz, incluindo-se os magistrados do STF) [foi VALERIO MAZZUOLI quem, pela primeira vez na doutrina brasileira, explicou a mecânica e o funcionamento dos controles *difuso* e *concentrado* de convencionalidade, bem assim a diferença entre os dois, como o leitor poderá observar na Parte II, Cap. 2, deste livro];

f) o controle de convencionalidade concentrado (perante o STF) tem o mesmo significado do controle de constitucionalidade concentrado (porque os tratados com aprovação qualificada equivalem a uma Emenda Constitucional) [para VALERIO MAZZUOLI, todos os tratados de direitos humanos são materialmente constitucionais, e, quando aprovados por *quorum* qualificado, são formal e materialmente constitucionais];

g) em relação ao *controle de convencionalidade concentrado* (só cabível, repita-se, quando observado o § 3.º do art. 5.º da CF) cabe admitir o uso de todos os instrumentos do controle abstrato perante o STF, ou seja, é plenamente possível defender a possibilidade de ADI (para eivar a norma infraconstitucional de inconstitucionalidade e inconvencionalidade), de ADECON (para garantir à norma infraconstitucional a compatibilidade vertical com a norma internacional com valor constitucional), ou até mesmo de ADPF (para exigir o cumprimento de um "preceito fundamental" encontrado em tratado de direitos humanos formalmente constitucional). Embora de difícil concepção, também não se pode desconsiderar a Ação Direta de Inconstitucionalidade por Omissão (ADO ou "ADI por omissão");

h) o jurista do terceiro milênio, em conclusão, não pode deixar de reconhecer e de distinguir os seguintes tipos de controle: (1) controle de legalidade; (2) controle difuso de convencionalidade (ou de supralegalidade); (3) controle concentrado de convencionalidade; e (4) controle de constitucionalidade (difuso e concentrado) [para VALERIO MAZZUOLI, teríamos: (*a*) controle de legalidade, (*b*) de supralegalidade, (*c*) de convencionalidade difuso, (*d*) de convencionalidade concentrado e (*e*) de constitucionalidade (difuso e concentrado)].

A diferença fundamental, em síntese, entre a tese de VALERIO MAZZUOLI e a posição vencedora (por ora) no STF está no seguinte: a primeira está um tom acima. Para o STF (tese majoritária, conduzida pelo Ministro GILMAR MENDES) os tratados de direitos humanos não aprovados pela maioria qualificada do art. 5.º, § 3.º, da Constituição, seriam supralegais (VALERIO discorda e os eleva ao patamar constitucional); para o STF os tratados não relacionados com os direitos humanos possuem valor legal (para VALERIO eles são todos *supralegais*, com fundamento no art. 27 da Convenção de Viena sobre o Direito dos Tratados de 1969, ratificada pelo Brasil em 25.09.2009 e promulgada pelo Decreto 7.030, de 14.12.2009). VALERIO MAZZUOLI e CELSO DE MELLO estão no tom maior. GILMAR MENDES (e a maioria votante do STF) está no tom menor. A diferença é de tom. De qualquer modo, todos fazem parte de uma orquestra jurídica espetacular: porque finalmente tornou-se realidade no Brasil a terceira onda (internacionalista) do Direito, do Estado e da Justiça.

São Paulo, julho de 2018.

LUIZ FLÁVIO GOMES
Doutor em Direito Penal pela Universidade Complutense de Madri. Mestre em Direito Penal pela USP. Fundador da Rede de Ensino LFG. Diretor-presidente do Instituto Avante Brasil. Foi Promotor de Justiça (1980 a 1983), Juiz de Direito (1983 a 1998) e Advogado (1999 a 2001).

Sumário

Abreviaturas e Siglas Usadas xxv

Introdução 1

PARTE I
TEORIA GERAL DO CONTROLE DE CONVENCIONALIDADE

Capítulo 1
Controle de Convencionalidade no Sistema Interamericano

1.1 Dever do juiz nacional em controlar a convencionalidade............................. 9

1.2 Evolução da jurisprudência da Corte Interamericana de Direitos Humanos.... 14

    1.2.1 Gênese do controle de convencionalidade 16

    1.2.2 Primeira evolução: controle *ex officio* da convencionalidade 19

    1.2.3 Segunda evolução: fixação definitiva do controle e ampliação dos legitimados 21

    1.2.4 Terceira evolução: os "padrões internacionais aplicáveis".................... 26

    1.2.5 Quarta evolução: nova ampliação dos legitimados..................... 26

    1.2.6 Estado da arte do controle de convencionalidade no sistema interamericano 28

1.3 Aferição de convencionalidade... 29

1.4 Bloco de convencionalidade *lato sensu*.. 32

1.5 Atividade do juiz interno e relações internacionais do Estado 33

1.6 Juiz nacional como juiz interamericano... 34

Capítulo 2
Técnica do Controle de Convencionalidade

2.1 Fundamento do controle de convencionalidade... 37

2.2 Tratados paradigmas do controle de convencionalidade............................ 40

2.3 Efeitos do controle de convencionalidade... 42

2.4 Devido processo convencional 44

    2.4.1 Devido processo convencional internacional 45

    2.4.2 Devido processo convencional interno....................................... 46

2.5 Responsabilidade dos agentes do Estado na omissão ou negativa de exercício do controle de convencionalidade... 49

PARTE II
MODELO BRASILEIRO DE CONTROLE DE CONVENCIONALIDADE

Capítulo 1
TRATADOS INTERNACIONAIS DE DIREITOS HUMANOS NO DIREITO INTERNO

1.1 O *status* constitucional dos tratados de direitos humanos no Brasil 55

1.2 As incongruências do § 3.º do art. 5.º da Constituição 63

1.3 Em que momento do processo de celebração de tratados tem lugar o § 3.º do art. 5.º da Constituição? 68

1.4 *Status* constitucional dos tratados de direitos humanos independentemente da entrada em vigor da Emenda n.º 45/2004 75

1.5 Efeitos da atribuição de equivalência de emenda aos tratados de direitos humanos 77

    1.5.1 Reforma da Constituição 78

    1.5.2 Impossibilidade de denúncia.. 82

    1.5.3 Paradigma do controle concentrado de normas..................................... 87

1.6 Hierarquia constitucional dos tratados de direitos humanos independentemente da data de sua ratificação (se anterior ou posterior à entrada em vigor da Emenda n.º 45/2004) 87

1.7 Aplicação imediata dos tratados de direitos humanos independentemente da regra do § 3.º do art. 5.º da Constituição 89

Capítulo 2
CONTROLE DE CONVENCIONALIDADE NO DIREITO BRASILEIRO

2.1 Introdução 93

2.2 Pioneirismo da teoria no Brasil 96

2.3 Vigência, validade e eficácia das leis 103

2.4 Teoria da dupla compatibilidade vertical material... 120

    2.4.1 O respeito à Constituição e o consequente controle de constitucionalidade 123

        2.4.1.1 A obediência aos direitos expressos na Constituição 124

        2.4.1.2 A obediência aos direitos implícitos na Constituição.............. 127

    2.4.2 O respeito aos tratados internacionais e os controles de convencionalidade (difuso e concentrado) e de supralegalidade das normas infraconstitucionais.. 132

        2.4.2.1 Os direitos previstos nos tratados de direitos humanos 136

            2.4.2.1.1 Controle difuso de convencionalidade 137

            2.4.2.1.2 Controle concentrado de convencionalidade 144

            2.4.2.1.3 Conclusão sobre as modalidades difusa e concentrada de controle.. 152

        2.4.2.2 Os direitos previstos nos tratados comuns e o controle de supralegalidade... 154

SUMÁRIO | **XXIII**

2.5 Caso prático contra o Brasil ("Guerrilha do Araguaia" e a Lei de Anistia) 158

2.6 Controles legislativo e executivo da convencionalidade das leis..................... 162

    2.6.1 Controle legislativo da convencionalidade... 162

    2.6.2 Controle executivo da convencionalidade.. 164

2.7 Reserva de plenário no controle de convencionalidade................................. 166

2.8 Recursos excepcionais e controle de convencionalidade 168

Capítulo 3
PRÁTICA JURISPRUDENCIAL DO CONTROLE DE CONVENCIONALIDADE

3.1 Introdução 173

3.2 Convencionalidade do duplo grau de jurisdição em matéria criminal (STF).... 174

3.3 Convencionalidade das políticas públicas de inserção das pessoas com deficiência (STF)... 182

3.4 Convencionalidade das audiências de custódia (STF) 185

3.5 Inconvencionalidade do *bis in idem* por pena cumprida no estrangeiro (STF).. 185

3.6 (In)convencionalidade do crime de desacato (STJ)...................................... 187

3.7 Inconvencionalidade da inacumulabilidade dos adicionais de insalubri-dade e periculosidade (TST)... 191

3.8 Convencionalidade do tipo penal militar de posse de substância entorpe-cente para uso próprio (STM) 194

3.9 (In)convencionalidade da submissão de civis à jurisdição da Justiça Militar (STM)... 195

3.10 Inconvencionalidade da inversão da ordem processual da oitiva de teste-munhas de defesa e acusação do art. 222, §§ 1.º e 2.º, do CPP (TRF-2) 197

3.11 Inconvencionalidade do pagamento de custas por ausência do autor na audiência inaugural previsto no art. 844, § 2.º, da CLT (TRT-3) 199

3.12 Conclusão... 201

CONCLUSÃO GERAL... 203

BIBLIOGRAFIA 207

OBRAS DO AUTOR 219

Abreviaturas e Siglas Usadas

Ac. – Acórdão

ADECON – Ação Declaratória de Constitucionalidade

ADI – Ação Direta de Inconstitucionalidade

ADO – Ação Direta de Inconstitucionalidade por Omissão

ADPF – Arguição de Descumprimento de Preceito Fundamental

ampl. – ampliada (edição)

AP – Ação Penal

ARE – Agravo Regimental

art. – artigo

arts. – artigos

atual. – atualizada (edição)

Cap. – Capítulo

CF – Constituição Federal

Cf. – Confronte/confrontar

cit. – já citado(a)

CLT – Consolidação das Leis do Trabalho

CNJ – Conselho Nacional de Justiça

CNMP – Conselho Nacional do Ministério Público

Corte IDH – Corte Interamericana de Direitos Humanos

CPM – Código Penal Militar

Des. – Desembargador(a)

DJ – Diário da Justiça

DJe – Diário de Justiça Eletrônico

DOU – *Diário Oficial da União*

EC – Emenda Constitucional

ed. – edição/editor

Ed.	–	Editora
et al.	–	e outros
etc.	–	*et cetera*
fls.	–	folhas
HC	–	*Habeas Corpus*
ibidem	–	mesma(s) página(s)
idem	–	mesma obra
infra	–	abaixo/à frente
julg.	–	julgado em
Min.	–	Ministro(a)
OEA	–	Organização dos Estados Americanos
OIT	–	Organização Internacional do Trabalho
ONU	–	Organização das Nações Unidas
op. cit.	–	*opus citatum* (obra citada)
p.	–	página(s)
PJe	–	Processo Judicial Eletrônico
RE	–	Recurso Extraordinário
rel.	–	relator(a)
REsp.	–	Recurso Especial
rev.	–	revista (edição)
RR	–	Recurso de Revista
RSE	–	Recurso em Sentido Estrito
ss.	–	seguintes
STF	–	Supremo Tribunal Federal
STJ	–	Superior Tribunal de Justiça
STM	–	Superior Tribunal Militar
supra	–	acima
tir.	–	tiragem
TJSP	–	Tribunal de Justiça de São Paulo
trad.	–	tradução
TRE	–	Tribunal Regional Eleitoral
TRF	–	Tribunal Regional Federal
TRT	–	Tribunal Regional do Trabalho

TST	–	Tribunal Superior do Trabalho
V./v.	–	*vide*/ver
v.g.	–	*verbi gratia (por exemplo)*
vol.	–	volume
vols.	–	volumes
vs.	–	*Versus*

Introdução

Colocação do tema

Este livro propõe uma teoria do controle jurisdicional da convencionalidade das leis no Brasil, para o fim de demonstrar a técnica e a mecânica pela qual se invalidam normas internas menos benéficas às pessoas protegidas, à luz das disposições dos tratados internacionais de direitos humanos ratificados e em vigor no Estado.

De origem francesa, a expressão "controle de convencionalidade" data do início da década de 1970, quando o Conselho Constitucional francês – na Decisão n.º 74-54 DC, de 15 de janeiro de 1975 – entendeu não ser competente para o exame da conformidade de uma lei (tratava-se da recém-aprovada lei de interrupção voluntária da gestação) com um tratado internacional de direitos humanos em vigor na França (a Convenção Europeia de Direitos Humanos, de 1950).[1] Naquela ocasião, ao declinar da competência de controle, o Conselho Constitucional consignou não poder controlar *a convencionalidade* preventiva de leis internas, senão apenas, nos termos do art. 61 da Constituição francesa, a sua *constitucionalidade*.[2] Independentemente do resultado, certo é que nascia,

---

[1] A expressão reflete um neologismo talvez pouco elegante, mas é a melhor já encontrada até o momento para designar a conformidade de uma norma interna com um tratado internacional de direitos humanos em vigor no Estado.

[2] *Journal Officiel*, de 16.01.1975, p. 671. A propósito, *v.* o *Considerando n.º 7* da Decisão 74-54, nestes termos: "Considérant que, dans ces conditions, il n'appartient pas au Conseil constitutionnel, lorsqu'il est saisi en application de l'article 61 de la Constitution, d'examiner la conformité d'une loi aux stipulations d'un traité ou d'un accord international". A partir desse momento, fixou-se, na França, a diferença fundamental entre a convencionalidade (compatibilidade das leis com as convenções internacionais em vigor) e a constitucionalidade das leis. Assim, Alland, Denis (coord.), *Droit international public*, Paris: PUF, 2000, p. 370-371; e Martins, Thomas Passos, A implementação do constitucionalismo na França, *Revista da AJURIS*, ano XXXIV, n.º 108, Porto Alegre, dez. 2007, p. 320-321. Destaque-se ser o art. 55 da Constituição francesa – "Les traités ou accords régulièrement ratifiés ou approuvés ont, dès leur publication, une autorité supérieure à celle des lois, sous réserve, pour chaque accord ou traité, de son application

naquele momento, nova terminologia (neologismo) no mundo jurídico, a indicar o exercício de compatibilidade das leis com os tratados internacionais de direitos humanos em vigor no Estado. Não obstante esse fato constatado, certo, porém, é que jamais se desenvolveu na Europa qualquer técnica ou mecânica jurídica para esse novo tipo de controle, o que só veio a ocorrer (a partir de 2006) quando a Corte Interamericana de Direitos Humanos percebeu o enorme tesouro que tal medida em si guardava, pois capaz de alterar por completo (e para melhor) os sistemas de direito interno de reconhecimento e efetivação dos tratados internacionais de direitos humanos em vigor nos Estados.

Falar em controle *de convencionalidade* significa referir, sobretudo, à compatibilidade vertical material das normas do direito interno com as previstas em convenções internacionais *de direitos humanos* em vigor no Estado. Significa, também, falar especialmente em técnica *judicial* (tanto internacional como interna) de compatibilização vertical das leis com tais preceitos internacionais. Que os tribunais internacionais de direitos humanos exercem o controle de convencionalidade de forma própria não há qualquer dúvida, pois tal é exatamente o seu papel. Contudo, por decisão desses próprios tribunais internacionais (*v.g.*, da Corte Interamericana de Direitos Humanos, em nosso entorno geográfico) devem *também* – em primeiro plano e *ex officio* – os juízes e tribunais *internos* controlar essa mesma convencionalidade, fiscalizando a compatibilidade das normas domésticas (todas elas) com os mandamentos (mais benéficos) dos tratados de direitos humanos ratificados e em vigor no Estado.[3] Não somente, porém, a análise vertical *material* das normas dissonan-

---

par l'autre partie" – a base de autorização para que o juiz *ordinário* (o Conselho Constitucional, já se viu, não tem essa competência) controle a convencionalidade das leis naquele país. A propósito, cf. SAMPAIO, José Adércio Leite, *A Constituição reinventada pela jurisdição constitucional*, Belo Horizonte: Del Rey, 2002, p. 187; e MARTINICO, Giuseppe & POLLICINO, Oreste, *The interaction between Europe's legal systems: judicial dialogue and the creation of supranational laws*, Cheltenham, UK: Edward Elgar Publishing, 2012, p. 33. Para um paralelo entre os controles de convencionalidade e constitucionalidade na França, *v.* SILVA IRARRAZAVAL, Luis Alejandro, El control de constitucionalidad de los actos administrativos en Francia y el control indirecto de constitucionalidad de la ley: la teoría de la ley pantalla, *Ius et Praxis*, vol. 12, n.º 2 (2006), p. 201-219; e BRUCE, Eva, Contrôle de constitutionnalité et contrôle de conventionnalité: réflexions autour de l'article 88-1 de la Constitution dans la jurisprudence du Conseil Constitutionnel, *VIème Congrès de Droit Constitutionnel (Association Française de Droit Constitutionnel)*, Montpellier (Juin 2005), p. 1-28.

3 Para as decisões-paradigma sobre o tema, *v.* Corte IDH, *Caso Almonacid Arellano e Outros Vs. Chile*, Exceções Preliminares, Mérito, Reparações e Custas, sentença de 26 de setembro de 2006, Série C, n.º 154, § 124; e Corte IDH, *Caso Trabalhadores Demitidos do Congresso (Aguado Alfaro e Outros) vs. Peru*, Exceções Preliminares, Mérito, Reparações e Custas, sentença de 24 de novembro de 2006, Série C, n.º 158, § 128.

tes será de rigor no controle de convencionalidade, não obstante tratar-se da que mais diretamente atinge o ser humano sujeito de direitos; também a compatibilização *procedimental* entre as previsões das leis internas relativamente às dos tratados de direitos humanos em vigor no Estado deve ser levada a cabo pelo julgador, em homenagem ao que se nomina devido processo convencional. Tal constatação, por si só, já justificaria a necessidade de o jurista pátrio investigar como há de ser a *técnica* e a *mecânica* desse controle no plano do nosso direito interno, uma vez que esse exercício de compatibilidade vertical das normas internas com os comandos dos tratados de direitos humanos em vigor no Estado é imposição do sistema interamericano de direitos humanos, no qual se mantém firmemente engajado o Brasil.

Há, como se nota, *dois* modelos de controle de convencionalidade possíveis: um *internacional* (levado a efeito, de modo coadjuvante ou complementar, pelas cortes internacionais) e um *interno* (manejado especialmente, mas não exclusivamente, pelos juízes e tribunais nacionais, em primeiro plano).[4] Neste estudo, interessa investigar (no que tange ao direito brasileiro) esse segundo modelo de controle, que é prioritário (por isso chamado de "primário") e deve ser exercido de acordo com o que ditam os comandos dos tratados de direitos humanos ratificados e em vigor no Estado, acrescido da interpretação (se existente) que deles faz a Corte Interamericana de Direitos Humanos, seguindo, sempre, o princípio *pro homine* ou *pro persona* de solução de antinomias entre as normas internacionais e internas (ou seja, aplicando a norma que, no caso concreto, for *mais benéfica* ou *mais protetiva* ao ser humano sujeito de direitos).[5]

---

[4] Cf. Cantor, Ernesto Rey, *Control de convencionalidad de las leyes y derechos humanos*, México, D.C.: Porrúa, 2008, p. 46-48; Hitters, Juan Carlos, Control de convencionalidad (adelantos y retrocesos), *Estudios Constitucionales*, año 13, n.º 1, Universidad de Talca, 2015, p. 126; Alcalá, Humberto Nogueira, Los desafíos del control de convencionalidad del *corpus iuris* interamericano para los tribunales nacionales, y su diferenciación con el control de constitucionalidad, in Marinoni, Luiz Guilherme & Mazzuoli, Valerio de Oliveira (coords.), *Controle de convencionalidade: um panorama latino-americano (Brasil, Argentina, Chile, México, Peru, Uruguai)*, Brasília: Gazeta Jurídica, 2013, p. 479-491; e Bazán, Víctor, Control de convencionalidad y diálogo jurisprudencial e nel Estado constitucional y convencional, in Bazán, Víctor, Rivera, Edwin Castro & Terán, Sergio J. Cuarezma (orgs.), *Estado constitucional y convencional*, Managua: INEJ/Hispamer, 2017, p. 27-28.

[5] Como destaca Ernesto Rey Cantor, o "juiz interno tem competência para inaplicar o direito interno e aplicar a Convenção ou outro tratado, mediante um *exame de confrontação normativa* (direito interno com o tratado) em um caso concreto e adotar uma decisão judicial protegendo os direitos da pessoa humana", ao que se nomina "controle de convencionalidade em sede nacional" (*Control de convencionalidad de las leyes y derechos humanos*, cit., p. 46-47). No mesmo sentido, v. Ferrer Mac-Gregor, Eduardo

Se é certo, porém, que incumbe prioritariamente ao Poder *Judiciário* dos Estados controlar a convencionalidade das leis no país, não é menos verdade que os demais poderes do Estado (o Legislativo e o Executivo) têm, igualmente, obrigações de respeito e acatamento para com o que dispõem as normas internacionais de direitos humanos das quais o Brasil é parte. Por esse exato motivo é que – não obstante este estudo enfatizar o controle *jurisdicional* da convencionalidade das leis – se impõe também analisar a responsabilidade dos poderes Legislativo e Executivo no que toca à observância dos tratados de direitos humanos em vigor no Brasil (daí todo o desenvolvimento que se fez na Parte II, Cap. 2, item 2.6). Frise-se, ademais, que a Corte Interamericana de Direitos Humanos, já há algum tempo, vem ampliando os legitimados ao controle de convencionalidade das leis, especialmente para o fim de atingir os demais órgãos do Estado vinculados ao sistema de justiça, como é o caso do controle de convencionalidade a ser exercitado pelo Ministério Público. Tal demonstra, em última análise, que o controle de convencionalidade das leis é obrigação atinente a *todos* os órgãos e Poderes do Estado, atualmente.

Se o tema do controle da convencionalidade das leis não havia sido sistematizado e desenvolvido no Brasil antes da publicação desta obra, certo é que ele também não é novo. Seu aparecimento se deu, entre nós, com a promulgação da Constituição Federal de 1988, que admitiu, segundo o nosso entendimento, o *status* constitucional dos tratados de direitos humanos no Brasil (à luz do art. 5.º, § 2.º). Assim, desde a promulgação do texto constitucional brasileiro (em 5 de outubro de 1988) afigura-se possível a um juiz ou tribunal local controlar a convencionalidade (a partir de 1988, apenas pela via *difusa*, e, desde a EC n.º 45/2004, também pela via *concentrada*) das normas do direito interno, tendo como paradigmas os tratados internacionais de direitos humanos em vigor no Estado. Ocorre que, não obstante ser possível controlar a convencionalidade das leis desde a entrada em vigor da Constituição de 1988, jamais tal fato foi suscitado em qualquer obra de direito constitucional ou internacional no Brasil. Mais: a partir da Emenda Constitucional n.º 45/2004, passou a ser juridicamente possível controlar a convencionalidade das leis também pela via *concentrada* perante o STF, como se verá.

Destaque-se que o tema aqui desenvolvido foi versado, em primeira mão no Brasil, em parte específica da nossa Tese de Doutorado em Direito Internacional, defendida na Universidade Federal do Rio Grande do Sul, em 4 de novembro de 2008 (e depositada vários meses antes) com a menção *summa*

& Silva García, Fernando, *El caso Castañeda ante la Corte Interamericana de Derechos Humanos*, México, D.C.: Porrúa, 2009, p. 39-40; e Herrerías Cuevas, Ignacio Francisco, *Control de convencionalidad y efectos de las sentencias*, México, D.C.: Ubijus, 2011, p. 47-48.

cum laude.[6] Contudo, a Tese – que teve por orientadora a Prof.ª CLAUDIA LIMA MARQUES, a quem rendemos homenagens – não tinha por objeto principal desenvolver um modelo brasileiro de controle da convencionalidade das leis, senão estudar a teoria do "diálogo das fontes" (ERIK JAYME) nas relações entre o direito internacional dos direitos humanos e o direito interno brasileiro.[7] Ocorre que, defendida a Tese, o tema do controle de convencionalidade foi imediatamente (apenas um mês depois) referenciado pelo Supremo Tribunal Federal no julgamento do *HC* n.º 87.585/TO,[8] no exato sentido do nosso posicionamento, momento a partir do qual a Corte Suprema passou a rever a sua antiga jurisprudência (sobre a hierarquia dos tratados no Brasil) datada do final da década de 1970.[9] Tal fato, como não poderia deixar de ser, nos incentivou a desenvolver, em obra autônoma, o tema do controle jurisdicional da convencionalidade das leis, especialmente após verificar que a totalidade da doutrina brasileira não havia percebido, até aquele momento, a amplitude e a importância desta nova temática, capaz de modificar todo o sistema de controle normativo do nosso direito interno.

PLANO DA OBRA

Dividiu-se a obra em duas partes. Na primeira, buscou-se compreender a evolução da jurisprudência sobre o tema no seio da Corte Interamericana de Direitos Humanos (Cap. 1) e a técnica do controle de convencionalidade, com todas as suas especificidades (Cap. 2). Na segunda, pretendeu-se, preliminarmente, demonstrar que os tratados de direitos humanos ratificados pelo Brasil (e já em vigor no plano internacional) têm *índole* e *nível* de normas constitucionais, independentemente de aprovação congressual por maioria qualificada, como se daria pela dicção do art. 5.º, § 3.º, da Constituição (Cap. 1). Isso porque, sem compreender o *status* normativo que guardam os tratados de direitos humanos em nosso direito interno, não há como investigar corretamente o tema

---

[6] Para o texto original, *v.* MAZZUOLI, Valerio de Oliveira, *Rumo às novas relações entre o direito internacional dos direitos humanos e o direito interno: da exclusão à coexistência, da intransigência ao diálogo das fontes*, Tese de Doutorado em Direito, Porto Alegre: UFRGS/Faculdade de Direito, 2008, publicada sob o título *Tratados internacionais de direitos humanos e direito interno*, São Paulo: Saraiva, 2010.

[7] Na Tese referida, a teoria do controle de convencionalidade foi desenvolvida na Seção II do Cap. II, especialmente às p. 226-241 (do texto original).

[8] Julgado em 03.12.2008; *v.* também o RE n.º 466.343/SP, julgado conjuntamente.

[9] O caso dizia respeito à questão da prisão civil por dívida de depositário infiel, tema que também havíamos estudado precedentemente: MAZZUOLI, Valerio de Oliveira. *Prisão civil por dívida e o Pacto de San José da Costa Rica: especial enfoque para os contratos de alienação fiduciária em garantia*, Rio de Janeiro: Forense, 2002.

do controle da convencionalidade das leis. Após essa análise – e partindo do acerto da tese do nível constitucional dos tratados de direitos humanos e do nível supralegal dos tratados comuns –, desenvolveu-se a teoria da *dupla compatibilidade vertical material* como condição de validade das normas do direito interno em confronto com aquelas (Constituição e tratados) que lhe são superiores; nesse momento, analisou-se o modelo *brasileiro* de controle de convencionalidade (em suas modalidades *difusa* e *concentrada*) e de supralegalidade das leis, bem assim os principais contornos dos controles *legislativo* e *executivo* de convencionalidade (Cap. 2). Por derradeiro, realizou-se um estudo jurisprudencial do tema no direito brasileiro atual, à luz de decisões recentes dos tribunais pátrios, para o fim de verificar o *estado da arte* da aplicação do controle de convencionalidade entre nós (Cap. 3).

O plano que se acabou de apresentar culmina por demonstrar ao leitor que há *novidade* no direito brasileiro relativamente ao controle da produção e aplicação das normas internas, qual seja a compatibilização vertical das leis não só tendo como parâmetro *a Constituição*, senão também *as convenções internacionais* de direitos humanos (mais benéficas) ratificadas pelo governo e em vigor no Estado.

Parte I

Teoria Geral do Controle de Convencionalidade

Capítulo 1

Controle de Convencionalidade no Sistema Interamericano

1.1 Dever do juiz nacional em controlar a convencionalidade

O controle da convencionalidade das leis – isto é, a compatibilização vertical das normas domésticas com os tratados internacionais de direitos humanos (mais benéficos) em vigor no Estado – é uma obrigação convencional que provém, em nosso entorno geográfico, do sistema interamericano de direitos humanos e de seus instrumentos de proteção, em especial da Convenção Americana sobre Direitos Humanos de 1969, segundo a qual os Estados-partes têm o dever (a) de *respeitar* os direitos e liberdades nela reconhecidos e de *garantir* o seu livre e pleno exercício a toda pessoa sujeita à sua jurisdição, pelo que hão de (b) *tomar as medidas* legislativas ou de outra natureza *que forem necessárias para tornar efetivos os direitos e liberdades* nela estabelecidos (arts. 1º e 2º).[1] A tais obrigações se acrescenta a do art. 43 da mesma Convenção, que obriga os Estados-partes "a proporcionar à Comissão as informações que esta lhes solicitar sobre a maneira pela qual seu direito interno assegura a aplicação efetiva de quaisquer disposições desta Convenção".

Para além de obrigação convencional, o controle de convencionalidade é também obrigação decorrente da jurisprudência constante da Corte Interamericana de Direitos Humanos, que é a "intérprete última" da Convenção Americana sobre Direitos Humanos. Em seus reiterados pronunciamentos, a Corte Interamericana tem demonstrado a preocupação de que seja o controle de

---

[1] Para detalhes, *v.* MAZZUOLI, Valerio de Oliveira, *Comentários à Convenção Americana sobre Direitos Humanos (Pacto de San José da Costa Rica)*, 3. ed. rev., atual. e ampl., São Paulo: RT, 2010, p. 25-35.

convencionalidade bem exercitado pelo Poder Judiciário dos Estados-partes à Convenção Americana, pelo que atribui aos juízes desses Estados a obrigação *primária* (inicial, imediata) de compatibilização *ex officio* das normas internas com os mandamentos dos instrumentos internacionais de direitos humanos de que o Estado é parte (*v. infra*).

Para a Corte Interamericana, o juiz nacional, como *longa manus* do Estado, tem o dever de compatibilizar a normativa doméstica com os ditames dos tratados de direitos humanos ratificados e em vigor no Estado, devendo, para tanto, proceder *ex officio* (para além, evidentemente, de quando há iniciativa da parte).[2] Portanto, a atuação do Poder Judiciário no exercício da compatibilidade vertical material e procedimental (das normas internas relativamente aos comandos dos tratados de direitos humanos em vigor) é sempre *direta*, para além de não requerer pedido do interessado e, tampouco, autorização constitucional ou legislativa para tanto, pois decorrente da jurisprudência vinculante da Corte Interamericana.[3] Também deverá o magistrado controlar a convencionalidade de forma *preliminar*, é dizer, antes da análise do mérito do pleito principal, tal como faria no exame de constitucionalidade das leis pela via difusa. Depois de realizado *ex officio* e preliminarmente, só assim poderá o juiz passar ao exame de mérito do pedido principal e proferir sentença.

O exercício do controle de convencionalidade, porém, não há de ser *mecânico*, ou seja, efetivado pelo simples cotejo, pela simplória sobreposição de uma norma (internacional) à outra (interna). Além do cotejo analítico, requer-se do magistrado conhecimento profundo do conteúdo eficacial da norma-paradigma (a norma internacional *mais benéfica*) e da interpretação que dela faz a Corte Interamericana, seja à luz de Opiniões Consultivas ou das sentenças exaradas relativamente ao Brasil ou a terceiros Estados. Por isso, tem-se como certo que o controle de convencionalidade é um verdadeiro *exercício* cognitivo-intelectivo de compatibilização vertical (sobretudo material) da norma do direito interno relativamente ao conteúdo eficacial da norma-paradigma de direito internacional mais benéfica, somado ao conhecimento da jurisprudência internacional

---

[2] Corte IDH, *Caso Trabalhadores Demitidos do Congresso (Aguado Alfaro e Outros)* vs. *Peru*, Exceções Preliminares, Mérito, Reparações e Custas, sentença de 24 de novembro de 2006, Série C, n.º 158, § 128.

[3] V. Sagüés, Néstor Pedro, Obligaciones internacionales y control de convencionalidad, *Estudios constitucionales*, año 8, n.º 1, Universidad de Talca, 2010, p. 123; e Ramírez, Sergio García, El control judicial interno de convencionalidad, in Bogdandy, Armin von, Piovesan, Flávia & Antoniazzi, Mariela Morales (coords.), *Estudos avançados de direitos humanos: democracia e integração jurídica* – emergência de um novo direito público, Rio de Janeiro: Elsevier, 2013, p. 583, assim: "... el control se ejerce *ex officio*, con entera independencia de que lo invoquen o no los agraviados".

relativa à matéria. É por tal razão que o controle de convencionalidade não se confunde com a *mera aplicação* de tratados, como se poderia supor à primeira vista, pois a aplicação pura e simples de tratados internacionais – nos moldes da Convenção de Viena sobre o Direito dos Tratados, de 1969 – desconhece a aplicação do princípio *pro homine* ou *pro persona* e não se baliza por interpretações jurisprudenciais internacionais, dada a prevalência fria que o Direito dos Tratados atribui às normas internacionais ratificadas e em vigor sobre todo o direito interno estatal, diferentemente do exercício do controle de convencionalidade, que aceita a cedência da norma internacional relativamente à interna, quando a ordem doméstica for *mais benéfica* ao ser humano sujeito de direitos.

Ademais, no julgamento do *Caso Comunidade Garífuna de Punta Piedra e seus Membros vs. Honduras*, a Corte Interamericana advertiu ser dever dos Estados controlar a convencionalidade das leis à luz da jurisprudência interamericana e dos "padrões internacionais aplicáveis [à matéria em questão]" (naquele caso, tratava-se de aplicar os padrões em matéria *indígena* estabelecidos pela Corte).[4] Perceba-se, assim, que os paradigmas de controle são – a partir desse julgamento – todas as normas e princípios que perfazem os *padrões internacionais* de proteção de uma dada matéria, e não somente os estândares interamericanos respectivos. Tal reforça a tese de que o controle de convencionalidade a ser efetivado no Brasil há de ter como base interpretativa todo o *corpus juris* internacional de proteção de que o Estado é parte, ou seja, todo o mosaico protetivo dos sistemas global (onusiano) e regional interamericano a que o Brasil juridicamente se vincula (*v.* item 1.2, *infra*). Assim, o exercício que deverá o Poder Judiciário realizar é complexo e está a envolver tanto a localização da norma internacional aplicável, como o conhecimento de seu conteúdo eficacial, os princípios internacionais relativos e, finalmente, a (eventual) interpretação que dela faz a Corte Interamericana de Direitos Humanos.

Há, como se nota, *duas técnicas* de controle conjugadas: a que leva em conta somente o texto do tratado-paradigma, e a que acresce ao texto a interpretação (acaso existente) que dele faz a Corte Interamericana, à luz de sua jurisprudência constante e dos padrões internacionais aplicáveis a cada tema em questão. Não havendo interpretação da norma já realizada pela Corte Interamericana, deverá o juiz interno postar-se no lugar de juiz *internacional* para, à luz dos princípios do direito internacional dos direitos humanos, especialmente do princípio *pro homine* ou *pro persona*, proferir a sentença. O juiz doméstico há de ser, assim, *proativo* na implementação (interpretação + aplicação) dos tra-

---

4   Corte IDH, *Caso Comunidade Garífuna de Punta Piedra e seus Membros* vs. *Honduras*, Exceções Preliminares, Mérito, Reparações e Custas, sentença de 8 de outubro de 2015, Série C, n.º 304, §§ 211 e 225.

tados de direitos humanos em vigor no Estado, rechaçando *ex officio* qualquer interpretação – como se juiz internacional fosse – contrária aos objetivos e à finalidade dos tratados; deve, ainda, conhecer o *espírito* do sistema internacional (global e regional) de proteção dos direitos humanos, seus princípios, diretrizes e nuances, sem o que a sentença não restará completa relativamente à proteção que é devida à parte. Tem-se, aqui, no que respeita à atividade do juiz convencional, um *desdobramento funcional* de competências, que o mantém na posição de juiz interno, ao mesmo tempo que lhe consagra as tarefas de juiz internacional.[5] Essa técnica não é desconhecida dos operadores do Direito em geral, pois é a mesma utilizada pelos juízes internos no exercício de aplicação de leis estrangeiras em julgamentos relativos ao direito internacional privado, sabendo-se já que apenas postando-se na condição de juiz estrangeiro (no caso dos julgamentos envolvendo direito internacional privado) é que o juiz nacional terá melhores condições de aplicar a norma estrangeira *tal como faria* o juiz competente da *lex causae*. Tudo o que não pode o Poder Judiciário fazer é deixar de aplicar a normativa internacional de proteção a pretexto de não a conhecer ou de não ter familiaridade com os seus mandamentos; tanto a pesquisa da norma (texto) aplicável quanto da jurisprudência e dos princípios internacionais relativos à matéria que lhe dão suporte são de responsabilidade do juiz.

Como órgão do Estado, o juiz se vincula àquilo que foi assumido (pela via da ratificação) no plano internacional, ficando também adstrito ao que a Corte Interamericana entende ser a sua correta interpretação. Se, para o Estado em causa, a decisão da Corte de San José vale como *res judicata*, para Estados terceiros tem valor de *res interpretata*, vinculando a interpretação jurídica do comando convencional aos juízes e tribunais locais.[6] Por isso, se exercido com zelo e sobriedade, o controle de convencionalidade favorece o diálogo entre juízes (nacionais e internacionais) e fomenta uma cultura de direitos humanos capaz de alcançar o desejado *ius commune* interamericano, pela aplicação uniforme do direito internacional dos direitos humanos nos países do Continente Americano.[7] Os juízes e tribunais nacionais, nesse contexto, passam a ser prota-

---

5   V. Cavallo, Gonzalo Aguilar. El control de convencionalidad: análisis de derecho comparado, *Revista Direito GV*, vol. 9, n.º 2, São Paulo, jul.-dez. 2013, p. 724.

6   Cf. Mac-Gregor, Eduardo Ferrer, Eficacia de la sentencia interamericana y la cosa juzgada internacional: vinculación directa hacia las partes (*res judicata*) e indirecta hacia los Estados parte de la Convención Americana (*res interpretata*) – Sobre el cumplimiento del *Caso Gelman* vs. *Uruguay, Anuario de Derecho Constitucional Latinoamericano*, 19.º año, Bogotá: Konrad-Adenauer-Stiftung, 2013, p. 607-638.

7   Cf. Ramírez, Sergio García, El control judicial interno de convencionalidad, cit., p. 560-562. Sobre o *ius commune* interamericano, cf. Bogdandy, Armin von, Mac-Gregor, Eduardo Ferrer & Antoniazzi, Mariela Morales (coords.), *La justicia constitucional*

gonistas especiais da proteção dos direitos humanos em seus respectivos países, o que demonstra, a um só tempo, que o sistema interamericano de proteção dos direitos humanos não é autossuficiente, e que, por outro lado, o Poder Judiciário tem melhores condições de zelar pela aplicação dos tratados de direitos humanos que outros poderes do Estado, pois se trata do poder do Estado constitucionalmente talhado à resolução dos conflitos.[8]

É evidente, no entanto, que a boa atuação do juiz no exercício do controle de convencionalidade está intimamente ligada à conduta do próprio Estado do qual é *longa manus*. A política externa dos Estados diz muito sobre a *vontade* dos entes soberanos de levar ou não a cabo as obrigações internacionalmente assumidas em matéria de direitos humanos. Daí a Convenção Americana impor a todos os seus Estados-partes o *dever* de tomar as medidas necessárias (legislativas ou de outra natureza) para *tornar efetivos* os direitos e liberdades nela reconhecidos (art. 2.º). De fato, de nada adiantaria um juiz preparado para exercer o controle de convencionalidade (com conhecimento, inclusive, da jurisprudência interamericana e dos princípios internacionais aplicáveis à matéria) se não houvesse no Estado respectivo mecanismos hábeis ou condições efetivas a permitir o gozo e o exercício dos direitos e liberdades previstos nos instrumentos de direitos humanos em vigor. Ademais, em última análise, é sempre o *Estado* a figura internacionalmente responsável pelas violações de direitos humanos perpetradas em seu território, respondendo, no plano externo, pelos atos de todos os seus Poderes e, também, de seus Estados-federados (no caso das federações, como o Brasil).

A imposição dirigida aos Estados pela Convenção – de respeitar os direitos e liberdades nela reconhecidos e de garantir o seu livre e pleno exercício a toda pessoa sujeita à sua jurisdição – resta ainda mais nítida quando os Estados *aceitam* a competência contenciosa da Corte Interamericana, uma vez que, a partir daí, reconhecem (segundo o comando do art. 62, 1, da Convenção) a competência desse tribunal internacional para decidir sobre todos os casos relativos à *interpretação* ou *aplicação* do Pacto de San José. Apenas a denúncia da Convenção seria capaz de desonerar os Estados-partes à Convenção Americana no cumprimento das obrigações assumidas perante o sistema regional interamericano, e, mesmo assim, com efeitos apenas *ex nunc*, que não atingem as ações *já iniciadas* perante o sistema interamericano.

---

y su internacionalización: ¿hacia un ius constitutionale commune *en América Latina?* México, D.C.: UNAM, 2010 (2 vols).

[8] Cf. Dulitzky, Ariel E., An Inter-American Constitutional Court? The invention of the conventionality control by the Inter-American Court of Human Rights, *Texas International Law Journal*, vol. 50, Issue 1 (2015), p. 91-93.

As obrigações jurídicas que decorrem do controle de convencionalidade são explicitadas pela jurisprudência da Corte Interamericana, motivo pelo qual é necessário compreender a sua evolução ao longo dos anos, até o momento atual. Essa premissa é fundamental para se que estude a técnica e a mecânica do controle de convencionalidade, para o fim de compreender as características do modelo *brasileiro* de controle. De fato, a Corte Interamericana *não impõe* um modelo determinado de controle de convencionalidade aos Estados-partes da Convenção Americana, cabendo a cada Estado instituir o seu próprio sistema de controle, à luz das respectivas previsões constitucionais e dos recursos existentes em sua legislação interna. Tal restou bastante claro no julgamento do *Caso Liakat Ali Alibux* vs. *Suriname*, de 30 de janeiro de 2014, quando a Corte Interamericana reconheceu que "a Convenção Americana não impõe um modelo específico para realizar um controle de constitucionalidade e de convencionalidade".[9] Dessa forma, há liberdade aos Estados na definição de sua técnica e mecânica de controle, especialmente conforme suas normas constitucionais e seu sistema processual e recursal. O que não pode o Estado fazer é *deixar* de controlar a convencionalidade das leis sob qualquer pretexto, pois o controle de convencionalidade é obrigação estatal que decorre da Convenção Americana e da firme jurisprudência da Corte Interamericana de Direitos Humanos a esse respeito.

1.2 Evolução da jurisprudência da Corte Interamericana de Direitos Humanos

O exercício prioritário do controle de convencionalidade pelos tribunais internos ("controle primário") tem sido ordenado pela Corte Interamericana de Direitos Humanos desde 2006,[10] cujas decisões o Brasil se comprometeu (pelo Decreto Legislativo n.º 89/1998) a respeitar e a fielmente cumprir.[11] Esse

---

[9] Corte IDH, *Caso Liakat Ali Alibux* vs. *Suriname*, Exceções Preliminares, Mérito, Reparações e Custas, sentença de 30 de janeiro de 2014, Série C, n.º 276, § 124.

[10] V. *Síntese do Relatório Anual da Corte Interamericana de Direitos Humanos referente ao Exercício de 2006* (Washington, D.C., 29 de março de 2007), reproduzido no documento da Assembleia-Geral da OEA (AG/doc. 4761/07) de 2 de junho de 2007 (*Observações e Recomendações dos Estados Membros sobre o Relatório Anual da Corte Interamericana de Direitos Humanos*), p. 12, nestes termos: "No que diz respeito a deveres judiciais e meios de proteção, cabe mencionar: impugnabilidade dos efeitos da interpretação ou aplicação de uma norma; *'controle de convencionalidade' por parte dos tribunais internos*; leis que excluem o processo penal de crimes de lesa-humanidade" [grifo nosso].

[11] Assim dispõe o art. 1.º do Decreto Legislativo n.º 89/1998: "É aprovada a solicitação de reconhecimento da competência obrigatória da Corte Interamericana de Direitos Humanos em todos os casos relativos à interpretação ou aplicação da Convenção Ame-

Parte I • Cap. 1 • CONTROLE DE CONVENCIONALIDADE NO SISTEMA INTERAMERICANO | 15

controle interno deve ser efetivado sempre em primeiro plano, antes da eventual manifestação de um tribunal internacional a respeito e *ex officio*, por terem os juízes nacionais maiores condições de avaliar o grau da violação de direitos humanos em causa, além de serem melhores conhecedores das realidades e complexidades locais.

Esclareça-se, porém, que a obrigação de controlar a convencionalidade das leis no sistema interamericano remonta à entrada em vigor da Convenção Americana, em 18 de julho de 1978 (nos termos do seu art. 74, 2). Assim, deve-se atentar que, desde o início de suas atividades, a Corte Interamericana tem exigido que se *controle* a convencionalidade das leis dos Estados-partes à Convenção Americana, ainda que, à época, sem a utilização dessa terminologia própria. No plano do controle *internacional* da convencionalidade, esse fato é patente, pois tal é justamente a missão de um tribunal internacional de direitos humanos: cotejar o comando legislativo interno com o que dispõe a norma internacional de proteção, invalidando o primeiro por inconvencionalidade, quando menos benéfico ao ser humano sujeito de direitos. Ocorre que, depois de mais de vinte anos passados, veio a expressão "controle de convencionalidade" efetivamente "aparecer" no âmbito da Corte Interamericana.[12] Ademais, foi tão somente a partir de 2006 que a Corte Interamericana passou a entender ser *obrigação* dos juízes e tribunais internos proceder ao exame da compatibilidade das leis domésticas com a Convenção Americana, levando em conta não somente a Convenção, senão também a interpretação que dela faz a Corte Interamericana, intérprete última e mais autorizada do Pacto de San José. Assim, a partir daquele momento, a Corte Interamericana transportou a obrigatoriedade de controle de convencionalidade dessas mesmas leis, de forma prioritária, para o Poder Judiciário dos Estados-partes (o que não havia feito expressamente até então). Tempos depois – no julgamento dos casos *Cabrera García e Montiel Flores* vs. *México* e *Gelman* vs. *Uruguai*, de 2010 e 2011 –, a mesma Corte ampliou a obri-

---

ricana de Direitos Humanos para fatos ocorridos a partir do reconhecimento, de acordo com o previsto no parágrafo primeiro do art. 62 daquele instrumento internacional".

[12] V. HITTERS, Juan Carlos, Control de constitucionalidad y control de convencionalidad: comparación (criterios fijados por la Corte Interamericana de Derechos Humanos), *Estudios Constitucionales*, año 7, n.º 2, Universidad de Talca, 2009, p. 110-111, nestes termos: "Claro está que cuando se utiliza la terminología de 'control de convencionalidad', no se quiere decir que recién a partir del citado asunto la Corte IDH haya ejercido tal potestad, porque desde siempre el cuerpo hace una comparación entre ambos esquemas, destacando por supuesto la prioridad de la regla supranacional; lo que en verdad ha sucedido es que desde ese momento se utiliza tal fraseología". No mesmo sentido, cf. ALCALÁ, Humberto Nogueira, Los desafíos del control de convencionalidad del *corpus iuris* interamericano para los tribunales nacionales, y su diferenciación con el control de constitucionalidad, cit., p. 485.

gatoriedade do exercício desse controle para *todos* os órgãos do Estado, para além apenas do Poder Judiciário (*v. infra*). Será, também, sob esse enfoque, que definiremos os contornos do controle de convencionalidade das leis nos termos do direito brasileiro atual.

1.2.1 Gênese do controle de convencionalidade

O início da evolução jurisprudencial da Corte Interamericana sobre a obrigatoriedade do controle interno de convencionalidade das leis deu-se no *Caso Almonacid Arellano e Outros* vs. *Chile*,[13] julgado em 26 de setembro de 2006, em que assentado o seguinte:

> A Corte tem consciência de que os juízes e tribunais internos estão sujeitos ao império da lei e, por isso, estão obrigados a aplicar as disposições vigentes no ordenamento jurídico. Porém, quando um Estado ratifica um tratado internacional como a Convenção Americana, seus juízes, como parte do aparato do Estado, também estão submetidos a ela, o que os obriga a velar para que os efeitos das disposições da Convenção não se vejam prejudicados pela aplicação de leis contrárias ao seu objeto e fim, e que desde o seu início carecem de efeitos jurídicos. Em outras palavras, o Poder Judiciário *deve exercer uma espécie de "controle de convencionalidade"* entre as normas jurídicas internas que aplicam nos casos concretos e a Convenção Americana sobre Direitos Humanos. Nesta tarefa, o Poder Judiciário deve ter em conta não somente o tratado, senão também a interpretação que do mesmo tem feito a Corte Interamericana, intérprete última da Convenção Americana [grifo nosso].[14]

---

[13] O caso dizia respeito ao homicídio do Sr. Almonacid Arellano pelo regime militar chileno, em 17 de setembro de 1973, junto à denegação de justiça gerada pela falta de investigação do crime, limitada pelo Decreto-Lei n.º 2.191/1978 que anistiou as Forças Armadas no Chile.

[14] Corte IDH, *Caso Almonacid Arellano e Outros* vs. *Chile*, Exceções Preliminares, Mérito, Reparações e Custas, sentença de 26 de setembro de 2006, Série C, n.º 154, § 124. Frise-se que a referência feita pela Corte Interamericana ao "Poder Judiciário" não exclui o dever de controle pelos chamados "Tribunais Constitucionais". Veja-se, a propósito, a lição de Néstor Sagüés: "Aparentemente, la Corte Interamericana encomienda el control de convencionalidad a los jueces del Poder Judicial. Sin embargo, razones derivadas del principio de analogía, del argumento teleológico y del argumento 'a fortiori', llevan a concluir que esa directriz obliga también a los jueces de un Tribunal Constitucional extra-poder (cuando así ha sido diseñado por la constitución), en las causas sometidas a su decisión. Si de lo que se trata es de asegurar el 'efecto útil' del Pacto de San José de Costa Rica, contra normas internas que se le opongan, en los procesos respectivos, esa misión de aplicar sin cortapisas el derecho del Pacto tiene que involucrar, igualmente, a las cortes y tribunales constitucionales, aunque en algunos casos no pertenezcan al Poder Judicial y operen como entes constitucionales autónomos, o extra-poder"

Parte I • **Cap. 1** • CONTROLE DE CONVENCIONALIDADE NO SISTEMA INTERAMERICANO | **17**

Frise-se ter sido esse julgamento o que inaugurou formalmente a doutrina do controle interno de convencionalidade no âmbito do Continente America-no.[15] Tratou-se, também, da decisão a partir da qual verificou-se ser intenção da Corte que o controle difuso de convencionalidade seja reconhecido como tema de *ordem pública* internacional. Esclareça-se, porém, que desde o início de suas atividades (em 18 de julho de 1978) a Corte Interamericana tem *controlado* a convencionalidade das leis dos Estados-partes à Convenção Americana, pois essa é exatamente a função de um tribunal internacional de direitos humanos, em caso de a Justiça interna falhar no exercício desse controle. O que aqui se coloca é que a nomenclatura "controle de convencionalidade" – já referida, antes de 2006, no voto separado do Juiz SÉRGIO GARCÍA RAMIREZ, no *Caso Myrna Mack Chang* vs. *Guatemala*, julgado em 25.11.2003 – veio formalmente aparecer no sistema interamericano passados mais de vinte anos do início de funciona-mento da Corte, quando, então, as atenções sobre o tema tornaram-se intensas. E mais: a partir de 2006, a Corte Interamericana transportou essa obrigatorieda-de de controle, de forma prioritária, para o Judiciário *interno* dos Estados-partes (o que não havia feito expressamente até então) e tornou os juízes dos Estados

---

(El "control de convencionalidad", en particular sobre las Constituciones naciona-les, *La Ley*, año LXXIII, n.º 35, Buenos Aires, fev./2009, p. 2).

[15]　Cf. SAGÜÉS, Néstor Pedro, Obligaciones internacionales y control de convenciona-lidad, cit., p. 118; HITTERS, Juan Carlos, Control de constitucionalidad y control de convencionalidad…, cit., p. 115; HERRERÍAS CUEVAS, Ignacio Francisco, *Control de convencionalidad y efectos de las sentencias*, cit., p. 87; BAZÁN, Víctor, Control de con-vencionalidad y diálogo jurisprudencial en el Estado constitucional y convencional, cit., p. 29; e CANTOR, Ernesto Rey, *Control de convencionalidad de las leyes y derechos humanos*, cit., p. LIX, para quem tal sentença é a certidão de batismo do controle de convencionalidade: "Adelante exponemos la sentencia de fondo y de reparaciones de septiembre 26 de 2006 (Caso Almonacid Arellano contra Chile, párrafo 124), que será el acta del bautizo del *Control de Convencionalidad*…". Observe-se, porém, que a expressão "controle de convencionalidade" já havia sido utilizada individualmente (na própria Corte) antes de 2006. Credita-se a utilização primeira desta expressão (no sistema regional interamericano) ao voto concorrente do Juiz SÉRGIO GARCÍA RAMI-REZ, no *Caso Myrna Mack Chang* vs. *Guatemala*, julgado em 25 de novembro de 2003, § 27, assim colocado: "Para los efectos de la Convención Americana y del ejercicio de la jurisdicción contenciosa de la Corte Interamericana, el Estado viene a cuentas en forma integral, como un todo. En este orden, la responsabilidad es global, atañe al Es-tado en su conjunto y no puede quedar sujeta a la división de atribuciones que señale el Derecho interno. No es posible seccionar internacionalmente al Estado, obligar ante la Corte sólo a uno o algunos de sus órganos, entregar a éstos la representación del Estado en el juicio – sin que esa representación repercuta sobre el Estado en su con-junto – y sustraer a otros de este régimen convencional de responsabilidad, dejando sus actuaciones fuera del '*control de convencionalidad*' que trae consigo la jurisdicción de la Corte internacional" [grifo nosso].

os responsáveis imediatos pela invalidação das leis internas contrárias aos comandos mais benéficos dos tratados de direitos humanos ratificados e em vigor.

Na frase derradeira do trecho citado do *Caso Almonacid Arellano*, a Corte Interamericana determina que o Poder Judiciário estatal "deve ter em conta não somente o tratado, *senão também a interpretação que do mesmo tem feito a Corte Interamericana*, intérprete última da Convenção Americana", ficando claro que o controle de convencionalidade exercido pelos juízes e tribunais nacionais deverá pautar-se pelos padrões estabelecidos pela "intérprete última" da Convenção, ou seja, a própria Corte Interamericana. A partir desse momento, como destaca JUAN CARLOS HITTERS, o intérprete interno está "encarregado de detectar e ponderar esses padrões [definidos pela Corte], a fim de evitar que o assunto chegue à Corte Interamericana e o processo se prolongue, sobrecarregando desnecessariamente o tribunal".[16] Tal encontra reflexos no chamado controle *difuso* de convencionalidade, pois, se a Corte Interamericana (repita-se: a "intérprete última" da Convenção) não limita dito controle a um *pedido expresso* das partes em um caso concreto, e se, ao seu turno, os juízes e tribunais locais "devem" levar em conta a interpretação que do tratado faz a própria Corte, parece certo que o Poder Judiciário interno não deve se prender à solicitação das partes, senão controlar a convencionalidade das leis *ex officio*, sempre que estiver diante de um caso concreto cuja solução possa ser encontrada em tratado internacional de direitos humanos de que o Estado é parte: *iura novit curia*.[17]

Faltava, no entanto, a Corte Interamericana lançar luzes sobre a obrigação *ex officio* de controle de convencionalidade das leis, o que efetivamente ocorreu no julgamento do *Caso dos Trabalhadores Demitidos do Congresso* vs. *Peru*, em novembro de 2006.

---

[16] HITTERS, Juan Carlos, Control de convencionalidad (adelantos y retrocesos), cit., p. 130.

[17] Cf. OTEIZA, Eduardo, La doctrina de la Corte Interamericana referida al control difuso de convencionalidad *ex officio*. In: WAMBIER, Teresa Arruda Alvim (coord.), *Direito jurisprudencial*, São Paulo: RT, 2012, p. 203-224. Referindo-se à obrigatoriedade do controle *ex officio* no México, v. HERRERÍAS CUEVAS, Ignacio Francisco & RODRÍGUEZ, Marcos del Rosario, *El control de constitucionalidad y convencionalidad: sentencias que han marcado un nuevo paradigma (2007-2012)*, México, D.C.: Ubijus, 2012, p. 32; e RAMÍREZ, Sergio García, El control judicial interno de convencionalidad, cit., p. 573, assim: "En la atuación de estos órganos es necesario traer a colación el antiguo principio de la actividad judicial – que frequentemente acoge la jurisprudencia interamericana – en el sentido de que *jura novit curia*: el juzgador conoce el derecho; no es indispensable que lo invoquen los litigantes (aunque harán bien en invocarlo; lo aconseja la experiencia). Lo conoce, pues, y debe aplicarlo". Para o Chile, v. ALCALÁ, Humberto Nogueira, Los desafíos del control de convencionalidad del *corpus iuris* interamericano para los tribunales nacionales, y su diferenciación con el control de constitucionalidad, cit., p. 480-495.

1.2.2 Primeira evolução: controle ex officio da convencionalidade

Pouco tempo depois do julgamento do *Caso Almonacid Arellano e Outros* vs. *Chile*, ocorrido em novembro de 2006, voltou a Corte Interamericana a ditar regras sobre o controle de convencionalidade, dessa vez no julgamento do *Caso dos Trabalhadores Demitidos do Congresso* vs. *Peru*, reforçando o seu entendimento anterior sobre a matéria e destacando algumas especificidades desse controle, nos seguintes termos:

> Quando um Estado ratifica um tratado internacional como a Convenção Americana, seus juízes também estão submetidos a ela, o que os obriga a velar para que o efeito útil da Convenção não se veja diminuído ou anulado pela aplicação de leis contrárias às suas disposições, objeto e fim. Em outras palavras, os órgãos do Poder Judiciário devem exercer não somente um controle de constitucionalidade, senão também "de convencionalidade" *ex officio* entre as normas internas e a Convenção Americana, evidentemente no âmbito de suas respectivas competências e dos regulamentos processuais correspondentes. Esta função não deve se limitar exclusivamente às manifestações ou atos dos postulantes em cada caso concreto [...].[18]

Perceba-se, agora, a redação imperativa da Corte, no sentido de ser um *dever* do Poder Judiciário interno o de controlar a convencionalidade de suas leis em face dos tratados de direitos humanos em vigor no Estado.[19] Ademais, a Corte também inova a sua jurisprudência ao exigir seja o controle de convencionalidade exercido *ex officio* pelos juízes e tribunais nacionais. Por tal motivo, repita-se, apenas depois de realizado *ex officio* e preliminarmente é que poderá o juiz passar ao exame de mérito do pedido principal, proferindo a sentença.

As decisões dos casos *Almonacid Arellano* e *Trabalhadores Demitidos do Congresso* somadas,[20] demonstram claramente que o controle nacional da con-

---

[18] Corte IDH, *Caso Trabalhadores Demitidos do Congresso (Aguado Alfaro e Outros)* vs. *Peru*, Exceções Preliminares, Mérito, Reparações e Custas, sentença de 24 de novembro de 2006, Série C, n.º 158, § 128.

[19] Nesse exato sentido, *v.* Hitters, Juan Carlos, Control de constitucionalidad y control de convencionalidad..., cit., p. 124, para quem: "Esta verificación de convencionalidad tiene un carácter difuso ya que cada uno de los magistrados locales *puede* e *debe* cumplir la tarea, sin perjuicio de la postrera intervención de la Corte Interamericana". Frise-se, porém, que a aplicação dos tratados de direitos humanos pelo Judiciário nacional deve atender ao princípio *pro homine*; ou seja, o Judiciário nacional tem o *dever* de aplicar o tratado em detrimento até mesmo da Constituição do Estado, sempre que a norma em causa for *mais benéfica* ao ser humano sujeito de direitos (*v. infra*).

[20] Além de tantas outras que podem ser citadas, como as proferidas nos casos: *La Cantuta* vs. *Peru*, de 29.11.2006, § 173; *Boyce e Outros* vs. *Barbados*, de 20.11.2007, § 78; *Fermín*

vencionalidade das leis há de ser tido como o principal e mais importante a ser levado a efeito, sendo que apenas no caso da *falta* de sua realização interna (ou de seu exercício *insuficiente*) é que deverá a justiça internacional atuar, trazendo para si a competência de controle em último grau (decisão da qual tem o Estado o *dever* de cumprir). Daí se compreender ser a jurisdição internacional apenas *complementar* ou *coadjuvante* das jurisdições domésticas, como referido no preâmbulo da Convenção Americana.

A negativa do Poder Judiciário estatal em controlar a convencionalidade pela via difusa, sob o argumento de que não solicitado pelas partes ou de que não é possível exercê-lo *ex officio*, é motivo suficiente para acarretar a responsabilidade internacional do Estado por violação a direitos humanos,[21] para além de atribuir à Corte Interamericana a competência última (secundária, complementar ou coadjuvante) para o exercício desse controle. Portanto, o Poder Judiciário tem o dever de tornar imune o Estado do qual é *longa manus* de eventual responsabilização no plano internacional.[22] Frise-se, ademais, que essa obrigação dos juízes internos em dar cabo ao controle de convencionalidade (na modalidade *difusa*) passa a existir mesmo naqueles países em que os juízes singulares não têm competência para realizar o controle de constitucionalidade (países que reservam tal controle apenas à Corte Suprema ou a uma Sala Constitucional da Corte Suprema, como, *v.g.*, o Uruguai e a Costa Rica). Em tais casos, mesmo não tendo os juízes internos autorização para controlar a constitucionalidade das leis, deverão (ainda assim) encontrar o meio adequado ("[…] no âmbito de suas respectivas competências e dos regulamentos processuais correspondentes", como destaca a Corte Interamericana) de se proceder a esse controle, eles próprios, ou por meio de encaminhamento do processo ao Tribunal (ou órgão do Tribunal) competente. Tudo o que não pode o Judiciário interno fazer, repita-se, é *deixar de controlar* a convencionalidade das leis em desrespeito à jurisprudência vinculante da Corte Interamericana, pois a exigência de controle doméstico da convencionalidade estende-se a todo o Poder Judiciário dos Estados-partes à Convenção Americana. Para esses países (tal não é o caso do

---

Ramírez y Raxcacó Reyes vs. *Guatemala*, de 09.05.2008, § 63; *Heliodoro Portugal* vs. *Panamá*, de 12.08.2008, §§ 180-181; *Manuel Cepeda Vargas* vs. *Colômbia*, de 26.05.2001, § 208; *Fernández Ortega* vs. *México*, de 30.08.2010, § 237 etc.

[21] Cf. Hitters, Juan Carlos, Control de constitucionalidad y control de convencionalidad…, cit., p. 124-125; Ramírez, Sergio García, El control judicial interno de convencionalidad, cit., p. 571-573; e Mac-Gregor, Eduardo Ferrer, Reflexiones sobre el control difuso de convencionalidad a la luz del caso Cabrera García y Montiel Flores vs. México, *Boletín Mexicano de Derecho Comparado*, año XLIV, n.º 131, maio-ago./2011, p. 940-941.

[22] Cf. Cavallo, Gonzalo Aguilar. El control de convencionalidad…, cit., p. 724.

Brasil), a melhor saída seria reformar a sua Constituição para o fim de adaptá-la aos ditames da Corte de San José.[23]

1.2.3 Segunda evolução: fixação definitiva do controle e ampliação dos legitimados

Foi, porém, no *Caso Cabrera García e Montiel Flores* vs. *México*, julgado em 26 de novembro de 2010, que a Corte Interamericana (à unanimidade) afirmou em definitivo sua doutrina jurisprudencial sobre o controle de convencionalidade. A partir desse momento, fixou-se, ainda, vez por todas, a obrigação de juízes e tribunais nacionais em aplicar a Convenção Americana, segundo a interpretação que dela faz a Corte Interamericana, atribuindo-se ao controle de convencionalidade um efeito *positivo* ou *construtivo*.[24]

É também importante lembrar que, a partir desse caso, a Corte Interamericana *amplia* os legitimados do controle da convencionalidade "aos juízes *e órgãos vinculados à administração da justiça* em todos os níveis".[25] Daquele momento em diante, não apenas os juízes, senão *todos* os atores do Estado vinculados à administração da Justiça em todos os níveis, passaram a ter a obrigação de controlar devidamente a convencionalidade das leis. Será, assim, a instituição Ministério Público a nova protagonista do controle de convencionalidade nos Estados-partes da Convenção Americana, dado ser o Ministério Público o órgão do Estado vinculado à administração da Justiça mais especializado em matéria de guarda e manutenção da higidez da ordem jurídica. De fato, conforme o art. 127 da Constituição de 1988, ao Ministério Público incumbe a "defesa da ordem jurídica, do regime democrático e dos interesses sociais e individuais

---

23 Alguns autores, em sentido contrário, entendem que a obrigação de controlar a convencionalidade nesses países só atinge os órgãos do Poder Judiciário que têm competência para o exercício do *controle de constitucionalidade*. Nesse sentido, *v.* CASTILLA, Karlos, El control de convencionalidad: un nuevo debate en México a partir de la sentencia del caso Radilla Pacheco, *Anuario Mexicano de Derecho Internacional*, vol. XI, México, D.C.: UNAM, 2011, p. 604, que reconhece, porém, que tal "não significa que os juízes e tribunais que não exercem controle de constitucionalidade não tenham a obrigação de observar e aplicar o estabelecido nos tratados internacionais em matéria de direitos humanos...".

24 Cf. SAGÜÉS, Néstor Pedro, El "control de convencionalidad" en el sistema interamericano, y sus anticipos en el ámbito de los derechos económico-sociales: concordancias y diferencias con el sistema europeo, in BOGDANDY, Armin von, FIX-FIERRO, Héctor, ANTONIAZZI, Mariela Morales & MAC-GREGOR, Eduardo Ferrer (coords.), *Construcción y papel de los derechos sociales fundamentales*, México, D.C.: UNAM, 2011, p. 385.

25 Corte IDH, *Caso Cabrera García e Montiel Flores* vs. *México*, Exceção Preliminar, Mérito, Reparações e Custas, sentença de 26 de novembro de 2010, Série C, n.º 220, § 225.

indisponíveis", certo de que o conceito de *ordem jurídica* abrange *todas* as normas em vigor no Estado, sejam nacionais ou internacionais, sobretudo (para fins de exame de convencionalidade) os tratados internacionais de direitos humanos de que a República Federativa do Brasil é parte.[26]

Ademais, dos §§ 225 a 233 da sentença, a Corte reafirma a sua jurisprudência consolidada sobre o tema e cita (como reforço à sua tese) decisões de várias Cortes Supremas de países latino-americanos que atribuíram obrigatoriedade interna à interpretação que tem feito a Corte Interamericana dos dispositivos da Convenção (o que ainda não ocorre com a frequência desejada no Brasil). Veja-se, nos trechos abaixo, as decisões das Cortes Supremas citadas, tal como referidas na sentença de 26 de novembro de 2010:

- *Sala Constitucional da Corte Suprema de Justiça da Costa Rica*: "[...] debe advertirse que si la Corte Interamericana de Derechos Humanos es el órgano natural para interpretar la Convención Americana sobre Derechos Humanos [...], la fuerza de su decisión al interpretar la convención y enjuiciar leyes nacionales a la luz de esta normativa, ya sea en caso contencioso o en una mera consulta, tendrá – de principio – el mismo valor de la norma interpretada".[27]
- *Tribunal Constitucional da Bolívia*: "En efecto, el Pacto de San José de Costa Rica, como norma componente del bloque de constitucionalidad, est[á] constituido por tres partes esenciales, estrictamente vinculadas entre sí: la primera, conformada por el preámbulo, la segunda denominada dogmática y la tercera referente a la parte orgánica. Precisamente, el Capítulo VIII de este instrumento regula a la C[orte] Interamericana de Derechos Humanos, en consecuencia, siguiendo un criterio de interpretación constitucional 'sistémico', debe establecerse que este órgano y por ende las decisiones que de él emanan, forman parte también de este bloque de constitucionalidad. Esto es así por dos razones jurídicas concretas a saber: 1) el objeto de la competencia de la Corte Interamericana de Derechos Humanos; y, 2) la aplicación de la doctrina del efecto útil de las sentencias que versan sobre Derechos Humanos".[28]

---

[26] Para um estudo aprofundado do controle de convencionalidade pelo Ministério Público, *v.* Mazzuoli, Valerio de Oliveira, Faria, Marcelle Rodrigues da Costa; Oliveira, Kledson Dionysio de, *Controle de convencionalidade pelo Ministério Público*, 2. ed. rev., atual e ampl., Rio de Janeiro: Forense, 2022.

[27] Corte IDH, *Caso Cabrera García e Montiel Flores* vs. *México*, Exceção Preliminar, Mérito, Reparações e Custas, sentença de 26 de novembro de 2010, Série C, n.º 220, § 226.

[28] Idem, § 227.

- *Suprema Corte de Justiça da República Dominicana*: "[...] en consecuencia, es de carácter vinculante para el Estado dominicano, y, por ende, para el Poder Judicial, no sólo la normativa de la Convención Americana sobre Derechos Humanos sino sus interpretaciones dadas por los órganos jurisdiccionales, creados como medios de protección, conforme el artículo 33 de ésta, que le atribuye competencia para conocer de los asuntos relacionados con el cumplimiento de los compromisos contraídos por los Estados partes".[29]

- *Tribunal Constitucional do Peru*: "La vinculatoriedad de las sentencias de la CIDH no se agota en su parte resolutiva (la cual, ciertamente, alcanza sólo al Estado que es parte en el proceso), sino que se extiende a su fundamentación o *ratio decidendi*, con el agregado de que, por imperio de la [Cuarta Disposición Final y Transitoria (CDFT)] de la Constitución y el artículo V del Título Preliminar del [Código Procesal Constitucional], en dicho ámbito la sentencia resulta vinculante para todo poder público nacional, incluso en aquellos casos en los que el Estado peruano no haya sido parte en el proceso. En efecto, la capacidad interpretativa y aplicativa de la Convención que tiene la Corte Interamericana, reconocida en el artículo 62.3 de dicho tratado, aunada al mandato de la CDFT de la Constitución, hace que la interpretación de las disposiciones de la Convención que se realiza en todo proceso, sea vinculante para todos los poderes públicos internos, incluyendo, desde luego, a este Tribunal".[30]

- *Corte Suprema de Justiça da Nação Argentina*: "[...] [las decisiones de la Corte Interamericana] 'resulta[n] de cumplimiento obligatorio para el Estado Argentino (art. 68.1, CADH)', por lo cual dicha Corte ha establecido que 'en principio, debe subordinar el contenido de sus decisiones a las de dicho tribunal internacional'. Igualmente, dicha Corte Suprema estableció 'que la interpretación de la Convención Americana sobre Derechos Humanos debe guiarse por la jurisprudencia de la Corte Interamericana de Derechos Humanos' ya que se 'trata de una insoslayable pauta de interpretación para los poderes constituidos argentinos en el ámbito de su competencia y, en consecuencia, también para la Corte Suprema de Justicia de la Nación, a los efectos de resguardar las obligaciones asumidas por el Estado argentino en el Sistema Interamericano de Protección de los Derechos Humanos'".[31]

---

[29] Idem, § 228.

[30] Idem, § 229.

[31] Idem, § 231.

- *Corte Constitucional da Colômbia*: "[...] [en virtud de que la Constitución colombiana señala que los derechos y deberes constitucionales deben interpretarse] 'de conformidad con los tratados internacionales sobre derechos humanos ratificados por Colombia', se deriva 'que la jurisprudencia de las instancias internacionales, encargadas de interpretar esos tratados, constituye un criterio hermenéutico relevante para establecer el sentido de las normas constitucionales sobre derechos fundamentales'".[32]

Todas essas manifestações de tribunais internos demonstram já existir no Continente Americano um diálogo intercortes – ou, para falar como o Juiz Diego García-Sayán, uma "viva interação" entre a Corte Interamericana e os tribunais internos – para a promoção e proteção dos direitos humanos em nosso Continente.[33] Assim, o que se percebe a partir da sentença do *Caso Cabrera García e Montiel Flores* vs. *México* é que o diálogo entre juízes nacionais e internacionais não é somente salutar "de cima para baixo", quando os juízes internos *recebem* dos juízes internacionais os valores (jurídicos, sociais etc.) necessários ao julgamento de uma causa envolvendo um tema de direitos humanos, senão também "de baixo para cima", uma vez que a experiência do Poder Judiciário interno dos vários Estados-partes à Convenção Americana pode servir de *auxílio* aos juízes da Corte Interamericana quando da prolação de uma decisão internacional, quer reafirmando a sua jurisprudência constante sobre determinado assunto, quer constatando a aplicação efetiva (realizada internamente, pelo Judiciário local) de suas decisões. Em suma, essa interação (ou "diálogo intercortes") que deve existir entre as instâncias internacionais e internas de proteção reforça a tese de que o controle de convencionalidade deve ser realizado, prioritariamente, para além dos próprios tribunais internacionais, pelos órgãos judiciários dos Estados.

Não obstante ter sido no *Caso Cabrera García e Montiel Flores* vs. *México* que a Corte Interamericana afirmou em definitivo a sua doutrina sobre o controle de convencionalidade, certo é que o tema – e a ampliação do controle para todos os órgãos do Estado vinculados à administração da Justiça – estava a merecer um reforço jurisprudencial por parte do tribunal interamericano, ten-

---

[32] Idem, § 232.

[33] *V.* García-Sayán, Diego, Una viva interacción: Corte Interamericana y tribunales internos, in *La Corte Interamericana de Derechos Humanos: un cuarto de siglo: 1979-2004*, San José: CIDH, 2005, p. 323-384. Ainda sobre o diálogo jurisdicional no sistema interamericano, cf. Bazán, Víctor, Control de convencionalidad y diálogo jurisprudencial en el Estado constitucional y convencional, cit., p. 38-45.

do isso vindo a ocorrer no julgamento do *Caso Gelman* vs. *Uruguai*,[34] em 24 de fevereiro de 2011, ocasião em que a Corte Interamericana referendou a tese de que todos os atores do Estado vinculados à administração da Justiça em todos os níveis, "incluídos" os juízes, devem se submeter à autoridade dos tratados de direitos humanos, cabendo-lhes exercer *ex officio* o controle de convencionalidade das normas internas relativamente a essas convenções, no âmbito de suas respectivas competências e das regras processuais pertinentes. Nas palavras da Corte Interamericana,

> [q]uando um Estado é parte em um tratado internacional como a Convenção Americana, todos os seus órgãos, incluídos seus juízes, estão a ele submetidos, o qual os obriga a velar a que os efeitos das disposições da Convenção não se vejam diminuídos pela aplicação de normas contrárias a seu objeto e fim, pelo que os juízes e órgãos vinculados à administração da Justiça em todos os níveis têm a obrigação de exercer *ex officio* um "controle de convencionalidade" entre as normas internas e a Convenção Americana, evidentemente no âmbito de suas respectivas competências e das regras processuais correspondentes, e nesta tarefa devem levar em conta não somente o tratado, senão também a interpretação que do mesmo tem feito a Corte Interamericana, intérprete última da Convenção Americana.[35]

Como se vê, a partir do julgamento dos casos *Cabrera García e Montiel Flores* vs. *México e Gelman* vs. *Uruguai*, a Corte Interamericana amplia a obrigação do controle de convencionalidade a todos os órgãos do Estado vinculados à administração da Justiça, no âmbito de suas respectivas competências e das regras processuais pertinentes.[36] É o caso de se exigir, no Brasil, que o Ministério

---

[34] Sobre esse caso, *v.* LARRIEUX, Jorge T., Caso Gelman *vs.* Uruguay: justicia transicional, Corte Interamericana de Derechos Humanos y el control de convencionalidad, *Anuario de Derecho Constitucional Latinoamericano*, 19.º año, Bogotá: Konrad-Adenauer-Stiftung, 2013, p. 589-606; e MAC-GREGOR, Eduardo Ferrer, Eficacia de la sentencia interamericana y la cosa juzgada internacional..., cit., p. 607-638.

[35] Corte IDH, *Caso Gelman* vs. *Uruguai*, Mérito e Reparações, sentença de 24 de fevereiro de 2011, Série C, n.º 221, § 193. A decisão de supervisão do caso sobreveio em 20 de março de 2013, pela qual a Corte Interamericana negou a utilização da teoria da "margem de apreciação nacional" com que a Suprema Corte de Justiça do Uruguai pretendeu justificar o não cumprimento do *decisum*. V. também Corte IDH, *Caso Massacre de Santo Domingo* vs. *Colômbia*, Exceções Preliminares, Mérito e Reparações, sentença de 30 de novembro de 2012, Série C, n.º 259, § 142; e Corte IDH, *Caso Palacio Urrutia e Outros* vs. *Equador*, Mérito, Reparações e Custas, sentença de 24 de novembro de 2021, Série C, n.º 446, § 180.

[36] A mesma concepção foi reafirmada em outros casos, como, *v.g.*, no *Caso Andrade Salmón* vs. *Bolívia*, Mérito, Reparações e Custas, sentença de 1.º de dezembro de 2016, Série C, n.º 330, § 93.

Público (de todos os níveis) examine a convencionalidade das leis em sua atuação funcional, bem assim os órgãos respectivos de controle do Poder Judiciário e do próprio Ministério Público (CNJ e CNMP).

1.2.4 Terceira evolução: os "padrões internacionais aplicáveis"

Uma terceira evolução na teoria do controle de convencionalidade das leis veio à luz no julgamento do já citado *Caso Comunidade Garífuna de Punta Piedra e seus Membros* vs. *Honduras*, julgado em 8 de outubro de 2015, em que a Corte Interamericana advertiu ao Estado que devesse controlar a convencionalidade das leis à luz da jurisprudência interamericana e dos "padrões internacionais aplicáveis [à matéria respectiva]" (ali se tratava de matéria indígena).[37]

Como também já se falou, esse detalhe, em tudo significativo, reforça a tese de que o controle de convencionalidade a ser efetivado pelo juiz doméstico tem como paradigma todo o *corpus juris* internacional de proteção dos direitos humanos, isto é, todo o mosaico protetivo dos sistemas global (onusiano) e regional (interamericano) de proteção desses mesmos direitos.

Assim, num caso envolvendo, *v.g.*, uma *criança*, que seja do *sexo feminino*, e também *indígena*, que tenha uma *deficiência*, que seja *refugiada* ou *migrante* e, além de tudo, esteja em *situação de rua*, deverá o Poder Judiciário controlar a convencionalidade das leis internas aplicando *todos* os padrões internacionais relativos a *cada um* desses temas (direitos das crianças, das mulheres, dos povos indígenas, das pessoas com deficiência, dos refugiados ou migrantes e das pessoas em situação de rua) na resolução desse único caso concreto. Uma sentença que aplique todos esses padrões internacionais, no espectro da interseccionalidade de cada sujeito de direitos, será tecnicamente perfeita e impossível de ser reformada por instâncias outras. Como se nota, trata-se de avanço notável na jurisprudência da Corte Interamericana, que refina a tarefa de controlar a convencionalidade das leis junto aos "padrões internacionais aplicáveis" a cada uma das questões que o caso *sub judice* apresenta.

1.2.5 Quarta evolução: nova ampliação dos legitimados

Outra evolução jurisprudencial no sistema interamericano teve lugar no julgamento do *Caso Trabalhadores da Fazenda Brasil Verde* vs. *Brasil*, de 20 de outubro de 2016, no qual a Corte Interamericana ampliou, uma vez mais, os legitimados a exercer o controle de convencionalidade.

---

[37] Corte IDH, *Caso Comunidade Garífuna de Punta Piedra e seus Membros* vs. *Honduras*, Exceções Preliminares, Mérito, Reparações e Custas, sentença de 8 de outubro de 2015, Série C, n.º 304, §§ 211 e 225.

Naquele caso, o tribunal interamericano passou a entender "que os Estados têm uma obrigação que vincula *todos os poderes e órgãos estatais em seu conjunto*, os quais se encontram obrigados a exercer um controle de convencionalidade *ex officio* entre suas normas internas e a Convenção Americana, no âmbito de suas respectivas competências e das regras processuais correspondentes".[38]

Perceba-se que, agora, a Corte não mais se refere (como nos casos anteriores) à competência controlatória limitada apenas aos "juízes e órgãos vinculados à administração da Justiça em todos os níveis", mas, sim, à capacidade de controle de "todos *os poderes e órgãos estatais* em seu conjunto", o que denota nitidamente – segundo essa ampliação axiológica de entendimento – que não só os órgãos vinculados à administração da Justiça em todos os níveis devem exercer a compatibilidade vertical (sobretudo material) das normas internas com os tratados internacionais de direitos humanos mais benéficos em vigor no Estado, senão também *todos* os demais *poderes* e *órgãos* estatais (sejam quais forem) em seu conjunto.

São *poderes* estatais o Legislativo, o Executivo e o Judiciário. Assim, para além do Poder Judiciário, novo enfoque há de ser atribuído ao controle de convencionalidade pelos poderes Legislativo e Executivo nos níveis federal, estadual, distrital e municipal (*v.* Parte II, Capítulo 2, item 2.6, *infra*). Por sua vez, os *órgãos* do Estado (também nos níveis federal, estadual, distrital e municipal) são múltiplos, cada qual devendo atuar de conformidade com as leis nacionais *e também* com as normas internacionais de proteção dos direitos humanos em vigor no Brasil, com o devido exercício (*controle* ou *aferição* de convencionalidade, conforme o caso) de compatibilização vertical material de normas no âmbito de suas respectivas competências. Todos os órgãos da Administração Pública, os Ministérios, as Agências, os Tribunais de Contas e os órgãos de controle como o CNJ e o CNMP deverão atentar-se, doravante, para essa nova responsabilidade de ajustamento ou adequação das normas que aplicam com os comandos dos tratados de direitos humanos em vigor no Brasil.

Não obstante este livro versar, prioritariamente, o controle *jurisdicional* da convencionalidade das leis, isto é, aquele exercido prioritariamente pelo Poder Judiciário brasileiro, é importante ter presente essa evolução (novamente ampliativa) da jurisprudência da Corte Interamericana para os demais casos de controle a serem exercidos por outros poderes ou órgãos do Estado.

---

[38] Corte IDH, *Caso Trabalhadores da Fazenda Brasil Verde* vs. *Brasil*, Exceções Preliminares, Mérito, Reparações e Custas, sentença de 20 de outubro de 2016, Série C, n.º 318, § 408.

1.2.6 Estado da arte do controle de convencionalidade no sistema interamericano

A Corte Interamericana de Direitos Humanos tem evoluído em sua jurisprudência no sentido de atribuir, com primariedade, aos poderes e órgãos do Estado – especialmente, mas não exclusivamente, ao Poder Judiciário – o dever de controlar a convencionalidade das leis, adaptando (invalidando ou interpretando de modo *conforme*) as normas internas menos benéficas incompatíveis com as convenções internacionais de direitos humanos ratificadas e em vigor no Estado, impondo que se interprete as normas internacionais protetivas segundo o que eventualmente já decidiu a Corte, bem assim de acordo com os padrões internacionais relativos à matéria em causa (*v.g.*, matéria indígena, ambiental, trabalhista, de proteção às mulheres, às crianças, aos idosos, às pessoas com deficiência etc.).

Daí o motivo pelo qual o controle de convencionalidade não pode ser equiparado à mera *aplicação de tratados*, dado que esta é sempre prepotente e intransigente, fazendo prevalecer (sem exceção) o direito internacional convencional em detrimento do direito interno, sem perquirir se há norma mais favorável a ser aplicada no caso concreto. De fato, a aplicação de tratados pura e simples é técnica westfaliana e segue, atualmente, o comando do art. 27 da Convenção de Viena sobre o Direito dos Tratados de 1969, segundo o qual um Estado-parte não pode invocar disposição do direito interno para justificar o inadimplemento de um tratado.

Tal não é assim com o controle de convencionalidade das leis, pois a aplicação dos tratados de direitos humanos em contraposição ao direito interno só se realiza se for a norma internacional *mais benéfica* que a norma interna, dado que todos os tratados de direitos humanos contêm dispositivos expressos a consagrar o princípio *pro homine* ou *pro persona* em sua aplicação, a exemplo do art. 29, *b*, da Convenção Americana, que impede qualquer interpretação da Convenção que limite o gozo e o exercício de qualquer direito ou liberdade que possam ser reconhecidos por leis de qualquer dos Estados-partes ou por outros tratados de que seja parte um dos referidos Estados.

Por fim, frise-se que a Corte Interamericana, em seu papel de "intérprete última" da Convenção Americana, emite também pareceres *consultivos*, que devem ser (para além das sentenças) *respeitados* na órbita do direito interno, exatamente com o fim de *auxiliar* os juízes e tribunais nacionais a controlar a convencionalidade das leis em face dos tratados internacionais de direitos humanos. Nesse sentido, os Estados também têm a responsabilidade de recepcionar tais pareceres consultivos (chamados no sistema interamericano de *opiniões consultivas*) para aplicação no âmbito de seu respectivo direito interno, evitan-

Parte I • **Cap. 1** • CONTROLE DE CONVENCIONALIDADE NO SISTEMA INTERAMERICANO | **29**

do sejam responsabilizados no plano internacional por violação da Convenção. Alguns tribunais de países interamericanos já têm o hábito de fundamentar as decisões nas opiniões consultivas da Corte (*v.g.*, como ocorre na Suprema Corte da Costa Rica). Outros países têm também seguido as manifestações da Corte como paradigmas aos julgamentos de seus juízes e tribunais internos, tal como fez a Suprema Corte da Argentina nos casos *Simón* (2005) e *Mazzeo* (2007), em que entendeu ser obrigatória a adoção dos entendimentos da Corte Interamericana no plano do direito interno daquele país.

1.3 Aferição de convencionalidade

Para além do *controle* de convencionalidade, destaque-se existir o que nominamos *aferição* de convencionalidade, que terá lugar, internacionalmente, no exercício da competência *consultiva* da Corte Interamericana de Direitos Humanos. De fato, não obstante os pareceres consultivos da Corte Interamericana *auxiliarem* juízes e tribunais internos a melhor controlar a convencionalidade das leis domésticas, explicitando detalhes da Convenção Americana importantes para o deslinde de casos concretos, eles próprios, porém, não *controlam* propriamente a convencionalidade de qualquer norma interna, senão apenas demonstram (daí o sentido da expressão *aferição*) em que consiste essa inconvencionalidade, ao final controlada verdadeiramente pelo juiz interno, ou, de forma complementar, pela própria Corte Interamericana, caso o assunto versado na Opinião Consultiva chegue à Corte a título de *ação* judicial contra determinado Estado.

Portanto, a Corte Interamericana, no exercício de sua competência *consultiva*, não "controla" a convencionalidade das leis de um Estado-parte (uma vez que tais *pareceres* não têm força vinculante perante os consulentes), e sim *afere* essa convencionalidade no âmbito da consulta que lhe é formulada.[39] O que ela

---

[39] Na terceira edição dos nossos *Comentários à Convenção Americana sobre Direitos Humanos* (Ed. Revista dos Tribunais, 2010), defendemos tratar-se de *controle preventivo* de convencionalidade o exercício de compatibilidade (das leis internas com a Convenção Americana) realizado pela Corte Interamericana no exercício de sua competência consultiva (p. 220). Depois de melhor refletir, pensamos que chamar de *controle preventivo* de convencionalidade a verificação que faz a Corte no plano *consultivo* não é correto, pois o *controle* da convencionalidade, ainda que preventivo, traz sempre efeitos juridicamente vinculantes (o que não ocorre no plano consultivo da Corte, que não vincula o Estado). No item 2.6.1 da Parte II (*infra*) verificaremos ser possível o controle preventivo da convencionalidade (no plano do direito interno brasileiro) exercido *pelo Congresso Nacional*. Neste caso, sim, há *controle*, dado que a lei que não passa pelo crivo da convencionalidade *não é aprovada* pelo Parlamento. Em suma, quando se fala em *controle* de convencionalidade, entende-se que deve haver um resultado juridicamente

faz, nesses casos, é *aferir* a convencionalidade de determinada norma ou ato administrativo interno, tendo como paradigma a Convenção Americana ou outro tratado de direitos humanos em vigor no Estado, conforme dispõe o art. 64, 1, da Convenção Americana, segundo o qual os Estados-membros da OEA "poderão consultar a Corte sobre a interpretação desta Convenção ou de outros tratados concernentes à proteção dos direitos humanos nos Estados americanos".[40] Não há, como se percebe, "controle" propriamente dito da convencionalidade em tal caso, porque *controlar* significa *retirar a validade* (e autorizar a *inaplicação*) de certa norma jurídica contrária a um tratado de direitos humanos mais benéfico; há, na hipótese, somente uma *sugestão* consultiva de que determinada norma *deve ser tida* por inconvencional, cabendo, prioritariamente, ao Poder Judiciário do Estado em causa dar cabo à declaração de inconvencionalidade respectiva. Daí por que entendemos que a Corte Interamericana, no exercício da sua competência consultiva, apenas *afere* a convencionalidade das leis, sem propriamente *controlá-la*.

Como se dá a *aferição* da convencionalidade das leis? O art. 64, 2, da Convenção Americana, responde a indagação assim: "A Corte, a pedido de um Estado-Membro da Organização, poderá emitir pareceres sobre a compatibilidade entre qualquer de suas leis internas e os mencionados instrumentos internacionais". Portanto, essa verificação – por meio de *pareceres*, também chamados de *opi-*

---

obrigatório (tal como em qualquer tipo de controle exercido no âmbito da constitucionalidade). Por isso é que pensamos (no momento atual) tratar-se não de *controle*, mas de *aferição preventiva* de convencionalidade a verificação que faz a Corte no exercício de sua competência *consultiva*.

40   Diz o art. 64, 1, *in fine*, da Convenção, que também poderão deflagrar a competência consultiva da Corte Interamericana, no que lhes compete, "os órgãos enumerados no capítulo X da Carta da OEA, reformada pelo Protocolo de Buenos Aires". Ocorre que a Carta da OEA (que entrou em vigor internacional em 13 de dezembro de 1951) já foi também reformada (para além do Protocolo de Buenos Aires) pelo Protocolo de Cartagena das Índias, em 1985, pelo Protocolo de Washington, em 1992, e pelo Protocolo de Manágua, em 1993. Assim, com a realocação dos dispositivos da Carta da OEA, em virtude das subsequentes alterações ao texto original, o capítulo agora relativo aos órgãos da OEA é o Capítulo VIII da Carta, e não mais o Capítulo X a que faz referência a Convenção Americana. Nos termos do Capítulo VIII da Carta da OEA em vigor (art. 53), "a Organização dos Estados Americanos realiza os seus fins por intermédio dos seguintes órgãos: *a*) Assembleia-Geral; *b*) Reunião de Consulta dos Ministros das Relações Exteriores; *c*) Conselhos; *d*) Comissão Jurídica Interamericana; *e*) Comissão Interamericana de Direitos Humanos; *f*) Secretaria-Geral; *g*) Conferências Especializadas; e *h*) Organismos Especializados". Até o presente momento, o único órgão que tem se utilizado da faculdade de solicitar pareceres consultivos à Corte Interamericana é a Comissão Interamericana de Direitos Humanos. Frise-se que esta enumeração de órgãos com direito de solicitar opiniões consultivas à Corte é *numerus clausus* e corresponde à limitação *ratione personae* às atribuições consultivas da Corte.

niões consultivas – relativa à compatibilidade das leis internas com os tratados internacionais de direitos humanos, no âmbito da competência consultiva da Corte, é que se deve nominar *aferição de convencionalidade*, reservando-se à expressão *controle de convencionalidade* apenas o exercício de compatibilidade das leis domésticas com a Convenção (ou outro tratado de direitos humanos) realizado no âmbito *contencioso* do mesmo tribunal (controle coadjuvante ou complementar) ou dos juízes e tribunais internos dos Estados-partes (controle primário ou principal).

Dizer, porém, que a Corte Interamericana não controla propriamente (senão apenas *afere*) a convencionalidade das leis no exercício da sua competência consultiva, não significa que estejam os Estados-partes desonerados de incorporar e de dar cumprimento interno às opiniões consultivas proclamadas pela Corte. Os Estados, estes sim, devem *controlar* a convencionalidade de suas leis internas em relação ao indicado também nas opiniões consultivas do tribunal (para além, evidentemente, do decidido no plano da competência contenciosa). Esse entendimento foi bem exarado na *Opinião Consultiva n.º 21*, de 19.08.2014, pela qual a Corte considerou "necessário que os diversos órgãos do Estado realizem o correspondente controle de convencionalidade *também em relação ao que se indique no exercício de sua competência não contenciosa ou consultiva*, a qual, inegavelmente, compartilha com sua competência contenciosa o propósito do Sistema Interamericano de Direitos Humanos de 'proteção dos direitos fundamentais dos seres humanos'" [grifo nosso].[41]

Em suma, é também importante, como estudo complementar ao do controle de convencionalidade, saber que a Corte Interamericana *afere* a convencionalidade das leis no plano da sua competência consultiva, e que essa aferição tem enorme valor, por *indicar* aos Estados o melhor caminho a seguir (o caminho convencionalmente justo) no exercício do controle interno da convencionalidade das leis. Tal igualmente ocorre no plano do direito interno, em que a aferição de convencionalidade *também existe*, como, *v.g.*, no caso dos órgãos do Estado vinculados ao sistema de Justiça que examinam a convencionalidade das leis de modo opinativo, sem vinculatividade. O Ministério Público, por exemplo, quando se manifesta por provocação ou como *custos juris* em processos judiciais, pode aferir a convencionalidade de normas e *opinar* ao Poder Judiciário o seu posicionamento naquele caso concreto. Por sua vez, quando o Ministério Público arquiva um procedimento de investigação criminal, sua atuação terminativa configura verdadeiro *controle*

---

[41] Corte IDH, *Opinião Consultiva n.º 21*, Resolução de 19 de agosto de 2014 ("Direitos e garantias de crianças no contexto da migração e/ou em necessidade de proteção internacional"), § 31.

de convencionalidade ministerial.[42] Portanto, perceba-se que cada sistema – o internacional (Corte Interamericana) e o interno (órgãos do Estado) – tem os seus modelos próprios de *aferição* e de *controle* de convencionalidade das leis.

1.4 Bloco de convencionalidade *lato sensu*

Todo o *corpus* formal (tratados e costumes) e jurisprudencial *lato sensu* (sentenças e opiniões consultivas) presente em determinado entorno geográfico integra aquilo que se nomina "bloco de convencionalidade", e que deve servir de paradigma e referencial ético a juízes e tribunais nacionais quando do exercício de compatibilização das normas domésticas com as do sistema internacional (global e regional) de proteção dos direitos humanos. Nesse sentido, os juízes e tribunais internos, quando do exercício do controle de convencionalidade, estão também vinculados a todo esse *corpus juris* internacional de proteção, devendo prevenir e reprimir qualquer conduta ou ato atentatório ao exercício dos direitos e liberdades previstos nos tratados de direitos humanos; não poderão, assim, alegar (quando *menos benéficas* às pessoas protegidas) quaisquer normas contrárias do direito interno, como leis de anistia, regras sobre prescrição, irretroatividade da lei penal, *non bis in idem*, coisa julgada etc.[43]

O entendimento da Corte Interamericana sobre a *interpretação* da Convenção Americana pode ser colhido pelos juízes e tribunais locais de quaisquer manifestações da Corte, seja das sentenças ditadas nos casos contenciosos, das decisões sobre reparações ou de suas opiniões consultivas (estas, aliás, fornecem tanto aos magistrados quanto aos demais operadores do direito rico material sobre a interpretação que tem feito a Corte de vários dispositivos da Convenção). Apenas quando inexistir manifestação da Corte Interamericana sobre determinada questão *sub judice* é que poderão os juízes internos interpretar, com maior autonomia, a Convenção Americana.[44] Neste caso, porém, a interpretação que pode fazer o Judiciário local sobre as normas do Pacto de San José (ou de outro tratado de direitos humanos em vigor no Estado) não é absolutamente livre, mas vinculada às regras internacionais de hermenêutica e aos princípios internacionais de direitos humanos, em especial o princípio *pro homine* ou *pro*

---

[42] Para detalhes, *v.* MAZZUOLI, Valerio de Oliveira, FARIA, Marcelle Rodrigues da Costa; OLIVEIRA, Kledson Dionysio de, *Controle de convencionalidade pelo Ministério Público*, cit., p. 25 e ss.

[43] Cf. LUCCHETTI, Alberto J., Los jueces y algunos caminos del control de convencionalidad, in ALBANESE, Susana (coord.), *El control de convencionalidad*, Buenos Aires: Ediar, 2008, p. 162.

[44] *V.* SAGÜÉS, Néstor Pedro, El "control de convencionalidad" en el sistema interamericano, y sus anticipos en el ámbito de los derechos económico-sociales..., cit., p. 386.

persona. É exatamente por esse motivo que os juízes internos, em tais casos, devem postar-se na condição de *juízes interamericanos* para a decisão das questões *sub judice* (*v.* item 1.6, *infra*).

O bloco de convencionalidade *lato sensu* – composto das fontes formais do direito internacional dos direitos humanos e das decisões (sentenças e opiniões consultivas) da corte regional de proteção respectiva – dialoga com o bloco de constitucionalidade estatal sempre no sentido de *ampliar* o gozo dos direitos e liberdades consagrados em ambos os ordenamentos (o internacional e o interno). Todo esse mosaico protetivo, para falar como ERIK JAYME, "dialoga" entre si para melhor proteger o ser humano sujeito de direitos.[45] No que tange, porém, à *jurisprudência* das cortes regionais de proteção, como, *v.g.*, da Corte Interamericana ou da Corte Europeia de Direitos Humanos, percebe-se, é verdade, maior aptidão para ser aplicada pelo Judiciário do Estado (num diálogo "de cima para baixo") que, ao revés, a jurisprudência deste no âmbito da instância exterior.

1.5 Atividade do juiz interno e relações internacionais do Estado

Toda atividade do juiz interno relativa ao controle de convencionalidade tem influência nas relações internacionais do Estado respectivo, positiva ou negativamente. Decisões dessa índole, a envolver a aplicação (ou interpretação) de uma norma internacional de direitos humanos para o fim de (in)validar norma interna (in)compatível traz consequências no âmbito da responsabilidade internacional do Estado. É, portanto, enorme a missão de um juiz nacional ao lidar com normas do direito internacional público, especialmente pelo fato de a sua má aplicação poder gerar obrigações ou responsabilidades para o Estado do qual é *longa manus*.

A fim de auxiliar juízes e tribunais nessa tarefa, o *Institut de Droit International*, na sua sessão de Milão, de 1993, emitiu Resolução sobre *A atividade do juiz interno e as relações internacionais do Estado*, da qual foi relator o Sr. BENEDETTO CONFORTI, propondo que os juízes e tribunais internos apliquem com total independência as normas provindas do direito internacional e as interpretem segundo os métodos seguidos pelos tribunais internacionais. Falando de outra maneira, pretendeu o *Institut* que os juízes internos interpretem e apliquem o direito internacional *da mesma forma* que um tribunal internacional o faria, ou seja, como se uma jurisdição internacional fossem.[46]

---

[45]   JAYME, Erik, Identité culturelle et intégration: le droit international privé postmoderne, *Recueil des Cours*, vol. 251 (1995), p. 259.

[46]   No original: "*Article premier.* 1. Les juridictions nationales devraient être habilitées par leur ordre juridique interne à interpréter et appliquer le droit international en toute indépendance. 2. Lorsqu'elles déterminent l'existence ou le contenu du droit

No art. 5.º da mesma Resolução, o *Institut* autorizou também os juízes nacionais a recusarem a aplicação de tratados que considerem, no todo ou em parte, inválidos por qualquer razão, ainda que o Estado em causa não os tenha denunciado.[47] O *Institut*, nesse caso, mesmo sem referência expressa à terminologia "controle de convencionalidade" (ainda não utilizada com frequência naquele momento histórico), pretendeu encorajar juízes e tribunais domésticos a controlarem a convencionalidade *material* de um tratado (*v.g.*, de um tratado comum) em relação a outro (*v.g.*, um tratado de direitos humanos), para o fim de dar prevalência a interesses substancialmente maiores (como quando se trata do tema "direitos humanos") em detrimento de questões com menor grau de abrangência.

Esse exercício de compatibilidade vertical (sobretudo *material*) que deve o magistrado realizar é hoje bastante nítido, especialmente a partir da evolução da teoria do controle de convencionalidade. Contudo, não apenas o exercício de adaptação normativa é obrigação afeta aos juízes nacionais modernamente. Devem também os juízes internos se postar na condição de juízes internacionais quando da prolação de decisões afetas ao controle de convencionalidade. Em outras palavras, em nosso Continente, os juízes nacionais têm por obrigação, nas decisões relativas ao controle de convencionalidade, atuar como se juízes interamericanos fossem, como veremos a seguir.

1.6   Juiz nacional como juiz interamericano

No âmbito do direito internacional privado, quando o juiz nacional tem de aplicar a norma estrangeira indicada pela norma de conflito da *lex fori*, deverá fazê-lo como se juiz estrangeiro fosse. Tal é assim para que o magistrado do foro aplique a norma estrangeira ao caso *sub judice* com as mesmas nuances, os mesmos princípios e as mesmas regras de interpretação que utilizaria o juiz origi-

---

international, soit à titre principal, soit à titre préalable ou incident, les juridictions nationales devraient disposer de la même liberté d'interprétation et d'application que pour d'autres règles juridiques, en s'inspirant des méthodes suivies par les tribunaux internationaux. 3. Rien ne devrait s'opposer à ce que les juridictions nationales sollicitent l'avis du pouvoir exécutif à condition que cette consultation soit dépourvue d'effets contraignants".

[47]   No original: "*Article 5.* 1. Les juridictions nationales compétentes devraient pouvoir constater en toute indépendance l'existence, la modification ou la terminaison d'un traité dont il est allégué qu'il lie l'Etat du for. 2. Dans une affaire portée devant elles, les juridictions nationales devraient refuser d'appliquer un traité, en tout ou en partie, si elles estiment qu'il est à considérer, pour quelque raison que ce soit, comme non valable ou ayant pris fin, en tout ou en partie, même lorsque l'Etat du for ne l'a pas dénoncé".

nário da *lex causae*, de acordo com a metodologia ali dominante, inclusive conforme a jurisprudência, a doutrina e, até mesmo, eventuais costumes locais.[48]

A questão não é diversa quando o juiz nacional há de aplicar a Convenção Americana sobre Direitos Humanos, a jurisprudência interamericana a ela relativa e os demais tratados de direitos humanos de que o Estado é parte. Tal significa que, na missão de aplicar as normas internacionais de direitos humanos em vigor no Brasil, o juiz nacional deve tornar-se, também, um juiz "interamericano", dado que está, naquele momento do julgamento, atuando como "representante" do sistema interamericano de direitos humanos – autorizado, para isso, pela jurisprudência pacífica da Corte Interamericana – no âmbito do direito interno, para o fim de entregar a melhor justiça ao caso concreto, controlando devidamente a convencionalidade das leis, à luz do princípio *pro homine*.

Nessa missão, os juízes internos devem pautar-se pela ética das decisões internacionais congêneres, conforme os seus métodos e princípios, razão pela qual é dever de toda a magistratura nacional bem conhecer as decisões e pareceres consultivos da Corte Interamericana de Direitos Humanos. Atualmente, o desconhecimento do arsenal decisório do sistema interamericano é inadmissível para os magistrados e membros do Ministério Público brasileiros, pois não se julga (ou se fiscaliza) de acordo com aquilo que não se conhece. À evidência, portanto, devem especialmente os juízes nacionais conhecer bem a tônica decisória e interpretativa do sistema interamericano, para que possam aplicá-la da melhor maneira aos casos *sub judice*.

Se não houver decisão (ou jurisprudência formada) da Corte Interamericana sobre determinado assunto, já se disse que a interpretação do juiz nacional ganha maior autonomia, não sendo, porém, absolutamente livre, por vincular-se às regras internacionais de hermenêutica e aos princípios que regem o sistema interamericano de direitos humanos. Seja num ou noutro caso, no entanto, o espírito do juiz nacional deve estar aberto àquilo que ilumina o direito internacional dos direitos humanos àquele caso concreto *sub judice*, incorporando ao seu modo de julgar e de decidir o foco das preocupações internacionais em matéria de direitos humanos no sistema interamericano, conforme a sua metodologia e os seus princípios.

Atenção especial devem os juízes nacionais destinar às vítimas de violações a direitos humanos, sobretudo em casos de graves violações de direitos ligadas à seara criminal e às obrigações positivas do Estado em matéria penal e processual penal, com o fim de não deixar impunes aqueles que perpetram crimes e, consequentemente, não relegar as vítimas ou seus familiares a plano

---

[48] Para detalhes, *v.* MAZZUOLI, Valerio de Oliveira, *Curso de direito internacional privado*, 6. ed. rev., atual, e ampl., Rio de Janeiro: Forense, 2023, p. 181-185.

secundário no processo.[49] A jurisprudência do sistema interamericano de direitos humanos revela que punir a prática de crimes é um *standard* de direitos humanos reconhecido e bem definido, cuja observância pelo juiz nacional é de absoluto rigor.[50]

Em suma, os juízes nacionais têm, atualmente, a obrigação de decidir com os olhos voltados ao sistema internacional de proteção dos direitos humanos e sua ambiência. Sem se desfazer da aplicação das normas domésticas sobre procedimentos, os juízes nacionais devem controlar a convencionalidade das leis em conformidade com os princípios internacionais atinentes à matéria sob malhete, segundo as interpretações correntes advindas do sistema interamericano (e, também, conforme o caso, do sistema das Nações Unidas) e com espírito internacionalista, aberto e compreensivo às razões que levam os sistemas internacionais de proteção às condenações de Estados relativas às violações de direitos humanos.

---

[49] A propósito, *v.* OLIVEIRA, Kledson Dionysio de, *Processo penal convencional e fundamentos das obrigações positivas do Estado em matéria penal*, Belo Horizonte: D'Plácido, 2022, p. 182-228.

[50] *V.* MAZZUOLI, Valerio de Oliveira, *Curso de direitos humanos*, 10. ed. rev., atual e ampl., São Paulo: Método, 2024, p. 104.

Capítulo 2

Técnica do Controle de Convencionalidade

2.1 Fundamento do controle de convencionalidade

Como todo e qualquer tratado, as normas internacionais de proteção dos direitos humanos devem ser *observadas* pelos Estados de *boa-fé*. Trata-se de respeitar a regra secular *pacta sunt servanda*, que a Convenção de Viena sobre o Direito dos Tratados (1969) disciplinou claramente em seu art. 26: "Todo tratado em vigor obriga as partes e deve ser cumprido por elas de boa-fé". Essa norma, descrita pela Comissão de Direito Internacional (ONU) como "o princípio fundamental do Direito dos Tratados", é considerada como o princípio mais importante do direito internacional público na atualidade.[1]

O que se extrai do enunciado do art. 26 da Convenção de Viena de 1969 é que a obrigação de respeitar os tratados é um princípio necessário do direito internacional público atual; necessário porque, sem ele, a segurança das relações entre os povos e a paz internacional seriam impossíveis. Além do mais, a referência à *boa-fé* demonstra a premência de uma convivência harmoniosa entre os Estados, o que não seria possível sem o cumprimento das normas nascidas do seio da sociedade internacional. Cumprir o tratado de *boa-fé* significa que os sujeitos devem agir de modo a que os objetivos perseguidos pelo tratado possam ser plenamente satisfeitos, como já referiram a Corte Interamericana de Direitos Humanos, na *Opinião Consultiva n.º 14*, de 1994, e a Corte Internacional de Justiça, no caso *Projeto Gabcíkovo-Nagymaros* (Hungria *vs.* Eslováquia), de 1997.

---

[1] V. *CIJ Recueil* (1966), reproduzido no *American Journal of International Law*, vol. 61 (1967), p. 334.

Em suma, o que fez o art. 26 da Convenção de Viena sobre o Direito dos Tratados foi consagrar, de maneira expressa, o próprio *fundamento jurídico* do direito dos tratados, para o qual a obrigação de respeitar o internacionalmente acordado repousa na consciência e nos sentimentos de justiça internacionais. Sendo os tratados a fonte mais importante do direito internacional público contemporâneo, o seu respeito por parte dos Estados configura a base necessária para a pacificação mundial e para a consequente organização política e internacional do planeta.

Na medida em que "todo tratado em vigor *obriga* as partes e *deve* ser cumprido por elas de boa-fé", seu descumprimento acarreta a responsabilidade do Estado no âmbito internacional. Nada de diferente existe no que tange à aplicação dos tratados de direitos humanos paradigmas do controle de convencionalidade das leis; seu descumprimento acarreta para o Estado infrator a responsabilidade internacional, dando causa à possibilidade de ação, perante o sistema interamericano de direitos humanos, de reparação de danos às vítimas de violações a direitos humanos. A diferença do descumprimento de um tratado *comum* e de um tratado de *direitos humanos* repousa nos reflexos que a responsabilidade internacional do Estado possa ter *para o cidadão* cujos direitos humanos foram violados. No caso do descumprimento de um tratado comum, o Estado praticante do ilícito (demandado) será internacionalmente responsabilizado em face de outro Estado (demandante); no caso do descumprimento de um tratado internacional de direitos humanos, será o Estado demandado responsabilizado (nos casos deflagrados pela Comissão Interamericana) *em face da pessoa* (ou sua família) prejudicada pela violação dos direitos humanos. O fundamento, porém, da responsabilidade internacional do Estado é sempre o mesmo: a violação de norma internacional (comum ou de direitos humanos) que o Estado-parte se comprometeu a observar e cumprir.

Para além do art. 26 da Convenção de Viena de 1969, há também a disposição do seu art. 27, segundo o qual "[u]ma parte não pode invocar as disposições de seu direito interno para justificar o inadimplemento de um tratado". É dizer, no que tange ao direito internacional público positivo, a obrigação de cumprir os tratados de boa-fé vige apesar de qualquer disposição em contrário do direito interno. Isso se depreende da própria história do art. 27 da Convenção, cuja redação, proposta na Conferência das Nações Unidas sobre o Direito dos Tratados, teve a "intenção declarada de impedir que os Estados invocassem a respectiva Constituição, a fim de se subtraírem ao cumprimento dos tratados por eles livremente concluídos".[2] No que tange ao controle de convencionalidade,

---

[2]   *Official Records, First Session*, 29th meeting (Sir Humphrey Waldock); *v.* também o documento A/Conf. 39/C.1/L. 181, *Yearbook of the United Nations*, 1968, p. 843 e ss.

Parte I • Cap. 2 • TÉCNICA DO CONTROLE DE CONVENCIONALIDADE | 39

porém, há um *plus* interpretativo que deve ser levado em consideração, pois, a seguir friamente o art. 27 da Convenção de Viena sobre o Direito dos Tratados, a aplicação da norma internacional (qualquer que seja) terá lugar *sempre* em detrimento da norma do direito interno, ainda que esta última seja mais benéfica à pessoa. Por isso, o controle de convencionalidade das leis não trabalha nessa lógica, porque determina, com fundamento nos próprios tratados-regentes dos sistemas regionais de proteção, a aplicação da norma *mais favorável* ao ser humano sujeito de direitos. Daí por que o controle de convencionalidade não se equipara à *mera aplicação* de tratados internacionais, porque a aplicação pura e simples de normas internacionais desconhece o princípio da primazia da norma mais favorável.

Atualmente, para justificar o controle de convencionalidade não se faz necessário ir além do que hoje se entende por obrigações *erga omnes*, uma vez que a técnica convencional de controle compõe o mosaico de obrigações que o Estado tem – todos os seus Poderes e, especialmente, o Poder Judiciário – de adaptar as normas internas aos comandos (mais benéficos) dos tratados de direitos humanos ratificados e em vigor em seu território. Trata-se de obrigações a todos os Estados impostas (obrigações *erga omnes*) que asseguram a garantia da ordem pública do direito internacional contemporâneo; obrigações que ultrapassam qualquer margem de apreciação e retiram a discricionariedade do governo no que tange ao seu cumprimento.

Se o exercício de adaptação do direito interno ao direito internacional, tal como previsto pela Convenção de Viena sobre o Direito dos Tratados, é imposição da ordem internacional dentro da qual se insere o Estado, com muito maior razão (e legitimidade) terá lugar quando em causa um tratado internacional de direitos humanos, que é tratado *especial* relativamente aos demais instrumentos (comuns) em vigor no Estado. Em nosso entorno geográfico, esse entendimento é confirmado (com o temperamento da interpretação *pro homine*) pelo art. 29 da Convenção Americana sobre Direitos Humanos, que obriga todos os órgãos do Estado a interpretar a Convenção sempre no sentido de *ampliar* o gozo dos direitos e liberdades nela reconhecidos; e aí se verifica o *efeito útil* da Convenção, ao impedir que se interprete quaisquer de seus dispositivos no sentido de limitar o gozo e exercício de direitos ou liberdades que possam ser reconhecidos em virtude de leis de qualquer dos Estados-partes ou em virtude de convenções em que seja parte um desses Estados.

Somem-se a tais observações as obrigações estabelecidas pelos arts. 1.º e 2.º da Convenção Americana, que exigem dos Estados que *respeitem* os direitos previstos na Convenção e que *garantam* o seu livre e pleno exercício a toda pessoa sujeita à sua jurisdição, para o que devem *adotar medidas legislativas ou de outra natureza* para o fim de tornar efetivos os direitos e liberdades nela reconhecidos.

2.2 Tratados paradigmas do controle de convencionalidade

Não apenas a Convenção Americana sobre Direitos Humanos é paradigma para o controle (difuso ou concentrado) de convencionalidade, senão *todo e qualquer* tratado de direitos humanos em vigor no Estado. A própria Corte Interamericana tem entendido dessa maneira ao se referir, em sua jurisprudência constante, a "um tratado internacional *como a* Convenção Americana [...]". Ou seja, a Convenção Americana é *um dos* vários tratados ratificados pelo Estado que servem de paradigma ao controle das normas do direito interno. Portanto, será também sob esse prisma – de que *todos* os tratados de direitos humanos em vigor no Estado *são paradigmas* ao controle de convencionalidade – que desenvolveremos as teses lançadas neste livro.

A Corte Interamericana, no julgamento do *Caso Gómez Palomino* vs. *Peru*, de 22 de novembro de 2005, pela primeira vez controlou a convencionalidade tomando como paradigma *outro tratado* que não a Convenção Americana. No caso em tela, utilizou-se para fins de controle a Convenção Interamericana sobre Desaparecimento Forçado de Pessoas, aprovada em Belém do Pará em 1994. Anos mais tarde, no *Caso Gudiel Álvarez e Outros ("Diário Militar")* vs. *Guatemala*, de 20 de novembro de 2012, a Corte Interamericana reforçou o entendimento de que não somente a Convenção Americana é tratado-paradigma ao controle de convencionalidade, ao afirmar que "quando um Estado é parte de tratados internacionais *como a* Convenção Americana sobre Direitos Humanos, a Convenção Interamericana sobre Desaparecimento Forçado, a Convenção Interamericana para Prevenir e Punir a Tortura e a Convenção de Belém do Pará, tais tratados obrigam *a todos os seus órgãos*, incluindo o Poder Judiciário, cujos membros devem zelar para que os efeitos das disposições desses tratados não sejam menosprezados pela aplicação de normas ou interpretações contrárias ao seu objeto e fim" [grifo nosso].[3]

Como se nota pelas decisões da Cortes, *todos* os tratados de direitos humanos em vigor no Estado ("tratados internacionais *como a* Convenção Americana [...]", é dizer, os tratados de direitos humanos *em geral)* servem de paradigma ao controle da convencionalidade das leis, em pé de igualdade e sem quaisquer distinções. Assim, à medida que um Estado ratifica tratados de direitos humanos em vigor internacional, limita o exercício de sua soberania em razão do cumprimento e da escorreita aplicabilidade interna dos comandos normativos daqueles instrumentos internacionais, que passam a ser paradigmas da produção e aplicação das normas do direito interno menos benéficas aos sujeitos de direito protegidos.

---

[3] Corte IDH, *Caso Gudiel Álvarez e Outros ("Diário Militar")* vs. *Guatemala*, Mérito, Reparações e Custas, sentença de 20 de novembro de 2012, Série C, n.º 253, § 330.

Portanto, é equivocado pensar que *apenas* a Convenção Americana é paradigma do controle de convencionalidade das normas domésticas no âmbito do sistema interamericano de direitos humanos. Para além da jurisprudência já pacífica da Corte Interamericana, reforça esse entendimento a redação do art. 64, 1, do Pacto de San José, segundo o qual os Estados-membros da OEA "[...] poderão consultar a Corte sobre a interpretação desta Convenção *ou de outros tratados* concernentes à proteção dos direitos humanos nos Estados americanos" [grifo nosso]. Aqui também se incluem, como não poderia deixar de ser, todas as convenções internacionais do trabalho e as relativas à proteção do meio ambiente, para citar apenas esses dois âmbitos de proteção. Destaque-se que a expressão derradeira "[...] concernentes à proteção dos direitos humanos nos Estados americanos" conota *todos* os tratados de direitos humanos ratificados e em vigor nos Estados-partes à Convenção Americana, quer provenham do sistema onusiano (sistema global) ou do nosso próprio sistema de proteção regional (interamericano); não necessitam esses instrumentos serem normas propriamente *interamericanas*, senão que sejam *aplicados* nos Estados-partes da Convenção Americana, ainda que provindos de outro contexto protetivo (como, *v.g.*, as convenções internacionais da OIT).[4]

Os direitos previstos nos tratados de direitos humanos ratificados e em vigor no Estado formam o que se denomina "bloco de convencionalidade", à semelhança do conhecido "bloco de constitucionalidade"; formam um *corpus juris* de direitos humanos de observância obrigatória aos Estados-partes, em especial pelo Poder Judiciário, tornando-se paradigmas do controle difuso da legislação doméstica e, também, no caso brasileiro, do controle abstrato (concentrado) perante o Supremo Tribunal Federal (se tiverem "equivalência de emenda constitucional", nos moldes do art. 5.º, § 3.º, da Constituição).

Não é demais lembrar (já falamos no Cap. 1, *supra*) que a Corte Interamericana utiliza como paradigma de controle de convencionalidade não somente os tratados de direitos humanos em vigor nos Estados, senão também a *sua própria jurisprudência*.[5] O conhecimento dessa jurisprudência é fundamental para quem pretende investigar *por dentro* o sistema regional interamericano, pois é

---

[4]   Sobre o controle de convencionalidade fundado nas convenções da OIT, *v.* ARANTES, Delaíde Alves Miranda, *Trabalho decente: uma análise na perspectiva dos direitos humanos trabalhistas a partir do padrão decisório do Tribunal Superior do Trabalho*, São Paulo: LTr, 2023, p. 127-141; AZEVEDO NETO, Platon Teixeira de, *Controle de convencionalidade em matéria trabalhista*, 2. ed. rev., atual e ampl., Brasília: Venturoli, 2023; e MAZZUOLI, Valerio de Oliveira; AZEVEDO NETO, Platon Teixeira de (orgs.), *Controle de convencionalidade no direito do trabalho brasileiro*, Brasília: Venturoli, 2024.

[5]   Corte IDH, *Caso Gelman* vs. *Uruguai*, Supervisão de Cumprimento de Sentença, Resolução de 20 de março de 2013, §§ 65 e ss.

ela que estabelece os parâmetros interamericanos de proteção dos direitos humanos que devem ser seguidos pelos Estados, quer como *res judicata* (Estados condenados) ou como *res interpretata* (terceiros Estados). A jurisprudência da Corte Interamericana vincula os Estados à interpretação que faz a Corte sobre o tratado de direitos humanos em causa, em especial a Convenção Americana. Não se trata de *faculdade* estatal a observância e cumprimento da jurisprudência do tribunal interamericano, senão de *dever* imposto pelo próprio sistema interamericano do qual o Estado está formalmente integrado.

Pelo fato de a Corte Interamericana julgar poucos casos por ano é que se afigura um dever dos poderes do Estado e dos que atuam na defesa dos direitos humanos (advogados, defensores públicos, órgãos do Ministério Público etc.) conhecer esse *corpus juris* do qual o Estado é parte e a jurisprudência consolidada da Corte de San José, para que possam exigir, sobretudo do Poder Judiciário local, a fiel aplicação desses instrumentos no plano interno; tudo isso para que não tenham a necessidade – como arremata JUAN CARLOS HITTERS – de "cruzar as fronteiras".[6] A própria Corte Interamericana, com apoio na Convenção Americana, se coloca em plano *secundário* no exercício do controle de convencionalidade, atuando apenas quando o Estado (responsável primário) não a controlou adequadamente. Nas palavras da Corte Interamericana, "somente quando um caso não tenha sido solucionado no plano interno, como corresponderia primariamente fazê-lo a qualquer Estado-parte na Convenção no exercício efetivo do controle de convencionalidade, poderia ele então chegar perante o Sistema".[7] Tal tem a finalidade, repita-se, de agilizar a aplicação da norma de direitos humanos no plano interno, blindando o Estado de qualquer responsabilização no plano internacional.[8]

2.3   Efeitos do controle de convencionalidade

A norma interna que não passa pelo crivo da convencionalidade, por ser incompatível com um tratado de direitos humanos mais benéfico em vigor no

---

[6]   HITTERS, Juan Carlos, Control de convencionalidad (adelantos y retrocesos), cit., p. 127.

[7]   Corte IDH, *Caso García Ibarra e Outros* vs. *Equador*, Exceções Preliminares, Mérito, Reparações e Custas, sentença de 17 de novembro de 2015, Série C, n.º 306, § 103. Nesse exato sentido, *v.* MAC-GREGOR, Eduardo Ferrer, Reflexiones sobre el control difuso de convencionalidad a la luz del caso Cabrera García y Montiel Flores vs. México, cit., p. 930-931; e HERRERÍAS CUEVAS, Ignacio Francisco, *Control de convencionalidad y efectos de las sentencias*, cit., p. 48, para quem "os Estados membros, por meio dos juízes nacionais, e, em última instância, o Tribunal Constitucional, devem ser os que estabelecem, *em primeiro lugar*, a hierarquização e o equilíbrio dos direitos fundamentais. Somente se essa definição do conteúdo dos direitos fundamentais previstos constitucionalmente chegar a afetar o conteúdo de algum dos direitos de fonte internacional, é que o tribunal internacional deverá intervir para que seja reparada a respectiva violação" [grifo nosso].

[8]   Cf. CAVALLO, Gonzalo Aguilar, El control de convencionalidad..., cit., p. 723-724.

Estado, será *inconvencional*. Como tal, será também *inválida* e não poderá ter aplicação no caso concreto. Tal significa que poderá ter vigência, mas não terá validade (e consequente aplicação prática). Veremos esse tema com detalhes em momento próprio (*v.* Parte II, Cap. 2, item 2.3). Neste ponto, basta apenas fazer a observação, que também faz SAGÜÉS, de que a inconvencionalidade produz um dever judicial concreto de *inaplicação* do preceito objetado, uma vez carecer de efeitos jurídicos *ab initio*.[9] Sendo assim, a declaração de inconvencionalidade há de ter efeito *ex tunc* para a solução do litígio em que se apresenta, pois se a norma inconvencional não tem valor jurídico, sua invalidade se apresenta desde o momento em que foi editada.

Se a declaração de inconvencionalidade for afirmada pelo STF em sede de controle abstrato (concentrado) de normas, a decisão terá também efeito *erga omnes* e vinculante para todos os órgãos do Poder Judiciário e para a Administração Pública, a exemplo e na mesma intensidade do que se daria na declaração abstrata de inconstitucionalidade.

Frise-se que a exclusão e inaplicabilidade da norma interna contrária aos tratados de direitos humanos mais benéficos pode ser também efetivada (para além do Poder Judiciário) por quaisquer órgãos do Estado encarregados de fiscalizar a compatibilidade da norma doméstica com uma convenção internacional de direitos humanos, a exemplo dos Poderes Legislativo e Executivo (*v.* Parte II, Cap. 2, item 2.6).

Outro importante efeito da declaração de inconvencionalidade diz respeito à determinação para que sejam as normas do direito interno interpretadas *segundo os comandos* dos tratados de direitos humanos, tudo para o fim de que seja o direito interno *harmonizado* com as previsões internacionais a esse respeito e com a jurisprudência da Corte Interamericana de Direitos Humanos. Perseguir essa harmonização é tarefa que incumbe, com maior ênfase, ao Poder Judiciário. Para falar como HUMBERTO NOGUEIRA ALCALÁ, o controle de convencionalidade deposita nos órgãos judiciários do Estado um "voto de confiança" de que os juízes locais interpretarão e aplicarão o direito internacional dos direitos humanos contribuindo para a criação de um "direito público comum básico em nível regional interamericano".[10]

Em outras palavras, devem os juízes e tribunais internos interpretar as normas domésticas *conforme* os tratados de direitos humanos em vigor no Estado,

---

[9] SAGÜÉS, Néstor Pedro, Obligaciones internacionales y control de convencionalidad, cit., p. 127-128.

[10] ALCALÁ, Humberto Nogueira, Los desafíos del control de convencionalidad del *corpus iuris* interamericano para los tribunales nacionales, y su diferenciación con el control de constitucionalidad, cit., p. 496.

para que não haja descompasso entre o sistema internacional de proteção e as garantias que oferece o direito interno. Essa interpretação conforme há de ter lugar, inclusive, no que tange à interpretação de normas constitucionais, pois sabe-se já que a responsabilidade internacional do Estado ocorre mesmo na hipótese de a alegada inconvencionalidade residir em norma de cunho constitucional. A Corte Interamericana assim decidiu, pela primeira vez, no *Caso A Última Tentação de Cristo*, julgado em fevereiro de 2001, quando declarou inconvencional o art. 19, n.º 12, da Constituição do Chile, que estabelecia censura prévia na produção de obras cinematográficas.[11] Depois, em janeiro de 2023, a Corte Interamericana retoma a questão no julgamento do *Caso García Rodríguez e Outros* vs. *México*, declarando inconvencional o art. 19 da Constituição do México, que previa a figura da prisão preventiva de ofício para certas espécies de infrações previstas em lei, com possibilidade de prisão automática de pessoas (sem ordem judicial) durante a primeira fase do processo, em violação a vários direitos e garantias processuais do acusado previstos na Convenção Americana.[12]

Destaque-se, por fim, que o controle de convencionalidade não atribui (constitui) inconvencionalidade à norma, senão reconhece (declara) a inconvencionalidade existente *ab initio*. Não há, aqui, modulação de efeitos para o futuro (*ex nunc*). Quando se declara a inconvencionalidade de uma norma interna se reconhece que *nunca* foi ela capaz de produzir efeitos jurídicos, pelo que todos os atos que da sua aplicação decorreram serão também *inválidos*. Por isso, os efeitos da declaração de inconvencionalidade são *ex tunc*, porque retroagem (ainda que para efeitos de um só caso concreto *sub judice*, decidido por juízo singular) à data em que a norma foi editada.

2.4 Devido processo convencional

O controle de convencionalidade das leis – tanto o primário, exercido pelo Poder Judiciário interno, quanto o secundário, exercido, em nosso entorno geográfico, pela Corte Interamericana de Direitos Humanos – irradia efeitos não apenas no que tange à compatibilização *material* das normas do direito interno relativamente aos comandos dos tratados de direitos humanos ratificados e em vigor no Estado, senão também no que atine às normas *de procedimento* previstas nesses mesmos instrumentos internacionais. À conformação do procedimento (internacional e interno) de aplicação das normas jurídicas aos comandos

---

[11] Corte IDH, *Caso A Última Tentação de Cristo (Olmedo Bustos e Outros)* vs. *Chile*, Mérito, Reparações e Custas, sentença de 5 de fevereiro de 2001, Série C, n.º 73, § 72.

[12] Corte IDH, *Caso García Rodríguez e Outros* vs. *México*, Exceções Preliminares, Mérito, Reparação e Custas, sentença de 25 de janeiro de 2023, Série C, nº 482, § 174.

(igualmente procedimentais) dos tratados de direitos humanos ratificados e em vigor no Estado dá-se o nome de *devido processo convencional*.

Falar em devido processo convencional conota tanto (*a*) o respeito que devem ter as instâncias internacionais de proteção (*v.g.*, a Comissão e a Corte Interamericanas de Direitos Humanos) relativamente aos instrumentos que aplicam para a salvaguarda de direitos humanos violados, quanto (*b*) a observância que os órgãos dos Estados devem ter para com os preceitos normativos desses mesmos instrumentos jurídicos, para o fim de transformar o processo interno (judicial ou administrativo) de aplicação das leis em processo também *convencionalizado*.

Dois são, portanto, os âmbitos de aplicação do devido processo convencional: o *internacional* e o *interno*, cada qual a merecer devida análise.

2.4.1 Devido processo convencional internacional

Tanto a Comissão quanto a Corte Interamericana de Direitos Humanos devem observar, no âmbito de qualquer procedimento, o que dispõem as normas da Convenção Americana sobre Direitos Humanos sobre a apuração de responsabilidade do Estado por violação de direitos humanos.

Portanto, o devido processo convencional há de ser respeitado pelas instâncias internacionais de proteção como garantia de um processo internacional hígido e convencionalizado. Em nosso entorno geográfico, tais instâncias devem observar, em especial, as normas de procedimento previstas na Convenção Americana, sem o que qualquer processo perante os órgãos internacionais de monitoramento restará viciado em razão de inconvencionalidade formal.

Aqui, como se vê, trata-se de inconvencionalidade procedimental (formal) decorrente do desrespeito ou da não observância das previsões sobre procedimentos constantes na Convenção Americana, diferentemente da já referida inconvencionalidade substancial (material) advinda da incompatibilidade das normas do direito interno relativamente às previsões materiais dos tratados de direitos humanos em vigor no Estado.

Em 17 de julho de 2007, quando da decisão de admissibilidade do caso *Pessoas Privadas de Liberdade na Carceragem da 76.ª Delegacia de Polícia de Niterói/RJ*, a Comissão Interamericana enfrentou a alegação do Estado brasileiro de que ali se estava a violar o devido processo convencional e o consequente direito do Estado a uma atuação independente e imparcial da Comissão.[13] Naquela ocasião, as alegações do Estado foram descartadas e a petição dos deman-

---

[13] Comissão IDH, *Relatório n.º 36/07*, Petição 1113-06 (admissibilidade), de 17 de julho de 2007, §§ 64 e ss.

dantes foi, ao final, admitida pela Comissão relativamente aos arts. 5.º, 8.º, § 1.º e 25 da Convenção Americana, em conjugação com os arts. 1.º, §§ 1.º e 2.º do mesmo instrumento. O inconformismo do Estado brasileiro serviu, contudo, para demonstrar à Comissão como os Estados se utilizam, como meio de defesa, em processos internacionais de responsabilidade por violação de direitos humanos, da exigência de cumprimento do devido processo convencional pelos órgãos internacionais de monitoramento.

Em suma, devem todas as instâncias internacionais de proteção dos direitos humanos (judiciais ou não) primar pela garantia do devido processo convencional em quaisquer procedimentos, sem o que a defesa dos direitos das partes não restará garantida em completude.

2.4.2 *Devido processo convencional interno*

Devido processo convencional interno é o nome que se atribui à observância, pelos órgãos e poderes do Estado, das normas convencionais procedimentais presentes nos tratados de direitos humanos ratificados e em vigor no Estado, quer no âmbito de processos judiciais ou administrativos. Em outras palavras, trata-se do dever que todos os órgãos do Estado têm (em especial, o Poder Judiciário e o Ministério Público) de pautar-se não apenas nas normas de procedimento previstas na legislação interna, senão também nas constantes dos tratados internacionais de direitos humanos de que o Estado é parte. No Brasil, o devido processo convencional interno fortalece e complementa a garantia do devido processo legal, expressamente consagrada pela Constituição de 1988 (art. 5.º, LIV).[14]

Relembre que, no âmbito do CNJ, adotou-se a Recomendação n.º 123/2022 para o fim encorajar todos os órgãos do Poder Judiciário à observância "dos tratados e convenções internacionais de direitos humanos em vigor no Brasil e a utilização da jurisprudência da Corte Interamericana de Direitos Humanos (Corte IDH), bem como a necessidade de controle de convencionalidade das leis internas" (art. 1.º, I). No âmbito do CNMP, por sua vez, editou-se a Recomendação n.º 96/2023 que dita aos ramos e às unidades do Ministério Público "a observância dos tratados, convenções e protocolos internacionais de direitos humanos, das recomendações da Comissão Interamericana de Direitos Humanos e da jurisprudência da Corte Interamericana de Direitos Humanos". Ambas essas Recomendações vieram à luz em razão de propostas de nossa autoria, realizadas no seio desses órgãos e, após relatadas e discutidas em Plenário, apro-

---

[14] *Verbis*: "ninguém será privado da liberdade ou de seus bens sem o devido processo legal".

vadas por unanimidade. Trata-se de *recomendações* que provêm, no entanto, diretamente das obrigações convencionais assumidas pelo Estado brasileiro no plano internacional, desde a ratificação pelo Brasil da Convenção Americana sobre Direitos Humanos (ocorrida em 1992) e do aceite da competência contenciosa da Corte Interamericana de Direitos Humanos (ocorrido em 1998). Por essa razão, a observância do devido processo convencional pelos órgãos e poderes do Estado – tal como reconhecem os conselhos nacionais da magistratura e do Ministério Público – não é uma mera faculdade, senão obrigação *vinculante* que decorre diretamente do engajamento do Estado brasileiro ao sistema interamericano de direitos humanos.

Exemplo de observância do devido processo convencional no âmbito interno foi a implantação, no Brasil, da chamada *audiência de custódia*, ocasião em que o Conselho Nacional de Justiça – CNJ exigiu o cumprimento da norma de procedimento insculpida no art. 7.º, 5, da Convenção Americana, segundo a qual "[t]oda pessoa detida ou retida deve ser conduzida, sem demora, à presença de um juiz ou outra autoridade autorizada pela lei a exercer funções judiciais e tem direito a ser julgada dentro de um prazo razoável ou a ser posta em liberdade, sem prejuízo de que prossiga o processo".[15] Daí, na regulamentação da matéria, ter o CNJ determinado (desde 2015) que "toda pessoa presa em flagrante delito, independentemente da motivação ou natureza do ato, seja obrigatoriamente apresentada, em até 24 horas da comunicação do flagrante, à autoridade judicial competente, e ouvida sobre as circunstâncias em que se realizou sua prisão ou apreensão".[16] Destaque-se, porém, que a garantia da audiência de custódia já vigorava no Direito brasileiro desde 25 de setembro de 1992, quando da entrada em vigor no Brasil da Convenção Americana, vindo, contudo, ser observada apenas anos depois. Tal é reflexo, para dizer o mínimo, da falta de conhecimento, pelos órgãos do Estado, do que dispõem os tratados de direitos humanos ratificados e em vigor, bem assim da cultura ainda presente de não observância dos compromissos assumidos pelo Estado no plano internacional.

Observe-se que as garantias processuais previstas em tratados de direitos humanos em vigor no Estado *prevalecem* (por terem nível constitucional) às normas internas de índole congênere, uma vez que os tratados de direitos humanos ratificados e em vigor contam com privilégio hierárquico no direito brasileiro, como se verá (*v.* Parte II, Cap. 1, *infra*). Se se pretender, porém, seguir a jurisprudência do STF sobre a hierarquia dos tratados de direitos humanos, tem-se que, ainda assim, tais instrumentos prevalecem às normas

---

[15]   *V.* Resolução CNJ n.º 213, de 15.12.2015.

[16]   Idem, art. 1.º.

de procedimento infraconstitucionais, por guardarem (conforme o STF) nível *supralegal* no Brasil.[17]

Na Convenção Americana, *v.g.*, há várias garantias judiciais elencadas no § 2.º do art. 8.º, quais sejam: *a)* direito do acusado de ser assistido gratuitamente por tradutor ou intérprete, se não compreender ou não falar o idioma do juízo ou tribunal; *b)* comunicação prévia e pormenorizada ao acusado da acusação formulada; *c)* concessão ao acusado do tempo e dos meios adequados para a preparação de sua defesa; *d)* direito do acusado de defender-se pessoalmente ou de ser assistido por um defensor de sua escolha e de comunicar-se, livremente e em particular, com seu defensor; *e)* direito irrenunciável de ser assistido por um defensor proporcionado pelo Estado, remunerado ou não, segundo a legislação interna, se o acusado não se defender ele próprio nem nomear defensor dentro do prazo estabelecido pela lei; *f)* direito da defesa de inquirir as testemunhas presentes no tribunal e de obter o comparecimento, como testemunhas ou peritos, de outras pessoas que possam lançar luz sobre os fatos; *g)* direito de não ser obrigado a depor contra si mesma, nem a declarar-se culpada; e *h)* direito de recorrer da sentença para juiz ou tribunal superior (garantia do duplo grau de jurisdição). Assim como tais garantias, há inúmeras outras previstas em vários tratados de direitos humanos ratificados e em vigor no Brasil, ainda "latentes" e à espera de aplicação concreta.

O STF se atentou, pela primeira vez, da necessidade de cumprimento do devido processo convencional (não obstante a falta do uso dessa expressão no acórdão) quando admitiu, por maioria, o recurso de Embargos Infringentes para os réus do conhecido *Caso Mensalão* (Ação Penal n.º 470).[18] Não fosse a admissão dos Embargos Infringentes, aqueles réus não teriam outra oportunidade de se defender perante a Corte, que ali servia de instância inicial e, portanto, única de julgamento; a não admissão dos Embargos violaria o comando da Convenção Americana que garante a toda pessoa acusada de um delito o "direito de recorrer da sentença para juiz ou tribunal *superior*" (art. 8.º, § 2.º, *h*). O Ministro CELSO DE MELLO (em voto de 18.09.2013) exarou o seu pensamento nos seguintes termos:

> [...] há a considerar, ainda, um outro aspecto que tenho por pertinente no exame da controvérsia ora em julgamento e que se refere ao fato de que a regra consubstanciada no art. 333, inciso I, do RISTF [Regimento Interno do STF] busca permitir, ainda que de modo incompleto, a concretização,

---

[17] STF, RE n.º 466.343-1/SP, Tribunal Pleno, rel. Min. CEZAR PELUSO, julg. 03.12.2008, *DJe* 05.06.2009.

[18] STF, Emb. Inf. na Ação Penal n.º 470/MG, Tribunal Pleno, rel. Min. JOAQUIM BARBOSA, julg. 18.09.2013, *DJe* 24.09.2013.

no âmbito do Supremo Tribunal Federal, no contexto das causas penais originárias, do postulado do duplo reexame, que visaria amparar o direito consagrado na própria Convenção Americana de Direitos Humanos, na medida em que realiza, embora insuficientemente, a cláusula convencional da proteção judicial efetiva (Pacto de São José da Costa Rica, Art. 8º, n. 2, alínea "h").[19]

A decisão foi correta sob a ótica do direito interno e do direito internacional, e veio ao encontro do princípio do devido processo convencional interno. É evidente que tal decisão foi a *melhor saída* encontrada pela Corte Suprema para fazer respeitar o postulado do duplo reexame no Brasil, uma vez que não há no direito brasileiro tribunal que seja superior ao STF. No entanto, é louvável que a Corte tenha se esforçado em dar cumprimento – ainda que de modo incompleto, para falar como o Ministro CELSO DE MELLO – às regras de procedimentos previstas na Convenção Americana sobre Direitos Humanos.

Portanto, o direito processual civil (e trabalhista) e o direito processual penal brasileiros devem conformar-se às normas de procedimento (para além das substanciais) previstas nos tratados de direitos humanos ratificados e em vigor no Estado, sob pena de se aviltar o devido processo convencional interno e, como decorrência, sua devida convencionalidade.

Doravante, os órgãos e poderes do Estado brasileiro – no âmbito dos processos judiciais e administrativos – devem não apenas garantir o "devido processo *legal*", senão também, e sobretudo, o "devido processo *convencional*" a todos os que vindicam (judicial ou administrativamente) uma dada pretensão.

2.5 Responsabilidade dos agentes do Estado na omissão ou negativa de exercício do controle de convencionalidade

A obrigação dos agentes do Estado em examinar a convencionalidade das leis e observar o devido processo convencional comporta consequências em sua própria atuação profissional, inclusive em termos funcionais. Nessa condição, os agentes do Estado que, conforme a Constituição e as leis, têm competência decisória para casos concretos, guardam a estrita responsabilidade de aplicar as normas domésticas tendo como paradigmas os tratados internacionais de direitos humanos em vigor no Brasil, garantindo que a parte solicitante de uma pretensão não se veja impedida de vindicar um direito seu previsto em tratado de que o Brasil seja parte ou se alije das garantias reconhecidas pelo devido processo convencional.

---

[19] STF, Emb. Inf. na Ação Penal n.º 470/MG, Tribunal Pleno, voto do Min. CELSO DE MELLO, julg. 18.09.2013, p. 25.

Tais responsabilidades advêm da própria atuação funcional do agente – seja o juiz, o membro do Ministério Público ou administrador público –, quando da aplicação concreta de determinada norma jurídica, conforme o caso ou a matéria em questão. Se é certo que incumbe a tais agentes aplicar as leis nacionais, não é menos verdade que somente poderão, assim, proceder levando em conta os ditames e os comandos (mais benéficos) dos tratados de direitos humanos em vigor no Estado, quer no âmbito judicial ou administrativo. Essa é uma responsabilidade inafastável de todo agente estatal que detém competência para a aplicação concreta de normas jurídicas, decorrente do engajamento direto do Brasil ao sistema internacional (global e regional) de proteção dos direitos humanos.

Já se viu que, no âmbito do CNJ e do CNMP, há recomendações expressas aos membros da magistratura e do Ministério Público para que apliquem devidamente os tratados internacionais de diretos humanos em vigor no Brasil e controlem a convencionalidade das leis, inclusive, à luz da jurisprudência da Corte Interamericana de Direitos Humanos.[20] Tais agentes, assim, devem velar pela devida incidência das normas de direitos humanos e pela observância do devido processo convencional nas questões em que atuam. O conteúdo de tais recomendações evidencia que os conselhos respectivos – cujos criação e funcionamento têm assento constitucional – devem supervisionar a atuação de magistrados e membros do Ministério Público também no que tange aos deveres de exame de convencionalidade das leis e garantia do devido processo convencional. Nos termos da Constituição de 1988, compete ao CNJ e ao CNMP, respectivamente, o controle do cumprimento dos deveres funcionais de juízes e membros do Ministério Público (CF, art. 103-B, § 4.º; art. 130-A, § 2.º). Assim, a aplicação por juízes e membros do *Parquet* dos tratados internacionais de direitos humanos e da jurisprudência vinculante da Corte Interamericana passa a ser parte integrante dos deveres funcionais de cada qual, em quaisquer níveis e instâncias do sistema brasileiro de justiça.[21]

A omissão ou negativa do exercício do controle de convencionalidade e da observância do devido processo convencional abre espaço à fiscalização dos deveres funcionais do agente público em causa, dado que deveria ter atuado (decidido, se manifestado etc.) com base em norma internacional de direitos humanos em vigor no Brasil e assim não procedeu, omitindo ou negando-se

---

[20] Recomendação CNJ n.º 123/2022; e Recomendação CNMP n.º 96/2023.

[21] Cf. OLIVEIRA, Kledson Dionysio de, Processo penal convencional: direito à justiça para as vítimas de crimes na jurisprudência vinculante da Corte Interamericana de Direitos Humanos. In: SARRUBBO, Mario Luiz, MORAN, Fabiola, ROMANO, Michel Betenjane, LEITÃO, Patricia de Carvalho; CHAKIAN, Silvia (coords.), *Ministério Público estratégico: tutela da vítima*, Indaiatuba: Foco, 2024, p. 119-120.

a esse comportamento. Tal é assim pelo fato de a aplicação de tratados de direitos humanos mais benéficos ao cidadão não ser mera faculdade do agente, senão uma obrigação funcional que provém, internacionalmente, do sistema interamericano de direitos humanos e, no plano interno, da jurisprudência do STF, que aloca tais instrumentos internacionais em nível superior ao das leis no Brasil.[22]

Portanto, é de rigor que os agentes públicos atentem, nos casos em que laboram segundo a sua atuação funcional, para a aplicação escorreita das normas internacionais de direitos humanos em vigor no Estado e observância do devido processo convencional, sob pena de desvio de conduta pela omissão ou negativa de realização das obrigações que lhes competem nos termos dos tratados de direitos humanos em vigor no Brasil e da jurisprudência vinculante da Corte Interamericana de Direitos Humanos.

---

[22] STF, RE n.º 466.343-1/SP, Tribunal Pleno, rel. Min. CEZAR PELUSO, julg. 03.12.2008, *DJe* 05.06.2009.

Parte II

Modelo Brasileiro de Controle de Convencionalidade

Capítulo 1

Tratados Internacionais de Direitos Humanos no Direito Interno

1.1 O *status* constitucional dos tratados de direitos humanos no Brasil

Antes de desenvolver a nossa teoria sobre o controle jurisdicional da convencionalidade das leis, faz-se necessário estudar o *status* hierárquico dos tratados de direitos humanos no direito brasileiro, pois, quando se falar em *controle de convencionalidade*, a referência à expressão designará tão somente a compatibilização vertical (sobretudo material) das leis com os tratados *de direitos humanos* em vigor no Estado. À compatibilidade das leis com os instrumentos internacionais *comuns* chamaremos de controle *de supralegalidade*, como se explicará oportunamente (*v.* Cap. 2, item 2.4.2.2, *infra*).

Assim, antes de mais nada, esclareça-se que a expressão *controle de convencionalidade* é reservada, neste estudo, apenas aos tratados de direitos humanos e a mais nenhum outro. Ocorre que, antes de teorizarmos sobre o controle jurisdicional da convencionalidade das leis no Brasil, há que se provar (esse é o objetivo deste Capítulo) que os tratados de direitos humanos em vigor no Estado têm *índole* e *nível* de normas constitucionais. Trata-se de realizar um estudo conjugado dos §§ 2.º e 3.º do art. 5.º da Constituição Federal de 1988.[1] Esse entendimento prévio (que estudaremos em profundidade nas linhas que seguem)

---

[1]   *V.*, por tudo, MAZZUOLI, Valerio de Oliveira, O novo § 3.º do art. 5.º da Constituição e sua eficácia, *Revista Forense*, vol. 378, ano 101, Rio de Janeiro, mar.-abr. 2005, p. 89-109. Este nosso texto foi um dos primeiros a serem publicados no Brasil após a reforma constitucional relativa à Emenda Constitucional n.º 45/2004 ("Reforma do Judiciário"). As teses ali expostas (as quais também serão repetidas neste Capítulo) foram rapidamente tomadas por trabalhos de vários outros autores publicados posteriormente (em muitos deles sem a citação da fonte).

é *conditio sine qua non* para que, depois, sejam devidamente compreendidos os controles *difuso* e *concentrado* de convencionalidade.

Comecemos, então, pelo estudo da internalização e do *status* hierárquico dos tratados de direitos humanos em nosso país.

Primeiramente, é necessário atentar para o fato de que a promulgação da Constituição Federal de 1988 foi um marco significativo para o início do processo de redemocratização do Estado brasileiro e de institucionalização dos direitos humanos no país. Contudo, se é certo que a promulgação do texto constitucional significou a abertura do nosso sistema jurídico para essa chamada *nova ordem* estabelecida a partir de então, também não é menos verdade que todo esse processo desenvolveu-se concomitantemente à cada vez mais intensa ratificação, pelo Brasil, de inúmeros tratados internacionais (globais e regionais) protetivos dos direitos da pessoa humana, os quais perfazem uma imensa gama de normas diretamente aplicáveis pelo Poder Judiciário e que agregam vários novos direitos e garantias àqueles já constantes do nosso ordenamento jurídico.

Atualmente, já se encontram ratificados pelo Brasil (estando em pleno vigor entre nós) praticamente todos os tratados internacionais significativos sobre direitos humanos pertencentes ao sistema global de proteção dos direitos humanos (sistema da ONU). São exemplos desses instrumentos (já incorporados ao direito pátrio) a Convenção para a Prevenção e a Repressão do Crime de Genocídio (1948), a Convenção Relativa ao Estatuto dos Refugiados (1951), o Protocolo sobre o Estatuto dos Refugiados (1967), o Pacto Internacional sobre Direitos Civis e Políticos (1966), o Protocolo Facultativo Relativo ao Pacto Internacional sobre Direitos Civis e Políticos (1966), o Pacto Internacional dos Direitos Econômicos, Sociais e Culturais (1966), a Convenção Internacional sobre a Eliminação de Todas as Formas de Discriminação Racial (1965), a Convenção sobre a Eliminação de Todas as Formas de Discriminação Contra a Mulher (1979), o Protocolo Facultativo à Convenção sobre a Eliminação de Todas as Formas de Discriminação Contra a Mulher (1999), a Convenção Contra a Tortura e Outros Tratamentos ou Penas Cruéis, Desumanos ou Degradantes (1984), a Convenção sobre os Direitos da Criança (1989), o Estatuto de Roma do Tribunal Penal Internacional (1998), o Protocolo Facultativo à Convenção sobre os Direitos da Criança Referente à Venda de Crianças, à Prostituição Infantil e à Pornografia Infantil (2000), o Protocolo Facultativo à Convenção sobre os Direitos da Criança Relativo ao Envolvimento de Crianças em Conflitos Armados (2000), a Convenção das Nações Unidas contra a Corrupção (*Convenção de Mérida*, 2003), a Convenção Internacional para a Proteção de Todas as Pessoas contra o Desaparecimento Forçado (2006), a Convenção sobre os Direitos das Pessoas com Deficiência

Parte II • Cap. 1 • TRATADOS INTERNACIONAIS DE DIREITOS HUMANOS NO DIREITO INTERNO | **57**

e seu Protocolo Facultativo (2007) e, ainda, o Tratado de Marraqueche para Facilitar o Acesso a Obras Publicadas às Pessoas Cegas, com Deficiência Visual ou com Outras Dificuldades para Ter Acesso ao Texto Impresso (2013). Isso tudo sem falar nos tratados sobre direitos sociais (*v.g.*, as convenções da OIT) e em matéria ambiental, também incorporados ao direito brasileiro e em vigor no Estado.

No que tange ao sistema interamericano de direitos humanos (sistema da OEA) a situação não tem sido diferente. O Brasil também já é parte de praticamente todos os tratados existentes nesse contexto, a exemplo da Convenção Americana sobre Direitos Humanos (1969), do Protocolo Adicional à Convenção Americana sobre Direitos Humanos em Matéria de Direitos Econômicos, Sociais e Culturais (1988), do Protocolo à Convenção Americana sobre Direitos Humanos Referente à Abolição da Pena de Morte (1990), da Convenção Interamericana para Prevenir e Punir a Tortura (1985), da Convenção Interamericana para Prevenir, Punir e Erradicar a Violência contra a Mulher (1994), da Convenção Interamericana sobre Tráfico Internacional de Menores (1994), da Convenção Interamericana para a Eliminação de Todas as Formas de Discriminação Contra as Pessoas Portadoras de Deficiência (1999) e da Convenção Interamericana sobre a Proteção dos Direitos Humanos dos Idosos (2015). Em 18 de fevereiro de 2021, o Congresso Nacional brasileiro aprovou, nos termos do art. 5.º, § 3.º, da Constituição, isto é, com equivalência de emenda constitucional, a Convenção Interamericana contra o Racismo, a Discriminação Racial e Formas Correlatas de Intolerância de 2013,[2] tendo sido ratificada em 28 de maio de 2021 e promulgada pelo Decreto n.º 10.932, de 10 de janeiro de 2022.

A Constituição Brasileira de 1988, segundo essa ótica internacional marcadamente humanizante e protetiva, erigiu a dignidade da pessoa humana (art. 1.º, III) e a prevalência dos direitos humanos (art. 4.º, II) a princípios fundamentais da República Federativa do Brasil. Este último passou a ser, inclusive, princípio pelo qual o Brasil deve se reger no âmbito das relações internacionais. A Carta de 1988, dessa forma, instituiu no país novos princípios jurídicos que conferem suporte axiológico a todo o sistema normativo brasileiro e que devem ser sempre levados em conta quando se trata de interpretar (e aplicar) quaisquer normas do ordenamento jurídico pátrio. Dentro dessa mesma trilha, que começou a ser demarcada desde a Segunda Guerra Mundial, em decorrência dos horrores e atrocidades cometidos pela Alemanha Nazista no período sombrio do Holocausto, a Constituição Federal de 1988 deu um passo extraordinário rumo à abertura do nosso sistema jurídico ao

---

[2]   Decreto Legislativo n.º 1/2021 (*DOU* de 19.02.2021).

sistema internacional de proteção dos direitos humanos, quando, no § 2.º do seu art. 5.º, deixou bem estatuído que:

> Os direitos e garantias expressos nesta Constituição não excluem outros decorrentes do regime e dos princípios por ela adotados, ou dos *tratados internacionais em que a República Federativa do Brasil seja parte* [grifo nosso].[3]

Com base nesse dispositivo, que segue a tendência do constitucionalismo contemporâneo, sempre defendemos que os tratados internacionais de direitos humanos ratificados pelo Brasil têm índole e nível constitucionais, além de aplicação imediata, não podendo ser revogados por lei ordinária posterior. A nossa interpretação sempre foi a seguinte: se a Constituição estabelece que os *direitos* e *garantias* nela elencados "não excluem" outros provenientes dos tratados internacionais "em que a República Federativa do Brasil seja parte", é porque ela própria está a autorizar que esses direitos e garantias internacionais constantes dos tratados de direitos humanos ratificados pelo Brasil "se incluem" no nosso ordenamento jurídico interno, passando a ser considerados como se escritos na Constituição estivessem.[4] É dizer, se os direitos e garantias expressos no texto constitucional "não excluem" outros provenientes dos tratados internacionais em que o Brasil seja parte, é porque, pela lógica, na medida em que tais instrumentos passam a assegurar outros direitos e garantias, a Constituição "os inclui" no seu catálogo de direitos protegidos, ampliando o seu "bloco de constitucionalidade".[5]

---

[3] Registre-se, por oportuno, que a cláusula do § 2.º do art. 5.º da Constituição resultou de proposta do Prof. Antônio Augusto Cançado Trindade, na audiência pública à Subcomissão dos Direitos e Garantias Individuais da Assembleia Nacional Constituinte, em 29 de abril de 1987.

[4] Nesse exato sentido, *v.* Piovesan, Flávia, *Direitos humanos e o direito constitucional internacional*, 7. ed. rev., ampl. e atual., São Paulo: Saraiva, 2006, p. 51-52.

[5] São inúmeros os outros argumentos em favor da índole e do nível constitucionais dos tratados de direitos humanos no nosso ordenamento jurídico interno, que preferimos não tratar aqui por já terem sido detalhadamente estudados em vários outros trabalhos sobre o tema. Cf. especialmente Mazzuoli, Valerio de Oliveira, *Direitos humanos, Constituição e os tratados internacionais: estudo analítico da situação e aplicação do tratado na ordem jurídica brasileira*, São Paulo: Juarez de Oliveira, 2002, p. 233-252; idem, *Prisão civil por dívida e o Pacto de San José da Costa Rica: especial enfoque para os contratos de alienação fiduciária em garantia*, Rio de Janeiro: Forense, 2002, p. 109-176. Destaque-se que a doutrina estrangeira tem aplaudido esse sistema que equipara os tratados de direitos humanos ao *mesmo nível* das normas constitucionais, pelo fato de "oferecer grandes vantagens e oportunidades ao juiz nacional para evitar a violação destes direitos, como recomendou a Corte Interamericana no Caso dos Trabalhadores Demitidos do Congresso contra o Peru: '[...] os órgãos do Poder Judiciário devem exercer não só um *controle de constitucionalidade*, mas também *de convencionalidade*

Parte II • Cap. 1 • TRATADOS INTERNACIONAIS DE DIREITOS HUMANOS NO DIREITO INTERNO | **59**

Da análise do § 2.º do art. 5.º da Carta brasileira de 1988, percebe-se que três são as vertentes, no texto constitucional brasileiro, dos direitos e garantias individuais: (*a*) direitos e garantias *expressos* na Constituição, a exemplo dos elencados nos incisos I ao LXXVIII do seu art. 5.º, bem como outros fora do rol de direitos, mas dentro da Constituição (como, *v.g.*, a garantia da anterioridade tributária, prevista no art. 150, III, *b*, do Texto Magno); (*b*) direitos e garantias *implícitos*, subentendidos nas regras de garantias, bem como os decorrentes do regime e dos princípios pela Constituição adotados, e (*c*) direitos e garantias *inscritos nos tratados internacionais* de direitos humanos em que a República Federativa do Brasil seja parte.[6]

A Carta de 1988, com a disposição do § 2.º do art. 5.º, de forma inédita, passou a reconhecer claramente, no que tange ao seu sistema de direitos e garantias, uma *dupla fonte normativa*: (*a*) aquela advinda do direito interno (direitos *expressos* e *implícitos* na Constituição, estes últimos subentendidos nas regras de garantias ou decorrentes do regime e dos princípios por ela adotados), e; (*b*) aquela outra advinda do direito internacional dos direitos humanos (decorrente dos *tratados internacionais* de direitos humanos em que a República Federativa do Brasil seja parte). De forma expressa, a Carta de 1988 atribuiu aos tratados internacionais de proteção dos direitos humanos devidamente ratificados pelo Estado brasileiro (e em vigor) a condição de *fontes* do sistema constitucional de proteção de direitos. É dizer, tais tratados passaram a ser fontes do sistema constitucional de proteção de direitos, no mesmo plano de eficácia e igualdade daqueles direitos (expressa ou implicitamente) consagrados pelo texto constitucional, o que justifica o *status* de norma constitucional que detêm tais instrumentos internacionais no ordenamento jurídico brasileiro. Essa dualidade de fontes, que alimenta a completude do sistema, significa que, em caso de conflito, deve o intérprete *optar* pela fonte que proporciona a norma *mais favorável* à pessoa protegida (princípio *pro homine* ou *pro persona*), pois, o que se visa, é a *otimização* e a *maximização* dos sistemas (interno e internacional) de proteção dos direitos humanos.[7] Poderá, inclusive, o intérprete, aplicar *ambas* as normas aparentemente antinômicas conjuntamente, cada qual naquilo que têm de melhor à proteção do direito da

---

ex officio entre as normas internas e a Convenção Americana'" (CANTOR, Ernesto Rey, *Control de convencionalidad de las leyes y derechos humanos*, cit., p. LXXII).

[6] *V.* VELLOSO, Carlos Mário da Silva, Os tratados na jurisprudência do Supremo Tribunal Federal, *Revista de Informação Legislativa*, ano 41, n.º 162, Brasília, abr.-jun. 2004, p. 38-39.

[7] Cf. BIDART CAMPOS, German J., *Tratado elemental de derecho constitucional argentino*, Tomo III (El derecho internacional de los derechos humanos y la reforma constitucional de 1994), Buenos Aires: Ediar, 1995, p. 282.

pessoa protegida, sem que precise recorrer aos conhecidos (e, no âmbito dos direitos humanos, ultrapassados) métodos *tradicionais* de solução de antinomias (o *hierárquico*, o da *especialidade* e o *cronológico*).[8]

Segundo o nosso entendimento, a cláusula aberta do § 2.º do art. 5.º da Carta de 1988, sempre admitiu o ingresso dos tratados internacionais de proteção dos direitos humanos no *mesmo grau* hierárquico das normas constitucionais, e não em outro âmbito de hierarquia normativa. Portanto, segundo sempre defendemos, o fato de esses direitos se encontrarem em tratados internacionais jamais impediu a sua caracterização como direitos de *status* constitucional.

Destaque-se que, em sede doutrinária, também não faltaram vozes que, dando um passo mais além do nosso, defenderam cientificamente o *status* supraconstitucional dos tratados de direitos humanos no Brasil, levando em conta toda a principiologia internacional marcada pela força expansiva dos direitos humanos e pela sua caracterização como normas de *jus cogens* internacional.[9]

---

[8]   Cf. Jayme, Erik, Identité culturelle et intégration: le droit international privé postmoderne, cit., p. 60-61; e Mazzuoli, Valerio de Oliveira, *Tratados internacionais de direitos humanos e direito interno*, São Paulo: Saraiva, 2010, p. 98-128.

[9]   V., nesse exato sentido, Mello, Celso D. de Albuquerque, que se dizia "ainda mais radical no sentido de que a norma internacional prevalece sobre a norma constitucional, mesmo naquele caso em que uma norma constitucional posterior tente revogar uma norma internacional constitucionalizada" (O § 2.º do art. 5.º da Constituição Federal, in Torres, Ricardo Lobo (org.), *Teoria dos Direitos Fundamentais*, 2. ed. rev. e atual., Rio de Janeiro: Renovar, 2001, p. 25). Defendendo a supraconstitucionalidade da Convenção Americana sobre Direitos Humanos, v. Sagüés, Néstor Pedro, Obligaciones internacionales y control de convencionalidad, cit., p. 124, citando o *Caso A Última Tentação de Cristo*, em que a Corte Interamericana condenou o Chile a modificar sua própria Constituição: "Por ello, en definitiva, cualquier regla jurídica doméstica (ley, decreto, reglamento, ordenanza, resolución, etc.) está sometida al control de convencionalidad. En Estados donde la doctrina jurisprudencial establecida por la Corte Suprema o el Tribunal Constitucional es obligatoria para los tribunales inferiores, ella también reviste materialmente condición de *norma*, y por ende, está captada por dicho control. Incluso, está igualmente comprendida la Constitución nacional, no exceptuada en los veredictos aludidos. En este tramo tan importante de la doctrina que referimos, se parte tácitamente del supuesto de que el Pacto de San José de Costa Rica se encuentra por encima de *todo* el ordenamiento jurídico del Estado, sin omitir a la propia Constitución. El Pacto asume así, agrade o no esta conclusión, y por más que por algunos se la quiera edulcorar, condición de *supraconstitucionalidad*. Por ello, como en el caso de 'La última tentación de Cristo', por ejemplo, la Corte Interamericana de Derechos Humanos reclamó a Chile modificar una cláusula de la Constitución local opuesta al Pacto, como efectivamente se hizo después". Para nós, entretanto, só têm *status* supraconstitucional os tratados de direitos humanos *centrífugos*, como é o caso (até hoje único) do Estatuto de Roma do Tribunal Penal Internacional de 1998, e não os demais instrumentos de direitos humanos (que são somente *centrípetos*, a exemplo da Convenção Americana sobre Direitos Humanos de 1969, cujo *status* é de

Em sede jurisprudencial, entretanto, a matéria nunca foi pacífica em nosso país, tendo o Supremo Tribunal Federal tido a oportunidade de, em mais de uma ocasião, analisar o assunto, sem, contudo, ter chegado a uma solução uniforme e, tampouco, satisfatória.[10] Esse quadro insatisfatório levou a doutrina mais abalizada a qualificar de "lamentável falta de vontade" do Poder Judiciário a não aplicação devida do § 2.º do art. 5.º da Constituição.[11] Felizmente, a Constituição brasileira de 1988 já prevê em seu texto uma gama imensa de direitos e garantias fundamentais idênticos aos previstos nesses vários tratados internacionais de direitos humanos ratificados pelo Brasil.

---

norma constitucional); para detalhes sobre a natureza do Estatuto de Roma como tratado centrífugo e o conceito desse tipo de tratado, v. GOMES, Luiz Flávio & MAZZUOLI, Valerio de Oliveira, *Direito supraconstitucional: do absolutismo ao Estado Constitucional e Humanista de Direito*, São Paulo: RT, 2010, p. 149-153.

[10] V., sobre a posição majoritária do STF até então – segundo a qual os tratados internacionais ratificados pelo Estado (inclusos os de direitos humanos) têm nível de lei ordinária –, o julgamento do *HC* n.º 72.131/RJ, de 22.11.1995, que teve como relator o Min. CELSO DE MELLO, vencidos os Ministros MARCO AURÉLIO, CARLOS VELLOSO e SEPÚLVEDA PERTENCE. Em relação à posição minoritária do STF, destacam-se os votos dos Ministros CARLOS VELLOSO, em favor do *status* constitucional dos tratados de direitos humanos (v. *HC* n.º 82.424-2/RS, relativo ao famoso "caso Ellwanger", e ainda seu artigo Os tratados na jurisprudência do Supremo Tribunal Federal, cit., p. 39), e SEPÚLVEDA PERTENCE, que, apesar de não admitir a hierarquia constitucional desses tratados, passou a aceitar, entretanto, o *status* de norma supralegal desses instrumentos, tendo assim se manifestado: "[...] parificar às leis ordinárias os tratados a que alude o art. 5.º, § 2.º, da Constituição, seria esvaziar de muito do seu sentido útil à inovação, que, malgrado os termos equívocos do seu enunciado, traduziu uma abertura significativa ao movimento de internacionalização dos direitos humanos. Ainda sem certezas suficientemente amadurecidas, tendo assim [...] a aceitar a outorga de força supralegal às convenções de direitos humanos, de modo a dar aplicação direta às suas normas – até, se necessário, contra a lei ordinária – sempre que, sem ferir a Constituição, a complementem, especificando ou ampliando os direitos e garantias dela constantes" (v. *RHC* 79.785/RJ, *Informativo do STF* 187, de 29.03.2000).

[11] V. CANÇADO TRINDADE, Antônio Augusto, *Tratado de direito internacional dos direitos humanos*, vol. III, Porto Alegre: Sergio Antonio Fabris, 2003, p. 623, nota n.º 71. Nas palavras de CANÇADO TRINDADE: "A tese da equiparação dos tratados de direitos humanos à legislação infraconstitucional – tal como ainda seguida por alguns setores em nossa prática judiciária – não só representa um apego sem reflexão a uma postura anacrônica, já abandonada em vários países, mas também contraria o disposto no art. 5(2) da Constituição Federal brasileira. Se se encontrar uma formulação mais adequada – e com o mesmo propósito – do disposto no art. 5(2) da Constituição Federal, tanto melhor; mas enquanto não for encontrada, nem por isso está o Poder Judiciário eximido de aplicar o art. 5(2) da Constituição. Muito ao contrário, se alguma incerteza houver, encontra-se no dever de dar-lhe a interpretação correta, para assegurar sua aplicação imediata; não se pode deixar de aplicar uma disposição constitucional sob o pretexto de que não parece clara" (Idem, p. 624, nota n.º 73).

Em virtude das controvérsias doutrinárias e jurisprudenciais existentes até então no Brasil, e com o intuito de colocar fim às discussões relativas à hierarquia dos tratados internacionais de direitos humanos no ordenamento jurídico pátrio, acrescentou-se um parágrafo subsequente ao § 2.º do art. 5.º da Constituição, por meio da Emenda Constitucional n.º 45, de 8 de dezembro de 2004, com a seguinte redação:

> § 3.º Os tratados e convenções internacionais sobre direitos humanos que forem aprovados, em cada Casa do Congresso Nacional, em dois turnos, por três quintos dos votos dos respectivos membros, serão equivalentes às emendas constitucionais.

A redação do dispositivo, como se percebe, é materialmente semelhante à do art. 60, § 2.º, da Constituição, segundo o qual toda proposta de emenda à Constituição "será discutida e votada em cada Casa do Congresso Nacional, em dois turnos, considerando-se aprovada se obtiver, em ambos, três quintos dos votos dos respectivos membros". A semelhança dos dispositivos está ligada ao fato de que, antes da entrada em vigor da Emenda n.º 45/2004, os tratados internacionais de direitos humanos, para serem oportunamente ratificados, eram exclusivamente aprovados (por meio de Decreto Legislativo) por maioria simples no Congresso Nacional, nos termos do art. 49, I, da Constituição, o que gerava inúmeras controvérsias jurisprudenciais (a nosso ver infundadas) sobre a aparente hierarquia *infraconstitucional* (nível de normas ordinárias) desses instrumentos internacionais em nosso direito interno.

A inspiração do legislador constitucional brasileiro talvez tenha sido o art. 79, §§ 1.º e 2.º, da Lei Fundamental alemã, que prevê que os tratados internacionais, sobretudo os relativos à paz (com a observação de que a Lei Fundamental alemã não se refere expressamente aos tratados "sobre direitos humanos", como faz o texto constitucional brasileiro), podem *complementar* a Constituição, desde que aprovados por dois terços dos membros do Parlamento Federal e dois terços dos votos do Conselho Federal, nestes termos:

Artigo 79 (*Emendas à Lei Fundamental*)

1. A Lei Fundamental só poderá ser emendada por uma lei que *altere* ou *complemente* expressamente o seu texto. Em matéria de tratados internacionais que tenham por objeto regular a paz, prepará-la ou abolir um regime de ocupação, ou que objetivem promover a defesa da República Federal da Alemanha, será suficiente, para esclarecer que as disposições da Lei Fundamental não se opõem à conclusão e à entrada em vigor de tais tratados, *complementar*, e tão somente isso, o texto da Lei Fundamental.

2. Essas leis precisam ser aprovadas por dois terços dos membros do Parlamento Federal e dois terços dos votos do Conselho Federal [grifo nosso].

Parte II • Cap. 1 • TRATADOS INTERNACIONAIS DE DIREITOS HUMANOS NO DIREITO INTERNO | **63**

Dado esse panorama geral sobre a regra constitucional em análise, será possível, doravante, proceder a um estudo mais pormenorizado do art. 5.º, § 3.º, da Constituição de 1988. Em primeiro lugar, deve-se verificar as incongruências presentes nesta norma constitucional.

1.2 As incongruências do § 3.º do art. 5.º da Constituição

Não obstante ter tido o art. 5.º, § 3.º, da Constituição um aparente bom propósito, o certo é que se trata de dispositivo completamente incongruente. Se a sua intenção foi colocar termo às controvérsias (doutrinárias e jurisprudenciais) sobre o nível hierárquico dos tratados de direitos humanos no Brasil, parece que a tal desiderato não conseguiu chegar. Nós também sempre entendemos inevitável a mudança do texto constitucional brasileiro, a fim de se eliminar as controvérsias a respeito do grau hierárquico conferido pela Constituição aos tratados internacionais de direitos humanos pelo Brasil ratificados. Contudo, a nossa ideia era outra, em nada semelhante à da Emenda Constitucional n.º 45. Entendíamos ser premente, mais do que nunca, incluir em nossa Carta Magna não um dispositivo *hierarquizando* os tratados de direitos humanos, como fez a EC n.º 45, mas, sim, um dispositivo que reforçasse o significado do § 2.º do art. 5.º, dando-lhe verdadeira interpretação autêntica. Por esse motivo, havíamos proposto, como alteração constitucional, a introdução de mais um parágrafo no art. 5.º da Carta de 1988, mas não para contrariar o espírito inclusivo que o § 2.º do mesmo artigo já tem. A redação que propusemos, publicada em nosso livro *Direitos humanos, Constituição e os tratados internacionais*, foi a seguinte:

§ 3.º Os tratados internacionais referidos pelo parágrafo anterior, uma vez ratificados, incorporam-se automaticamente na ordem interna brasileira com hierarquia constitucional, prevalecendo, no que forem suas disposições mais benéficas ao ser humano, às normas estabelecidas por esta Constituição.[12]

Como se vê, a redação que pretendíamos, já há algum tempo, para um terceiro parágrafo ao rol dos direitos e garantias fundamentais, não invalidava a interpretação doutrinária relativa aos §§ 1.º e 2.º do art. 5.º da Carta de 1988, que tratam, conjugadamente, da hierarquia constitucional e da aplicação imediata dos tratados internacionais de proteção dos direitos humanos no ordenamento brasileiro. Neste caso, a inserção de um terceiro parágrafo ao rol dos direitos e garantias fundamentais do art. 5.º da Constituição valeria tão somente como *interpretação autêntica* do parágrafo anterior, ou seja, do § 2.º do art. 5.º.

---

[12] MAZZUOLI, Valerio de Oliveira, *Direitos humanos, Constituição e os tratados internacionais...*, cit., p. 348.

A nossa proposta teria a vantagem de evitar os graves inconvenientes sofridos pela atual doutrina, no que tange à interpretação do efetivo grau hierárquico conferido pela Constituição aos tratados de proteção dos direitos humanos no Brasil. Afastaria, ademais, as controvérsias até então existentes em nossos tribunais superiores, notadamente no Supremo Tribunal Federal, relativamente ao assunto. Tal mudança, a nosso ver, era o mínimo que poderia ter sido feito pelo legislador constitucional brasileiro, retirando a Constituição do atrasado de muitos anos em relação às demais Constituições dos países latino-americanos e do resto do mundo, no que diz respeito à eficácia interna das normas internacionais de proteção dos direitos humanos.

A Emenda Constitucional n.º 45, entretanto, não seguiu essa orientação, tendo estabelecido, no § 3.º do art. 5.º da Carta de 1988, que os tratados e convenções internacionais sobre direitos humanos serão "equivalentes" às emendas constitucionais, uma vez aprovados, em cada Casa do Congresso Nacional, em dois turnos, por três quintos dos votos dos seus respectivos membros (que é exatamente o *quorum* para a aprovação de uma emenda constitucional).

Essa alteração do texto constitucional, que pretendeu pôr termo ao debate quanto ao *status* dos tratados internacionais de direitos humanos no direito brasileiro, é um exemplo claro da falta de compreensão e de interesse (e, sobretudo, de boa-vontade) do nosso legislador relativamente às conquistas já alcançadas pelo direito internacional dos direitos humanos nessa seara. Como magistralmente destaca CANÇADO TRINDADE, em um desabafo público de reflexão obrigatória, esse "retrocesso provinciano põe em risco a inter-relação ou indivisibilidade dos direitos protegidos em nosso país (previstos nos tratados que o vinculam), ameaçando-os de fragmentação ou atomização, em favor dos excessos de um formalismo e hermetismo jurídicos eivados de obscurantismo". E continua: "Os triunfalistas da recente Emenda Constitucional 45/2004, não se dão conta de que, do prisma do direito internacional, um tratado ratificado por um Estado o vincula *ipso jure*, aplicando-se de imediato, quer tenha ele previamente obtido aprovação parlamentar por maioria simples ou qualificada. Tais providências de ordem interna – ou, ainda menos, de *interna corporis* – são simples *fatos* do ponto de vista do ordenamento jurídico internacional, ou seja, são, do ponto de vista jurídico internacional, inteiramente irrelevantes. A responsabilidade internacional do Estado por violações comprovadas de direitos humanos permanece intangível, independentemente dos malabarismos pseudojurídicos de certos publicistas (como a criação de distintas modalidades de prévia aprovação parlamentar de determinados tratados, a previsão de pré-requisitos para a aplicabilidade direta de tratados no direito interno, dentre outros), que nada mais fazem do que oferecer subterfúgios vazios aos Estados para tentar evadir-se de seus compromissos de proteção do ser humano no âmbito do contencioso internacional dos direitos humanos".[13] Como se percebe, o legislador brasileiro que concebeu o § 3.º do art. 5.º, além de demonstrar total desconhecimento dos princípios do contemporâneo direito internacional público, notadamente das regras basilares da Convenção de Viena sobre o Direito dos Tratados, em especial as de *jus cogens*, traz consigo o velho e arraigado ranço da já ultrapassada noção de soberania absolutista, que todos fazemos questão de esquecer.

A redação do dispositivo induz à conclusão de que apenas as convenções aprovadas pela maioria qualificada ali estabelecida teriam valor hierárquico de norma constitucional, o que traz a possibilidade de alguns tratados, relativamente a essa matéria, serem aprovados sem esse *quorum*, passando a ter (aparentemente) valor de norma infraconstitucional, ou seja, de mera lei ordinária. Como o texto proposto, ambíguo que é, não define quais tratados deverão ser assim aprovados, poderá ocorrer que determinados instrumentos internacionais de proteção dos direitos humanos, aprovados por processo legislativo não qualificado, acabem por subordinar-se à legislação ordinária, quando de sua efetiva aplicação prática pelos juízes e tribunais nacionais (que poderão preterir o tratado para o fim de aplicar a legislação ordinária "mais recente"), o que certamente acarretaria a responsabilidade internacional do Estado brasileiro. Surgiria, ainda, o problema em saber se os tratados de direitos humanos ratificados anteriormente à entrada em vigor da EC n.º 45, a exemplo da Convenção Americana sobre Direitos Humanos, do Pacto Internacional sobre Direitos Civis e Políticos, do Pacto Internacional dos Direitos Econômicos, Sociais e Culturais e de tantos outros tratados, perderiam o *status* de norma constitucional que aparentemente detinham em virtude do § 2.º do art. 5.º da Constituição, caso agora não sejam aprovados pelo *quorum* do § 3.º do mesmo art. 5.º (*v.* item 1.4, *infra*).

Como se dessume da leitura do § 3.º do art. 5.º do Texto Magno, basta que os tratados e convenções internacionais sobre direitos humanos sejam *aprovados* pela maioria qualificada ali prevista, para que possam *equivaler* às emendas constitucionais. Não há, no citado dispositivo, qualquer menção ou ressalva dos

---

[13] CANÇADO TRINDADE, Antônio Augusto, Desafios e conquistas do direito internacional dos direitos humanos no início do século XXI, in CACHAPUZ DE MEDEIROS, Antônio Paulo (org.), *Desafios do direito internacional contemporâneo*, Brasília: Fundação Alexandre de Gusmão, 2007, p. 209, nota n.º 6. Sobre serem as normas internas simples *fatos* perante o direito internacional, *v.* ainda CANTOR, Ernesto Rey, *Control de convencionalidad de las leyes y derechos humanos*, cit., p. LXII-LXIII. Destaque-se que no Acórdão n.º 7, de 25.05.1926, relativo ao caso *Certos Interesses Alemães na Alta--Silésia Polonesa*, a então Corte Permanente de Justiça Internacional já havia confirmado esse entendimento, ao declarar que "para o direito internacional, e para a Corte que é o órgão deste, as leis nacionais são simples 'fatos', manifestações da vontade e da atividade do Estado...".

compromissos assumidos anteriormente pelo Brasil e, assim sendo, poderá ser interpretado no sentido de que, não obstante um tratado de direitos humanos tenha sido ratificado há vários anos, pode o Congresso Nacional novamente aprová-lo, mas agora pelo *quorum* do § 3.º, para que esse tratado mude de *status*. De qual *status* mudaria o tratado? Certamente daquele que o nosso Pretório Excelso entende que têm os tratados de direitos humanos – o *status* de lei ordinária (em sua antiga jurisprudência) ou, mais recentemente, de norma supralegal (a partir de 3 de dezembro de 2008, em razão do julgamento do RE n.º 466.343-1/SP) –, para passar a deter o *status* de norma constitucional. O Congresso Nacional teria, assim, o poder de, a seu alvedrio e a seu talante, decidir qual a hierarquia normativa que devem ter determinados tratados de direitos humanos em detrimento de outros, violando a completude material do bloco de constitucionalidade. É claro que as discussões sobre para qual *status* mudaria o tratado levam a uma incerteza premente, que somente pode ser analisada de acordo com o que pensam a jurisprudência e a doutrina a respeito. Ainda que tenha o STF passado a atribuir aos tratados de direitos humanos (quando não aprovados pela sistemática do art. 5.º, § 3.º, da Constituição) o nível de norma *supralegal*,[14] o certo é que a doutrina mais abalizada entende (corretamente) que tais tratados têm *status* de "norma constitucional" independentemente de aprovação qualificada no Congresso Nacional. Por isso que, ao responder à pergunta acima formulada, dissemos que o *status* de que mudaria o tratado seria certamente o de norma infraconstitucional, *status* este que o nosso Pretório Excelso sempre entendeu que têm os tratados de direitos humanos. Esse *imbróglio* causado pela Emenda n.º 45/2004 é, segundo Cançado Trindade, típico "de nossos publicistas estatocêntricos, insensíveis às necessidades de proteção do ser humano".[15] Deve-se frisar, no entanto, que o próprio Supremo Tribunal já ilumina a possibilidade de grande mudança jurisprudencial nesta seara, devendo-se concordar inteiramente com o Ministro Gilmar Mendes, para quem é preciso ponderar se, "no contexto atual, em que se pode observar a abertura cada vez maior do Estado constitucional a ordens jurídicas supranacionais de proteção de direitos

---

[14] V. no citado RE n.º 466.343-1/SP, julg. 03.12.2008, especialmente o voto-vista do Min. Gilmar Mendes. Frise-se que, nesse mesmo julgamento, e também no anterior *HC* n.º 87.585/TO, o Min. Celso de Mello aceitou a tese do *nível constitucional* dos tratados de direitos humanos, mas não foi acompanhado pela maioria dos Ministros. Daí ter sido vencedora (por ora) a tese da supralegalidade dos tratados de direitos humanos, defendida pelo Min. Gilmar Mendes (para as nossas críticas a essa posição, *v.* Parte II, Cap. 2, item 2.3, *infra*). De qualquer forma, não há como não reconhecer que essa nova posição do STF em matéria de tratados sobre direitos humanos já representa um grande avanço da Corte, se comparada à sua jurisprudência anterior (desde a década de 70).

[15] Cançado Trindade, Antônio Augusto, Desafios e conquistas do direito internacional dos direitos humanos no início do século XXI, cit., p. 209, nota n.º 6.

Parte II • Cap. 1 • TRATADOS INTERNACIONAIS DE DIREITOS HUMANOS NO DIREITO INTERNO | **67**

humanos, essa jurisprudência [que atribui *status* de lei ordinária aos tratados de direitos humanos] não teria se tornado completamente defasada".[16]

Ademais, parece claro que o nosso poder reformador, ao conceber este § 3.º, parece não ter percebido que ele, além de subverter a ordem do processo constitucional de celebração de tratados, uma vez que não ressalva (como deveria fazer) a fase do *referendum* congressual do art. 49, I, da Constituição (que diz competir exclusivamente ao Congresso Nacional "resolver definitivamente sobre tratados, acordos ou atos internacionais que acarretem encargos ou compromissos gravosos ao patrimônio nacional"), também rompe com a harmonia do sistema de integração dos tratados de direitos humanos no Brasil, uma vez que cria "categorias" jurídicas entre os próprios instrumentos internacionais de direitos humanos ratificados pelo governo, dando tratamento diferente para normas internacionais que têm o mesmo fundamento de validade, ou seja, hierarquizando diferentemente tratados que têm o mesmo conteúdo ético, qual seja, a proteção internacional dos direitos humanos. Assim, essa "desigualação de iguais" que permite o § 3.º ao estabelecer ditas "categorias de tratados", é totalmente injurídica por violar o princípio (também constitucional) da *isonomia*.

Por tudo isso, pode-se inferir que o § 3.º do art. 5.º da Constituição, acrescentado pela EC n.º 45, seria mais condizente com a atual realidade das demais Constituições latino-americanas, bem como de diversas outras Constituições do mundo, se determinasse expressamente que todos os tratados de direitos humanos pelo Brasil ratificados têm hierarquia constitucional, aplicação imediata e, ainda, prevalência sobre as normas constitucionais no caso de serem suas disposições mais benéficas ao ser humano. Isso faria com que se evitassem futuros problemas de interpretação constitucional, bem como contribuiria para afastar, de vez, o arraigado equívoco que assola boa parte dos constitucionalistas brasileiros, no que diz respeito à normatividade internacional de direitos humanos e seus mecanismos de proteção. Na verdade, tal fato não seria necessário se fosse aplicável no Brasil o princípio de que a jurisprudência seria a lei escrita, atualizada e lida com olhos das necessidades prementes de uma sociedade. Apesar de já existirem os princípios regentes das relações internacionais no art. 4.º da Constituição, certo é que, para parte da jurisprudência, nada valem, mesmo que tenham sido inseridos pelo legislador originário em nosso texto constitucional.

Perceba-se, ainda, uma diferença redacional entre os §§ 2.º e 3.º do art. 5.º da Constituição. Este último se refere aos tratados e convenções "sobre *direitos humanos*", enquanto que o primeiro fala em "direitos e garantias", seguindo a mesma denominação usada pelo Título II da Constituição ("Dos *Direitos e Garantias* Fundamentais"). Caberia, aqui, indagar o que são tratados de "direitos

---

[16] Voto-vista do Min. GILMAR MENDES no RE n.º 466.343-1/SP do STF, p. 14.

humanos" e se haveria diferença destes para os tratados sobre "direitos e garantias". É claro que a expressão *direitos humanos* (utilizada pelo § 3.º) é expressão ampla, na qual indubitavelmente se incluem todos os tratados – quer de caráter global, quer de caráter regional – que, de alguma maneira, consagram direitos às pessoas, protegendo-as de qualquer ato atentatório à sua dignidade por ação do Estado. Da mesma forma, não se pode também excluir da expressão "direitos e garantias" os direitos de caráter humanitário, os direitos dos refugiados e os direitos internacionais do ser humano *stricto sensu*, que compõem o universo daquilo que se nomina "direito internacional dos direitos humanos".

1.3 Em que momento do processo de celebração de tratados tem lugar o § 3.º do art. 5.º da Constituição?

Caberia, agora, indagar em que "momento" do processo de celebração de tratados tem lugar esta disposição constitucional. Mas, frise-se, preliminarmente, que essa indagação quanto ao *momento* em que deve se manifestar o Congresso Nacional relativamente ao § 3.º do art. 5.º exclui, à evidência, as hipóteses do art. 60, § 1.º, do texto constitucional, segundo o qual "a Constituição não poderá ser emendada na vigência de intervenção federal, de estado de defesa ou de estado de sítio".

Pois bem, como se sabe, a Constituição de 1988 cuida do processo de celebração de tratados em tão somente dois de seus dispositivos, que assim dispõem: "Art. 84. Compete privativamente ao Presidente da República: [...] VIII – celebrar tratados, convenções e atos internacionais, sujeitos a referendo do Congresso Nacional; [...]"; e "Art. 49. É da competência exclusiva do Congresso Nacional: I – resolver definitivamente sobre tratados, acordos ou atos internacionais que acarretem encargos ou compromissos gravosos ao patrimônio nacional; [...]".[17]

Esse procedimento estabelecido pela Constituição vale para todos os tratados e convenções internacionais de que o Brasil pretende ser parte, sejam eles tratados comuns ou de direitos humanos. Nem se diga que a referência aos "encargos ou compromissos gravosos ao patrimônio nacional" exclui da apreciação parlamentar os tratados de direitos humanos, uma vez que o art. 84, VIII, da Constituição, é claro em submeter *todos* os tratados internacionais assinados pelo Presidente da República ao referendo do Parlamento.[18]

---

[17] V. Mazzuoli, Valerio de Oliveira. O *treaty-making power* na Constituição brasileira de 1988: uma análise comparativa do poder de celebrar tratados à luz da dinâmica das relações internacionais. *Revista Brasileira de Política Internacional*, vol. 44, n.º 2, Brasília, 2001, p. 82-108.

[18] V. Cachapuz de Medeiros, Antônio Paulo. O *poder de celebrar tratados*: competência dos poderes constituídos para a celebração de tratados, à luz do direito internacional, do

Parte II • Cap. 1 • TRATADOS INTERNACIONAIS DE DIREITOS HUMANOS NO DIREITO INTERNO | **69**

Assim, uma primeira interpretação que poderia ser feita é no sentido de que a competência do Congresso Nacional para referendar os tratados internacionais assinados pelo Executivo (constante do art. 49, I, da Constituição), autorizando este último à ratificação do acordo, não fica suprimida pela regra do atual § 3.º do art. 5.º da Carta de 1988, uma vez que a participação do Parlamento no *processo de celebração* de tratados internacionais no Brasil é uma só: aquela que aprova ou não o seu conteúdo, e mais nenhuma outra. Não há que se confundir o *referendo* dos tratados internacionais, de que cuida o art. 49, I, da Constituição, materializado por meio de Decreto Legislativo (aprovado por maioria simples) promulgado pelo Presidente do Senado Federal, com a segunda eventual manifestação do Congresso para fins de pretensamente decidir sobre qual *status* hierárquico deve ter certo tratado internacional de direitos humanos no ordenamento jurídico brasileiro, de que cuida o § 3.º do art. 5.º da Constituição.

Frise-se, por oportuno, que tanto no caso da primeira interpretação que estamos a propor, quanto no caso da segunda (que comentaremos mais à frente), o *decreto legislativo* do Congresso Nacional (que *aprova* o tratado internacional e *autoriza* o Presidente da República a ratificá-lo) faz-se *necessário*. Não há que se confundir a *equivalência às emendas*, de que trata o art. 5.º, § 3.º, com as próprias *emendas constitucionais* previstas no art. 60 da Constituição. A relação entre tratado de direitos humanos e as emendas constitucionais é de *equivalência*, não de *igualdade*. O art. 5.º, § 3.º, não disse que "A é *igual* a B", mas que "A é *equivalente* a B", sendo certo que duas coisas só se "equivalem" se forem *diferentes*.[19] Por isso, é inconfundível a norma do tratado *equivalente* a uma emenda constitucional com uma emenda *propriamente dita*, sendo também inconfundível o processo de formação de um (tratado) e de outra (emenda). Como a relação entre ambos não é de *igualdade*, mas de *equivalência* (ou *equiparação*), não se aplicam aos tratados os procedimentos estabelecidos pela Constituição para a aprovação das *emendas*, tampouco a regra constitucional sobre a iniciativa da proposta de emenda (art. 60, I a III). Enfim, a Constituição não diz que se estará aprovando uma *emenda* constitucional, mas um ato (nesse caso, um *decreto legislativo*) que possibilitará tenha o tratado (depois de ratificado) uma *equivalência de* emenda constitucional. Assim, tudo continua da mesma forma como antes da EC n.º 45/2004, devendo o tratado ser aprovado pelo Congresso por *decreto legislativo*, mas podendo o Parlamento decidir

---

direito comparado e do direito constitucional brasileiro. Porto Alegre: Sergio Antonio Fabris, 1995, p. 382-397.

[19] Cf. BORGES, José Souto Maior, *Curso de direito comunitário: instituições de direito comunitário comparado – União Europeia e Mercosul*, 2. ed., São Paulo: Saraiva, 2009, p. 313-314.

se com o *quorum* (e somente o *quorum...*) de emenda constitucional ou sem ele. Aliás, destaque-se que foi exatamente dessa forma que agiu o Congresso Nacional brasileiro ao aprovar os dois primeiros tratados de direitos humanos com equivalência de emenda constitucional depois da EC n.º 45/2004, que foram a Convenção Internacional sobre os Direitos das Pessoas com Deficiência e seu Protocolo Facultativo, assinados em Nova York, em 30 de março de 2007, aprovados conjuntamente pelo Decreto Legislativo n.º 186, de 9 de julho de 2008.[20] Perceba-se que o Congresso Nacional, obviamente, não se utilizou do processo próprio das propostas de *emendas* constitucionais,[21] tendo apenas editado (como realmente tem de fazer) um *decreto legislativo* por maioria qualificada, e nada mais do que isso. O Congresso Nacional seguiu o mesmo procedimento relativamente aos demais tratados de direitos humanos aprovados nesse sentido (*v.g.*, Convenção de Marraqueche para Facilitar o Acesso a Obras Publicadas às Pessoas Cegas, com Deficiência Visual ou com Outras Dificuldades para Ter Acesso ao Texto Impresso, de 2013; e Convenção Interamericana contra o Racismo, de 2013). Daí, portanto, o equívoco daqueles que lecionam no sentido de não mais haver necessidade (a partir da EC n.º 45) de *ratificação* do tratado pelo Presidente da República e de *promulgação* e *publicação* posteriores,[22] pelo fato de o chefe do Executivo não participar da edição das emen-

---

[20]   Publicado no *DOU* de 10.07.2008; republicado em 20.08.2008. A Convenção e seu Protocolo Facultativo tiveram o instrumento brasileiro de ratificação depositado no Secretariado da ONU em 01.08.2008, tendo seus textos sido promulgados pelo Decreto n.º 6.949, de 25.08.2009. Frise-se que foi apenas a partir desta última data (25.08.2009), e não da data de promulgação do Decreto Legislativo citado, que a Convenção e seu Protocolo Facultativo efetivamente *entraram em vigor* com equivalência de emenda constitucional no Brasil.

[21]   Defendendo a necessidade do processo das emendas, assim aduz ANDRÉ RAMOS TAVARES: "Cumpre saber, agora, se o processo próprio das propostas de emenda incidirá sobre o § 3.º do art. 5.º da CB [Constituição do Brasil]. A necessidade de coerência faz com que a resposta seja positiva. Isto porque, se suas vestes são as de uma emenda constitucional, as formalidades impingidas a esta deverão ser, também, impostas na novel previsão processual" (*Reforma do Judiciário no Brasil pós-88: (des)estruturando a justiça*, São Paulo: Saraiva, 2005, p. 46). Ocorre que a Constituição não diz que as vestes do § 3.º do art. 5.º serão de uma emenda constitucional, dizendo apenas que os tratados aprovados pela maioria qualificada que estabelece serão *equivalentes* às emendas constitucionais. Assim, não faz sentido o afirmado pelo autor.

[22]   Nesse sentido, mas sem razão, afirma ainda ANDRÉ RAMOS TAVARES que a "ratificação pelo Presidente, constante do modelo anteriormente enunciado, *simplesmente não existirá* neste novo formato, pelas próprias características de aprovação e promulgação de proposta de emenda constitucional, que sempre descartou a atuação presidencial. [...] Sendo assim, essa conclusão leva a outra: a presença do Presidente da República, enquanto chefe de Estado, reduzir-se-á à celebração do tratado internacional (fica excluído do ato de promulgação e publicação e do posterior controle por meio de decreto

Parte II • Cap. 1 • TRATADOS INTERNACIONAIS DE DIREITOS HUMANOS NO DIREITO INTERNO | **71**

das constitucionais, sancionando-as. Aqueles que assim pensam não entenderam que a relação estabelecida pela Constituição entre os tratados de direitos humanos e as emendas (repita-se) não é de *igualdade*, mas de *equivalência*. Não é porque o Presidente da República não sanciona as emendas constitucionais que ele não irá *ratificar* um tratado internacional aprovado nos termos do § 3.º do art. 5.º da Constituição. Uma coisa não guarda qualquer relação com a outra: a aprovação parlamentar do tratado de direitos humanos (com ou sem o *quorum* de emenda) é uma coisa, totalmente diferente dos atos posteriores de *ratificação*, *promulgação* e *publicação* daquele. Não há que se comparar o processo de celebração de tratados com o processo legislativo de edição das emendas constitucionais no país. É, inclusive, impossível (mais à frente voltaremos a esse tema) que tenha um tratado internacional valor *interno* sem que, antes, tenha sido *ratificado* e já se encontre *em pleno vigor* no plano externo.

Feito esse parêntese explicativo, voltemos à segunda interpretação que poderia ser seguida para o entendimento do § 3.º do art. 5.º da Carta de 1988.

Pois bem, a segunda interpretação que poderia ser feita é no sentido de que o § 3.º do art. 5.º da Carta de 1988 excepcionou a regra do art. 49, I, da Constituição e, dessa forma, poderia, no caso da celebração de um tratado de direitos humanos, *fazer as vezes* desse último comando constitucional. Contudo, caso seja este o entendimento adotado, deve-se observar que o referido § 3.º foi mal alocado no final do rol dos direitos e garantias fundamentais do art. 5.º da Constituição, uma vez que seria mais preciso incluí-lo como uma segunda parte do próprio art. 49, I. Poderia objetar-se, contudo, que a entender como correta essa interpretação o processo de celebração de tratados ficaria com a ordem desvirtuada, uma vez que o § 3.º do art. 5.º não diz que cabe ao Congresso Nacional *decidir* sobre os tratados assinados pelo chefe do Executivo, como faz o art. 49, I, deixando entrever que a *aprovação* ali constante serve tão somente para equiparar os tratados de direitos humanos às emendas constitucionais, o que poderia ser feito após o tratado já estar ratificado pelo Presidente da República e depois de já se encontrar em vigor internacional.

Perceba-se que o § 3.º do art. 5.º não *obriga* o Poder Legislativo a aprovar eventual tratado de direitos humanos pelo *quorum* qualificado que estabelece. O que o parágrafo faz é tão somente *autorizar* o Congresso Nacional a dar, quando lhe convier, a seu alvedrio e a seu talante, a "equivalência de emenda" aos tratados de direitos humanos ratificados pelo Brasil. Isto significa que tais

---

presidencial, como ocorre em relação aos tratados gerais)" [grifo nosso] (*Reforma do Judiciário no Brasil pós-88...*, cit., p. 45-46). Equivocadamente também lecionam Dimitri Dimoulis e Leonardo Martins, para quem não há "mais justificativa para edição de decreto do Presidente da República, já que as emendas são promulgadas sem a sua participação" (*Teoria geral dos direitos fundamentais*, São Paulo: RT, 2007, p. 47).

instrumentos internacionais poderão continuar sendo aprovados por maioria simples no Congresso Nacional (segundo a regra do art. 49, I, da Constituição), deixando-se para um momento futuro (depois da ratificação) a decisão do povo brasileiro em atribuir a equivalência de emenda a tais tratados internacionais. Sequer de passagem a Constituição obriga o Parlamento a dar cabo ao procedimento referendatório pela maioria qualificada estabelecida no art. 5.º, § 3.º, sendo discricionário do Poder Legislativo a aprovação do tratado com ou sem este *quorum* especial.[23] Mesmo que a Constituição obrigasse o Congresso a aprovar os tratados de direitos humanos com *quorum* qualificado (o que ela absolutamente não faz), tal aprovação seria inútil em caso da não ratificação do acordo pelo Presidente da República, a qual continua sendo discricionária do chefe do Poder Executivo.

Assim, o *iter* procedimental de celebração dos tratados de direitos humanos, nos termos da nova sistemática introduzida pelo § 3.º do art. 5.º da Constituição, poderia, em princípio, dar-se de duas formas, eleitas à livre escolha do Poder Legislativo, quais sejam:

1.ª) Depois de assinados pelo Executivo, os tratados de direitos humanos seriam aprovados pelo Congresso nos termos do art. 49, I, da Constituição (maioria simples) e, uma vez ratificados, promulgados e publicados no *Diário Oficial da União*, poderiam, mais tarde, quando o nosso Parlamento Federal decidisse por bem atribuir-lhes a equivalência de emenda constitucional, serem novamente apreciados pelo Congresso, para serem (dessa vez) aprovados pelo *quorum* qualificado do § 3.º do art. 5.º, ou;

2.ª) Depois de assinados pelo Executivo, tais tratados já seriam imediatamente aprovados (seguindo-se o rito das propostas de emenda constitucional) por três quintos dos votos dos membros de cada uma das Casas do Congresso em dois turnos, suprimindo-se, em face do critério da especialidade, a fase do art. 49, I, da Constituição, autorizando-se a futura ratificação do acordo já com a aprovação necessária para que o tratado, *uma vez ratificado* pelo Presidente da República e já se encontrando em vigor internacional, ingresse no nosso ordenamento jurídico interno equivalendo a uma emenda constitucional, dispensando-se, portanto, *segunda* manifestação congressual após o tratado já se encontrar concluído e produzindo seus efeitos.

---

[23] Não assiste razão (novamente) a ANDRÉ RAMOS TAVARES, quando assim leciona: "Ao contrário dos demais tratados e convenções internacionais, aqueles que versarem direitos humanos – e este é um pressuposto (*material*) para se poder falar do novo *processo* –, uma vez que tenham sido celebrados pelo Estado, quando submetidos ao CN [Congresso Nacional], *deverão* ser aprovados por três quintos dos votos de seus membros, conforme as novas determinações da Reforma" [grifos do original] (*Reforma do Judiciário no Brasil pós-88...*, cit., p. 43).

Parte II • Cap. 1 • TRATADOS INTERNACIONAIS DE DIREITOS HUMANOS NO DIREITO INTERNO | **73**

Perceba-se que esta segunda hipótese é perigosa e pode ser mal interpretada lendo-se friamente o § 3.º do art. 5.º, que, à primeira vista, leva o intérprete a entender que *a partir* da aprovação congressual, pelo *quorum* que ali se estabelece, os tratados de direitos humanos já passam a equivaler às emendas constitucionais, o que não é verdade, uma vez que, para que um tratado entre em vigor no plano interno é imprescindível a sua futura *ratificação* pelo Presidente da República e, também, que já produza efeitos na órbita internacional, não se concebendo que um tratado de direitos humanos passe a ter efeitos de emenda constitucional – e, consequentemente, passe a ter o poder de reformar a Constituição – antes de ratificado e, muito menos, antes de ter entrado em vigor internacionalmente. Essa falsa ideia surge da leitura desavisada do texto do referido parágrafo, segundo o qual os tratados e convenções internacionais "sobre direitos humanos *que forem aprovados*, em cada Casa do Congresso Nacional, em dois turnos, por três quintos dos votos dos respectivos membros, *serão equivalentes às emendas constitucionais*". A colocação que se pode fazer é a seguinte: uma vez *aprovado* eventual tratado de direitos humanos, logo depois de sua assinatura, nos termos do § 3.º do art. 5.º da Constituição (suprimindo-se, portanto, a fase do art. 49, I), já seria ele *equivalente* a uma emenda constitucional? É evidente que não. Jamais uma convenção internacional, aprovada neste momento do *iter* procedimental de celebração de tratados poderá, desde já, ter o efeito que pretende atribuir-lhe o § 3.º em exame, a menos que se queira subverter a ordem constitucional por completo, pois é impossível que um tratado tenha efeitos internos antes de ratificado e antes de começar a vigorar internacionalmente. E não há falar-se, por absoluta impropriedade, que não dependendo as emendas constitucionais de sanção do Presidente da República, os tratados de direitos humanos aprovados com *quorum* qualificado ficariam dispensados de ratificação (na medida em que se poderia fazer um paralelo entre esta última e a sanção das leis no processo legislativo ordinário). Seria absurdo pensar que um tratado internacional pudesse vigorar no plano interno sem sequer ter sido ratificado. Frise-se, mais uma vez, que a Constituição, no § 3.º do art. 5.º, não criou nova espécie de emenda constitucional. Apenas *autorizou* o Parlamento a aprovar os tratados de direitos humanos *com a mesma maioria* com que aprova uma Emenda Constitucional, o que não exige que essa aprovação parlamentar tenha a *forma* de emenda. O instrumento aprobatório do tratado de direitos humanos será o mesmo *decreto legislativo* utilizado em todos os demais tratados (acordos etc.) referendados pelo Parlamento, mas com a diferença de poder este mesmo *decreto* ser aprovado com a maioria de três quintos dos votos dos membros de cada Casa do Congresso Nacional, em dois turnos. Aprovado com tal maioria, o tratado ainda *não integra* o acervo normativo nacional, dependendo de ser *ratificado* pelo chefe do Estado, quando somente então poderá ter efeitos na órbita interna (e, mesmo assim, caso *já esteja* em vigor no plano internacional).

Não bastasse esse fato constatado, pode-se agregar ainda outro: um tratado, mesmo já ratificado, poderá jamais entrar em vigor internacional dependendo de determinadas circunstâncias, como, por exemplo, nos casos dos tratados condicionais ou a termo, em que se estabelece um número mínimo de ratificações para a sua entrada em vigor. Imagine-se, então, que o Brasil aprove determinado instrumento internacional de direitos humanos, pelo *quorum* do § 3.º do art. 5.º, na fase que seria, em princípio, do art. 49, I, da Constituição, e que o ratifique, promulgue o seu texto e o publique no *Diário Oficial da União*. Esse tratado já teria valor e poderia ser aplicado no Brasil? A resposta somente poderá ser dada verificando-se o que dispõe o próprio tratado. Tomando-se, como exemplo, o Estatuto de Roma do Tribunal Penal Internacional de 1998, lê-se no seu art. 126, § 1.º, que "o presente Estatuto entrará em vigor no primeiro dia do mês seguinte ao termo de um período de 60 dias após a data do depósito do sexagésimo instrumento de ratificação, de aceitação, de aprovação ou de adesão junto do Secretário-Geral da Organização das Nações Unidas". Assim, mesmo que o Brasil tenha sido o primeiro país a ratificar dito tratado, caso ainda não tivessem sido depositados os sessenta instrumentos de ratificação exigidos para sua entrada em vigor internacional, não haveria que se falar que o seu texto *já equivale* a uma emenda constitucional em nosso país, uma vez que não se concebe (por absurda que é esta hipótese) que algo que *sequer vigora* enquanto norma jurídica (e que poderá levar anos para vir a vigorar como tal) *já tenha valor* interno em nosso ordenamento jurídico, inclusive com o poder de reformar a Constituição.

Em suma, *pode* o Congresso Nacional aprovar o tratado pela sistemática do art. 5.º, § 3.º, em supressão à fase do art. 49, I, da Constituição,[24] mas tal aprovação *não coloca* o tratado em vigor no plano interno com equivalência de emenda constitucional, o que somente irá ocorrer após ser o tratado ratificado e desde que este já vigore no plano internacional. A fim de que não pairem dúvidas quanto a isso, a nossa sugestão é a de que se deixe expresso no instrumento congressual aprobatório do tratado (Decreto Legislativo) que o mesmo apenas terá o efeito que prevê o § 3.º do art. 5.º depois de ter sido o instrumento ratificado e depois de o mesmo se encontrar em vigor externo, para que se evite uma subversão completa da ordem constitucional e dos princípios gerais do Direito dos Tratados universalmente reconhecidos.

---

[24] Existe, contudo, um argumento de índole *política* em desfavor da aplicação do § 3.º do art. 5.º em supressão da fase do art. 49, inc. I, que é a possibilidade de um Presidente da República insensível à causa dos direitos humanos, deixar de ratificar o tratado (anteriormente aprovado pelo Congresso por maioria qualificada) com o receio de, a partir daí, estar colocando uma norma em vigor no plano interno que já ingressa em nosso ordenamento jurídico com hierarquia formalmente constitucional.

Parte II • Cap. 1 • TRATADOS INTERNACIONAIS DE DIREITOS HUMANOS NO DIREITO INTERNO | **75**

Como se vê, esse tipo de procedimento de aparência dúplice (agora estabelecido pelo texto constitucional) não é salutar nem ao princípio da segurança jurídica, que deve reger todas as relações sociais, nem aos princípios que regem as relações internacionais do Brasil. Seria muito mais prudente que a jurisprudência tivesse se posicionado a favor da índole constitucional e da aplicação imediata dos tratados de direitos humanos, nos termos do § 2.º do art. 5.º da Constituição, do que ter o poder reformador criado um terceiro parágrafo que só traz insegurança às relações sociais e, ademais, estabelece distinção entre instrumentos internacionais que têm o mesmo fundamento ético. Ademais, deixar à livre escolha do Poder Legislativo a atribuição (aos tratados de direitos humanos) de *equivalência* às emendas constitucionais é permitir que se trate de maneira diferente instrumentos com igual conteúdo principiológico, podendo ocorrer de se atribuir equivalência de emenda constitucional a um *Protocolo* de um tratado de direitos humanos (que é suplementar ao tratado principal) e deixar sem esse efeito o seu respectivo *Tratado-quadro*. Admitir tal interpretação seria consagrar um verdadeiro paradoxo no sistema, correspondente à total inversão de valores e princípios no nosso ordenamento jurídico.

1.4 *Status* constitucional dos tratados de direitos humanos independentemente da entrada em vigor da Emenda n.º 45/2004

Transita-se, agora, ao momento da análise do § 3.º do art. 5.º da Constituição, em que se buscará compreendê-lo conjugadamente com o § 2.º do mesmo artigo, uma vez que ambos os parágrafos pertencem a um mesmo *contexto* jurídico, devendo sob esse mesmo aspecto (contextualmente) ser interpretados.

Tecnicamente, os tratados internacionais de proteção dos direitos humanos ratificados pelo Brasil já têm *status* de norma constitucional, em virtude do disposto no § 2.º do art. 5.º da Constituição, segundo o qual os direitos e garantias expressos no texto constitucional "não excluem outros decorrentes do regime e dos princípios por ela adotados, ou dos tratados internacionais em que a República Federativa do Brasil seja parte", pois, na medida em que a Constituição *não exclui* os direitos humanos provenientes de tratados, é porque, ela própria, *os inclui* em seu catálogo de direitos protegidos, ampliando o seu "bloco de constitucionalidade" e atribuindo-lhes hierarquia de norma constitucional, como já anteriormente assentado. Portanto, já se exclui, desde logo, o entendimento de que os tratados de direitos humanos não aprovados pela maioria qualificada do § 3.º do art. 5.º equivaleriam hierarquicamente à lei ordinária federal, pelo fato (aparente) de os mesmos terem sido aprovados apenas por maioria simples (nos termos do art. 49, I, da Constituição) e não pelo *quorum* que lhes faculta o referido parágrafo. À evidência, não se pode utilizar da tese da paridade hierárquico-normativa para tratados que tenham conteúdo *material-*

mente constitucional, como é o caso de todos os tratados de direitos humanos ratificados e em vigor no Brasil.[25] Aliás, o § 3.º do art. 5.º, em nenhum momento, atribui *status* de lei ordinária (ou, que seja, de norma supralegal, como entende atualmente o STF) aos tratados não aprovados pela maioria qualificada por ele estabelecida. Dizer que os tratados de direitos humanos aprovados por esse procedimento especial passam a ser "equivalentes às emendas constitucionais" não significa, obrigatoriamente, dizer que os demais tratados terão valor de lei ordinária, ou de norma supralegal, ou do que quer que seja. O que se deve entender é que o *quorum* que o § 3.º do art. 5.º estabelece serve tão somente para atribuir eficácia constitucional *formal* a esses tratados no nosso ordenamento jurídico interno, e não para atribuir-lhes a índole e o nível *materialmente* constitucionais que eles já têm em virtude do § 2.º do art. 5.º da Constituição.[26]

O que é necessário atentar é que os dois referidos parágrafos do art. 5.º da Constituição cuidam de coisas similares, mas diferentes. Quais coisas diferentes? Para que serviria a regra insculpida no § 3.º do art. 5.º da Carta de 1988, senão para atribuir *status* de norma constitucional aos tratados de direitos humanos? A diferença entre o § 2.º, *in fine*, e o § 3.º, ambos do art. 5.º da Constituição, é bastante sutil: nos termos da parte final do § 2.º do art. 5.º, os "tratados internacionais [de direitos humanos] em que a República Federativa do Brasil seja parte" são, a *contrario sensu*, incluídos pela Constituição, passando, consequentemente, a deter o "*status* de norma constitucional" e a ampliar o rol dos direitos e garantias fundamentais ("bloco de constitucionalidade"); já, nos termos do § 3.º do mesmo art. 5.º, uma vez aprovados tais instrumentos pelo *quorum* qualificado ali estabelecido, passam eles, assim que ratificados, a ser "*equivalentes* às emendas constitucionais".

Há diferença em dizer que os tratados de direitos humanos têm "*status* de norma constitucional" e dizer que eles são "*equivalentes* às emendas constitucionais"? No nosso entender a diferença existe e nela está fundada a única e exclusiva serventia do imperfeito § 3.º do art. 5.º da Constituição, fruto da EC n.º 45/2004. A relação entre tratado e emenda constitucional estabelecida por esta norma (já falamos) é de *equivalência* e não de *igualdade*, exatamente pelo fato de "tratado" e "norma interna" serem coisas desiguais, não tendo a Constituição pretendido dizer que "A é *igual* a B", mas sim que "A é *equivalente* a B", em nada influenciando no *status* que tais tratados podem ter independentemente de aprovação qualificada. Falar que um tratado tem "*status* de norma

---

[25] Cf. CANOTILHO, José Joaquim Gomes, *Direito constitucional e teoria da Constituição*, 7. ed., Coimbra: Almedina, 2003, p. 821.

[26] Nesse exato sentido, *v.* LAFER, Celso, *A internacionalização dos direitos humanos: Constituição, racismo e relações internacionais*, Barueri: Manole, 2005, p. 16-18; e PIOVESAN, Flávia, *Direitos humanos e o direito constitucional internacional*, cit., p. 72-73.

Parte II • Cap. 1 • TRATADOS INTERNACIONAIS DE DIREITOS HUMANOS NO DIREITO INTERNO | **77**

constitucional" é o mesmo que dizer que ele integra o bloco de constitucionalidade material (e não formal) da nossa Carta Magna, o que é *menos amplo* que dizer que ele é "*equivalente* a uma emenda constitucional", o que significa que esse mesmo tratado já integra formalmente (além de materialmente) o bloco de constitucionalidade. Assim, o que se quer referir é que o regime *material* (menos amplo) dos tratados de direitos humanos não pode ser confundido com o regime *formal* (mais amplo) que esses mesmos tratados podem ter, se aprovados pela maioria qualificada estabelecida no art. 5.º, § 3.º. Perceba-se que, neste último caso, o tratado assim aprovado será, além de materialmente constitucional, também formalmente constitucional. Assim, fazendo-se uma interpretação sistemática do texto constitucional em vigor, à luz dos princípios constitucionais e internacionais de garantismo jurídico e de proteção à dignidade humana, chega-se à seguinte conclusão: o que o texto constitucional reformado pretendeu dizer é que os tratados de direitos humanos ratificados pelo Brasil, que já têm *status* de norma constitucional, nos termos do § 2.º do art. 5.º, poderão ainda ser *formalmente* constitucionais (ou seja, ser *equivalentes* às emendas constitucionais), desde que, a qualquer momento, depois de sua entrada em vigor, sejam aprovados pelo *quorum* do § 3.º do art. 5.º da Constituição.

1.5 Efeitos da atribuição de equivalência de emenda aos tratados de direitos humanos

É possível indagar quais seriam os referidos efeitos *mais amplos* da atribuição de equivalência de emenda aos tratados de direitos humanos (art. 5.º, § 3.º) para além do seu *status* de norma constitucional (art. 5.º, § 2.º). São três esses efeitos, quais sejam:

1) eles passarão a *reformar* a Constituição, o que não é possível tendo apenas[27] o *status* de norma constitucional;

2) eles não poderão ser *denunciados*, nem mesmo com Projeto de Denúncia elaborado pelo Congresso Nacional, podendo ser o Presidente da República responsabilizado em caso de descumprimento dessa regra (o que não é possível fazer – responsabilizar o chefe de Estado – tendo os tratados somente *status* de norma constitucional); e

3) eles serão paradigma do controle *concentrado* de convencionalidade, podendo servir de fundamento para que os legitimados do art. 103 da Cons-

---

[27] A utilização dessa expressão não tem a finalidade de menosprezar o *status* material dos tratados de direitos humanos. O fato de uma norma internacional de direitos humanos ter *nível constitucional* é motivo de celebração. A expressão "apenas" (que será repetida no texto) visou demonstrar que tais tratados não serão *formalmente* constitucionais, como são aqueles instrumentos aprovados pela sistemática do art. 5.º, § 3.º, da Constituição.

tituição (*v.g.*, o Presidente da República, o Procurador-Geral da República, o Conselho Federal da OAB etc.) proponham no STF as ações do controle abstrato de normas (ADI, ADECON, ADPF etc.) para o fim de invalidar *erga omnes* as leis domésticas com eles incompatíveis.

Os números *1* e *2* acima merecem ser agora detalhadamente explicados, a fim de se demonstrar que o § 3.º do art. 5.º não prejudica o entendimento de que os tratados de direitos humanos ratificados pelo Brasil já têm *status* de norma constitucional, nos termos do § 2.º do mesmo art. 5.º, da Constituição. Do número *3* citado (referente ao controle concentrado de convencionalidade) cuidará o Capítulo 2 seguinte, motivo pelo qual não cuidaremos dele neste tópico.

1.5.1 Reforma da Constituição

Pois bem, a primeira consequência em se atribuir equivalência de emenda constitucional a um tratado de direitos humanos é a de que eles passarão a *reformar* a Constituição, o que não é possível quando se tem somente o *status* de norma constitucional. Ou seja, uma vez aprovado certo tratado pelo *quorum* previsto pelo § 3.º, opera-se a imediata reforma do texto constitucional conflitante, o que não ocorre pela sistemática do § 2.º do art. 5.º, em que os tratados de direitos humanos (que têm *nível* de normas constitucionais, sem, contudo, serem *equivalentes* às emendas constitucionais) serão aplicados atendendo ao *princípio da primazia da norma mais favorável ao ser humano* (ou "princípio *pro persona*", expressamente consagrado pelo art. 4.º, II, da Carta de 1988, segundo o qual o Brasil deve se reger nas suas relações internacionais pelo princípio da "prevalência dos direitos humanos").

Essa diferença entre *status* e *equivalência* já havia sido por nós estudada em trabalho anterior, em que escrevemos: "E isto significa, na inteligência do art. 5.º, § 2.º, da Constituição Federal, que o *status* do produto normativo convencional, no que tange à proteção dos direitos humanos, não pode ser outro que não o de verdadeira norma materialmente constitucional. Diz-se 'materialmente constitucional', tendo em vista não integrarem os tratados, formalmente, a Carta Política, o que demandaria um procedimento de emenda à Constituição, previsto no art. 60, § 2.º, o qual prevê que tal proposta 'será discutida e votada em cada Casa do Congresso Nacional, em dois turnos, considerando-se aprovada se obtiver, em ambos, três quintos dos votos dos respectivos membros'".[28]

---

[28] MAZZUOLI, Valerio de Oliveira, *Direitos humanos, Constituição e os tratados internacionais...*, cit., p. 241.

Parte II • Cap. 1 • TRATADOS INTERNACIONAIS DE DIREITOS HUMANOS NO DIREITO INTERNO | **79**

Assim, nunca entendemos que os tratados de direitos humanos ratificados pelo Brasil *integram formalmente* a Constituição. O que sempre defendemos é que eles têm *status* de norma constitucional por integrarem *materialmente* a ordem jurídica estabelecida pela Carta Política (o que é absolutamente normal em quase todas as democracias modernas).[29] Nem se argumente que a aprovação legislativa dos tratados internacionais se dá ordinariamente por maioria relativa de votos no Congresso Nacional e, por isso, não se poderia atribuir a um tratado de direitos humanos assim aprovado o *status* de norma constitucional. Objeta--se que se estaria a permitir que a Constituição, que é rígida, pudesse ser modificada pela aprovação de decretos legislativos, já que tais espécies normativas é que são as necessárias para a aprovação e ingresso de um tratado internacional no plano interno (o que não é verdade no que diz respeito ao *ingresso*). Já tivemos a oportunidade de rechaçar esse tipo de colocação em outro lugar.[30] Basta aqui argumentar que se a legitimidade da reforma constitucional é encontrada na maioria qualificada necessária para a aprovação de uma emenda constitucional, a legitimidade de um instrumento internacional de direitos humanos provém do complexo procedimento de negociação e aprovação dos tratados no plano internacional, o que demonstra que ambos os processos (o de alteração interna da Constituição e o de celebração de tratados) são absolutamente distintos e têm âmbitos de validade que não podem ser confundidos.[31] No entanto, uma vez aprovados pelo *quorum* que estabelece o § 3.º do art. 5.º, os tratados de direitos humanos ratificados pelo Brasil *integrarão formalmente* a Constituição, uma vez que serão equivalentes às emendas constitucionais. Contudo, frise-se que essa integração *formal* dos tratados de direitos humanos ao ordenamento brasileiro não abala a integração *material* que esses mesmos instrumentos já apresentam desde a sua ratificação e entrada em vigor no Brasil. Assim, quer tenham sido ratificados anterior ou posteriormente à EC n.º 45/2004, os tratados de direitos humanos em vigor no Estado têm *status* de norma (materialmente)

---

[29] Nesse mesmo sentido, *v.* Weis, Carlos, *Direitos humanos contemporâneos*, São Paulo: Malheiros, 1999, p. 28-29.

[30] V. Mazzuoli, Valerio de Oliveira, *Direitos humanos, Constituição e os tratados internacionais...*, cit., p. 295-303.

[31] V., assim, Weis, Carlos, *Direitos humanos contemporâneos*, cit., p. 34-35. Destaque-se, a propósito, a seguinte colocação de Weis: "Realmente, o valor protegido pela norma jurídica não depende do procedimento legislativo previsto para seu ingresso no sistema jurídico; e se para a incorporação de tratados de direitos humanos ele é mais simplificado que o previsto para que seja a Constituição emendada, tal decorre da vontade manifesta do Poder Constituinte, que assim determinou, talvez com prejuízo da congruência, mas tendo em conta a peculiaridade daquela espécie normativa que decorre do consenso global – no caso das Nações Unidas – ou regional – no da Organização dos Estados Americanos" (Idem, p. 35).

constitucional, mas somente os aprovados pelo *quorum* qualificado do art. 5.º, § 3.º, terão *status* material *e formalmente* constitucional.[32]

Dizer que um tratado equivale a uma emenda constitucional significa dizer que ele tem a mesma potencialidade jurídica que uma emenda. E o que faz uma emenda? Uma emenda *reforma* a Constituição, para melhor ou para pior. Portanto, o detalhe que poderá passar desapercebido de todos (e até agora também não vimos ninguém cogitá-lo) é que atribuir *equivalência de emenda* aos tratados internacionais de direitos humanos, às vezes, pode ser perigoso, bastando imaginar o caso em que a nossa Constituição seja *mais benéfica* em determinada matéria que o tratado ratificado. Neste caso, seria muito mais salutar, inclusive para a maior completude do nosso sistema jurídico, se se admitisse o "*status* de norma constitucional" desse tratado, nos termos do § 2.º do art. 5.º – e, neste caso, não haveria que se falar em reforma da Constituição, sendo o problema resolvido aplicando-se o *princípio da primazia da norma mais favorável ao ser humano* (ou "princípio *pro persona*") –, do que atribuir-lhe uma equivalência de emenda constitucional, o que poderia fazer com que o intérprete (erroneamente) aplicasse o tratado em detrimento da norma constitucional mais benéfica.

Poderia se objetar que a Constituição, no art. 60, § 4.º, IV, proíbe qualquer proposta de emenda tendente a abolir os direitos e garantias individuais e, assim sendo, os tratados de direitos humanos (aprovados por maioria qualificada) conflitantes com a Constituição seriam inconstitucionais. Seria imenso o trabalho em se verificar, nas várias comissões do Congresso Nacional responsáveis pela análise preliminar da compatibilidade do tratado com o direito brasileiro vigente, quais dispositivos de cada tratado poderiam eventualmente conflitar com a Constituição. Às vezes, certo dispositivo de determinado tratado não *abole* nenhum direito ou garantia individual previsto no texto constitucional, mas regula tal direito ou tal garantia de forma *menos protetora*, como é o caso, por exemplo, da prisão civil do devedor de alimentos que, segundo a Constitui-

---

[32] FLÁVIA PIOVESAN entende que os tratados ratificados pelo Brasil *antes* do advento do § 3.º do art. 5.º (ou seja, antes da promulgação da EC n.º 45/2004), "são normas material *e formalmente constitucionais*" [grifo nosso], sendo que os ratificados posteriormente à EC n.º 45 seriam apenas *materialmente* constitucionais, devendo então ser aprovados pelo § 3.º do art. 5.º para serem – repita-se: *após* o advento da EC n.º 45 – também *formalmente* constitucionais (cf. seu *Direitos humanos e o direito constitucional internacional*, cit., p. 73-74). Para nós, não se pode dizer que um tratado é *formalmente* constitucional por deter *status* de norma constitucional antes da EC n.º 45/2004. Se estamos de acordo com FLÁVIA PIOVESAN, no sentido de serem os tratados de direitos humanos – anteriores *ou posteriores* à EC n.º 45/2004 – *materialmente* constitucionais, não aceitamos atribuir *status* formal aos tratados ratificados anteriormente à EC n.º 45, o que somente poderá ocorrer no caso da aprovação qualificada nos termos do art. 5.º, § 3.º, da Constituição.

ção de 1988 (art. 5.º, LXVII), somente pode ter lugar quando o inadimplemento da obrigação alimentar seja *voluntário* e *inescusável*. Atente-se bem: a Carta de 1988 somente permite seja preso o devedor de alimentos se for ele responsável pelo inadimplemento *"voluntário e inescusável"* da obrigação alimentar. Não é, pois, qualquer obrigação alimentar inadimplida que deve gerar a prisão do devedor. O inadimplemento pode ser *voluntário*, mas *escusável*, no que não se haveria que falar em prisão nesta hipótese. Pois bem. Esta redação atribuída pela nossa Constituição em relação à prisão civil por dívida alimentar difere da redação dada pela Convenção Americana sobre Direitos Humanos, que, depois de ditar a regra genérica de que "ninguém deve ser detido por dívidas", acrescenta que "este princípio não limita os mandados de autoridade judiciária competente *expedidos em virtude de inadimplemento de obrigação alimentar"* (art. 7, n.º 7). Como se percebe, o Pacto de San José permite que sejam expedidos mandados de prisão pela autoridade competente, em virtude de *inadimplemento de obrigação alimentar*. Nada mais diz o tratado: basta o simples *inadimplemento* da obrigação para que seja autorizada a *prisão* do devedor. Neste caso, é a nossa Constituição *mais benéfica* que o Pacto, pois contém uma adjetivação restringente não encontrada no texto deste último, e, por isso, seria prejudicial ao nosso sistema de direitos e garantias reformá-la em benefício da aplicação do tratado.[33]

Aplicando-se o princípio da *primazia da norma mais favorável* nada disso ocorre, pois, ao se atribuir aos tratados de direitos humanos ratificados pelo Brasil o *status* de norma constitucional, não se pretende *reformar* a Constituição, mas sim aplicar, em caso de conflito entre o tratado e o texto constitucional, a norma que, no caso concreto, mais proteja os direitos da pessoa humana, posição esta que tem em CANÇADO TRINDADE o seu maior expoente.[34] Trata-se de aplicar aquilo que ERIK JAYME chamou, no seu Curso da Haia de 1995, de "diálogo das fontes" (*dialogue des sources*). Nesse sentido, em vez de simplesmente excluir do sistema certa norma jurídica, deve-se buscar a convivência entre essas mesmas normas por meio de um *diálogo*. Segundo JAYME, a solução para os conflitos normativos que emergem no direito pós-moderno é encontrada na harmonização (coordenação) entre fontes heterogêneas que não se excluem mutuamente (normas de direitos humanos, textos constitucionais, tratados internacionais, sistemas nacionais etc.), mas, ao contrário, "falam" umas com as outras. Essa

---

[33] Para um estudo detalhado da matéria, *v.* MAZZUOLI, Valerio de Oliveira, *Prisão civil por dívida e o Pacto de San José da Costa Rica...*, cit., p. 160-162.

[34] Cf., por tudo, CANÇADO TRINDADE, Antônio Augusto, *Tratado de direito internacional dos direitos humanos*, vol. I, Porto Alegre: Sergio Antonio Fabris, 1997, p. 401-402; MAZZUOLI, Valerio de Oliveira, *Direitos humanos, Constituição e os tratados internacionais...*, cit., p. 272-295; e PIOVESAN, Flávia, *Direitos humanos e o direito constitucional internacional*, cit., p. 99-100.

"conversa" entre fontes diversas permite encontrar a verdadeira *ratio* de ambas as normas em prol da proteção do ser humano (em geral) e dos menos favorecidos (em especial).[35] É bom fique nítido que os próprios tratados de direitos humanos já contêm "cláusulas de compatibilização" das normas internacionais com as de direito interno, as quais chamamos de "cláusulas de diálogo", "cláusulas dialógicas" ou "vasos comunicantes" (ou ainda "cláusulas de retroalimentação"). Tais cláusulas interligam a ordem jurídica internacional com a ordem jurídica interna, retirando a possibilidade de prevalência de um ordenamento sobre o outro em quaisquer casos, mas fazendo com que tais ordenamentos (o internacional e o interno) "dialoguem" e intentem resolver qual norma deve prevalecer no caso concreto (ou, até mesmo, se *as duas* prevalecerão concomitantemente no caso concreto) quando presente uma situação de antinomia.[36]

1.5.2 Impossibilidade de denúncia

A segunda consequência em se atribuir aos tratados de direitos humanos equivalência às emendas constitucionais significa que tais tratados não poderão ser denunciados nem sequer com Projeto de Denúncia elaborado pelo Congresso Nacional, podendo o Presidente da República ser responsabilizado caso o denuncie (o que não ocorria à égide em que o § 2.º do art. 5.º encerrava sozinho o rol dos direitos e garantias fundamentais do texto constitucional brasileiro). Assim sendo, mesmo que um tratado de direitos humanos preveja expressamente a sua denúncia, esta não poderá ser realizada pelo Presidente da Repú-

---

[35]   *V.* Jayme, Erik. Identité culturelle et intégration: le droit international privé postmoderne, cit., p. 259, nestes termos: "Desde que evocamos a comunicação em direito internacional privado, o fenômeno mais importante é o fato que a solução dos conflitos de leis emerge como resultado de um diálogo entre as fontes mais heterogêneas. Os direitos do homem, as constituições, as convenções internacionais, os sistemas nacionais: todas essas fontes não se excluem mutuamente; elas 'falam' uma com a outra. Os juízes devem coordenar essas fontes escutando o que elas dizem". Sobre esse tema, *v.* Marques, Claudia Lima & Mazzuoli, Valerio de Oliveira, O consumidor-depositário infiel, os tratados de direitos humanos e o necessário diálogo das fontes nacionais e internacionais: a primazia da norma mais favorável ao consumidor, *Revista de Direito do Consumidor*, vol. 70, ano 18, São Paulo, abr.-jun. 2009, p. 93-138.

[36]   Para um estudo completo dessas cláusulas nos tratados de direitos humanos, *v.* Mazzuoli, Valerio de Oliveira, *Tratados internacionais de direitos humanos e direito interno*, cit., p. 116-128. Na Convenção Americana sobre Direitos Humanos, *v.g.*, a "cláusula de diálogo" respectiva encontra-se no art. 29, *b*, segundo o qual nenhuma das disposições da Convenção pode ser interpretada no sentido de "limitar o gozo e exercício de qualquer direito ou liberdade que possam ser reconhecidos em virtude de leis de qualquer dos Estados-partes ou em virtude de Convenções em que seja parte um dos referidos Estados".

blica, ainda que exista autorização do Congresso Nacional para tanto, uma vez que tais tratados equivalem às emendas constitucionais, que são (em matéria de direitos humanos) *cláusulas pétreas* do texto constitucional.

No julgamento da ADI n.º 1625/DF, o STF decidiu que os tratados internacionais em vigor no Brasil (sejam ou não de direitos humanos) só podem ser denunciados pelo Presidente da República se houver prévia chancela do Congresso Nacional.[37] A decisão do STF foi absolutamente correta, pois denunciar tratados sem o abono do Parlamento é dar ao Poder Executivo um poder maior do que os princípios constitucionais lhe destinam em matéria de denúncia de tratados internacionais. Essa decisão tem valor para os tratados internacionais comuns e para os tratados de direitos humanos com *status* constitucional (tratados materialmente constitucionais). No entanto, no caso dos tratados de direitos humanos aprovados por maioria qualificada no Congresso e em vigor, haverá impossibilidade técnica de denúncia por parte do Presidente da República, à luz da equivalência de emenda que tais instrumentos comportam na ordem jurídica brasileira.

Havendo denúncia de tratados assim incorporados, a responsabilidade do Presidente da República decorrerá da regra constitucional que diz serem crimes de responsabilidade os atos presidenciais "que atentem contra a Constituição Federal e, especialmente, contra o exercício dos direitos políticos, individuais e sociais" (art. 85, III).[38] Perceba-se a fórmula genérica utilizada pelo texto constitucional, quando se refere (no *caput* do dispositivo) aos atos do Presidente que "atentem *contra a Constituição Federal*". Em outras palavras, *todo ato presidencial* que atente contra a Constituição é passível de responsabilização, ainda mais (*especialmente...*) aqueles que vão de encontro ao "exercício dos direitos políticos, individuais e sociais", como é o caso da denúncia dos tratados de direitos humanos internalizados de acordo com a sistemática do art. 5.º, § 3.º, da Constituição.

Há que se enfatizar que vários tratados de proteção dos direitos humanos preveem expressamente a *possibilidade* de sua denúncia. Contudo, trazem eles disposições no sentido de que eventual denúncia por parte dos Estados não

---

[37] STF, ADI n.º 1.625, rel. Min. Maurício Corrêa, voto-vista do Min. Dias Toffoli, julg. 19.05.2023 a 26.05.2023 em Plenário Virtual, *DJe* 06.06.2023. Veja-se também a ADC n.º 39/DF, rel. Min. Dias Toffoli, julg. 09.06.2023 a 16.06.2023 em Plenário Virtual, *DJe* 23.06.2023.

[38] A Lei n.º 1.079, de 10 de abril de 1950, define os crimes de responsabilidade e regula o respectivo processo de julgamento. Frise-se, contudo, que não obstante a Constituição de 1988 (art. 85) e a Lei 1.079/1950 falarem em "*crimes* de responsabilidade", o que ali se apresenta (a exemplo do *impeachment*) não são propriamente crimes no sentido *penal*; trata-se de infrações político-administrativas, que atentam contra a dignidade, a honra e o decoro do cargo.

terá o efeito de desligá-los das obrigações contidas no respectivo tratado, no que diz respeito a qualquer ato que, podendo constituir violação dessas obrigações, houver sido cometido por eles anteriormente à data na qual a denúncia produziu seu efeito.[39]

A impossibilidade de denúncia dos tratados de direitos humanos já tinha sido por nós defendida anteriormente, com base no *status* de norma materialmente constitucional dos tratados de direitos humanos, que passariam a ser também *cláusulas pétreas* constitucionais.[40] Sob esse ponto de vista, a denúncia dos tratados de direitos humanos seria *tecnicamente possível* (mesmo com autorização do Parlamento), mas totalmente *ineficaz* sob o aspecto prático, uma vez que os *efeitos* do tratado denunciado se mantêm no nosso ordenamento jurídico, pelo fato de serem cláusulas pétreas do texto constitucional.

No que tange aos tratados de direitos humanos aprovados pelo *quorum* do § 3.º do art. 5.º da Constituição, esse panorama muda, não se admitindo sequer a interpretação de que a denúncia desses tratados seria *possível*, mas *ineficaz*, pois agora ela será *impossível* do ponto de vista técnico, existindo a possibilidade de responsabilização do Presidente da República caso este venha pretender operá-la. Seria como o Presidente da República pretender, por meio de ato administrativo (um *decreto* etc.), revogar uma emenda constitucional e, o que é mais absurdo, uma *cláusula pétrea* da Constituição.

Quais os motivos da impossibilidade técnica de tal denúncia? De acordo com o § 3.º do art. 5.º, uma vez aprovados os tratados de direitos humanos, em cada Casa do Congresso Nacional, em dois turnos, por três quintos dos votos dos respectivos membros, serão eles "equivalentes às emendas constitucionais". Passando a ser *equivalentes* às emendas constitucionais, isto significa que não poderão ser denunciados, mesmo com base em Projeto de Denúncia encaminhado pelo Presidente da República ao Congresso Nacional. Caso o Presidente entenda por bem denunciar o tratado e realmente o denuncie (perceba-se que o direito internacional *aceita* a denúncia feita pelo Presidente, não importando se, de acordo com o seu direito interno, está ele autorizado ou não a denunciar o acordo), poderá ser responsabilizado por violar disposição expressa da Cons-

---

[39] Cf. nesse sentido, o art. 21 da Convenção sobre a Eliminação de Todas as Formas de Discriminação Racial (1965); art. 12 do Protocolo Facultativo relativo ao Pacto Internacional dos Direitos civis e Políticos (1966); art. 78, n.º 2 da Convenção Americana sobre Direitos Humanos (1969); art. 31, n.º 2 da Convenção contra a Tortura e outros Tratamentos ou Penas Cruéis, Desumanos ou Degradantes (1984); e art. 52 da Convenção sobre os Direitos da Criança (1989).

[40] V. Mazzuoli, Valerio de Oliveira, *Direitos humanos, Constituição e os tratados internacionais...*, cit., p. 315. Fomos nós o primeiro autor a defender esse ponto de vista, hoje largamente aceito em inúmeras doutrinas (em muitas delas sem a citação da fonte).

tituição, o que não ocorria à égide em que o § 2.º do art. 5.º encerrava sozinho o rol dos direitos e garantias fundamentais. Poderia se objetar que mesmo no caso dos tratados de direitos humanos internalizados pela sistemática do art. 5.º, § 2.º, caberia a responsabilidade do Presidente da República decorrente de sua denúncia, também pelo argumento de que tal seria um ato do Presidente que atenta "contra a Constituição Federal" (art. 85, *caput*) e, especialmente, contra "o exercício dos direitos políticos, individuais e sociais" (inc. III). Parece-nos que não se pode ir tão longe, uma vez que, na sistemática do art. 5.º, § 2.º, os tratados de direitos humanos não passam a integrar *formalmente* a Constituição – integrando apenas o seu *bloco de constitucionalidade* –, não havendo, então, que se falar que a denúncia do tratado, nesse caso, seria um ato do Presidente que atenta propriamente "contra a Constituição Federal", mesmo porque a denúncia deve ser precedida de aprovação do Congresso Nacional (*v.* STF, ADI n.º 1.625/DF). No entanto, no caso dos tratados internalizados pela sistemática do art. 5.º, § 3.º, na medida em que tais instrumentos internacionais passam a integrar formalmente o próprio bloco de constitucionalidade, não há como negar que a sua denúncia ofende tanto o próprio texto constitucional como "o exercício dos direitos políticos, individuais e sociais" referidos pelo art. 85, III, da Carta de 1988. Daí entendermos que, apesar de em ambos os casos (isto é, tanto no caso do § 2.º como no do § 3.º do art. 5.º) os tratados de direitos humanos ratificados pelo Brasil serem *cláusulas pétreas* constitucionais, apenas quando aprovados por três quintos dos votos dos membros de cada Casa do Congresso Nacional, em dois turnos, é que tais instrumentos serão insuscetíveis de denúncia, fazendo operar (somente nesta hipótese) a responsabilidade do Presidente da República caso tal venha a ocorrer.

Assim sendo, mesmo que um tratado de direitos humanos preveja expressamente sua denúncia, esta não poderá ser realizada pelo Presidente da República unilateralmente, ainda que para tal tenha havido abono anterior do Parlamento, uma vez que tais tratados equivalem às emendas constitucionais (sendo, então, normas constitucionais *formais*), o que impede, aliás, a interpretação no sentido de que seria possível a denúncia do tratado caso o Congresso aprovasse tal Projeto pela mesma maioria qualificada com que aprovou o acordo.

No Brasil, apesar de forte divergência doutrinária, a prática em relação à matéria era no sentido de que a conjugação de vontades dos Poderes Executivo e Legislativo seria obrigatória somente em relação à *ratificação* dos tratados internacionais. Pela prática brasileira a respeito, a *denúncia* de tratados seria ato exclusivo do chefe do Poder Executivo, tão somente. Após a decisão do STF na ADI n.º 1625/DF, todos os tratados, para que sejam denunciados, devem preceder de autorização do Congresso Nacional. Sem embargo da antiga prática brasileira, sempre estivemos com PONTES DE MIRANDA, para quem "aprovar tratado, convenção ou acordo, permitindo que o Poder Executivo o denuncie, sem consulta, nem aprovação, é subversivo dos princípios constitucionais".[41] Do mesmo modo que o Presidente da República necessita da aprovação do Congresso Nacional, dando a ele permissão para ratificar o acordo, o mais correto, consoante as normas constitucionais em vigor, seria que idêntico procedimento parlamentar fosse aplicado em relação à denúncia. Este, aliás, o sistema adotado pela Constituição espanhola de 1978, que submete eventual denúncia de tratados sobre direitos humanos ao requisito da prévia autorização ou aprovação do Legislativo (arts. 96, n.º 2 e 94, n.º 1, *c*). O mesmo se diga em relação às Constituições da Suécia (art. 4.º, com as emendas de 1976-1977), da Dinamarca, de 1953 (art. 19, n.º 1), da Holanda, de 1983 (art. 91, n.º 1), além da Constituição da República Argentina, que, a partir da reforma de 1994, passou a exigir que os tratados internacionais de proteção dos direitos humanos sejam denunciados pelo Executivo mediante a prévia aprovação de dois terços dos membros de cada Câmara. A Constituição do Paraguai, por sua vez, determina que os tratados internacionais relativos a direitos humanos "não poderão ser denunciados senão pelos procedimentos que vigem para a emenda desta Constituição" (art. 142).

Agora, portanto, será preciso distinguir se o tratado que se pretende denunciar equivale a uma *emenda* constitucional (ou seja, se é *material* e *formalmente constitucional*, nos termos do art. 5.º, § 3.º) ou se somente detém *status* de norma constitucional (é dizer se é apenas *materialmente constitucional*, em virtude do art. 5.º, § 2.º). Caso o tratado de direitos humanos se enquadre exclusivamente nesta última hipótese, com o ato da denúncia o Estado brasileiro passa a não mais ter responsabilidade em responder pelo descumprimento do tratado tão somente no âmbito internacional, *e não no âmbito interno*. Ou seja, nada impediria que, tecnicamente, fosse denunciado um tratado de direitos humanos que tem somente *status* de norma constitucional, pois internamente nada mudaria, uma vez que eles já se encontram petrificados no nosso sistema de direitos e garantias, importando tal denúncia apenas em livrar o Estado brasileiro de responder pelo cumprimento do tratado no âmbito internacional. No entanto, caso o tratado de direitos humanos tenha sido aprovado nos termos do § 3.º do art. 5.º, o Brasil não pode mais desengajar-se do tratado, quer no plano internacional, quer no plano interno (o que não ocorre quando o tratado detém apenas *status* de norma constitucional), podendo o Presidente da República ser responsabilizado caso o denuncie (devendo tal denúncia ser declarada *ineficaz*). Assim, repita-se, quer nos termos do § 2.º, quer nos

---

[41] PONTES DE MIRANDA, Francisco Cavalcanti, *Comentários à Constituição de 1967 com a Emenda n.º 1 de 1969*, Tomo III, 3. ed., Rio de Janeiro: Forense, 1987, p. 109.

Parte II • Cap. 1 • TRATADOS INTERNACIONAIS DE DIREITOS HUMANOS NO DIREITO INTERNO | **87**

termos do § 3.º do art. 5.º, os tratados de direitos humanos são insuscetíveis de denúncia por serem cláusulas pétreas constitucionais; o que difere é que, uma vez aprovado o tratado pelo *quorum* do § 3.º, sua denúncia acarreta a *responsabilidade* do Presidente da República, o que não ocorre na sistemática do § 2.º do art. 5.º.

Portanto, a afirmação antes correntemente utilizada, no sentido de que, anteriormente à entrada em vigor da EC n.º 45, havia um paradoxo, pois os tratados de direitos humanos eram aprovados por maioria simples e tal autorizava o Presidente da República, a qualquer momento, a denunciar o tratado, desobrigando o país ao cumprimento daquilo que assumiu no cenário internacional desde o momento da ratificação do acordo, não será mais válida a partir do momento em que o tratado que pretende ser denunciado (repita-se, para os que admitem a possibilidade de denúncia dos tratados não aprovados com *quorum* qualificado) passe a *equivaler* a uma emenda constitucional.

1.5.3 Paradigma do controle concentrado de normas

A terceira consequência em se atribuir aos tratados de direitos humanos equivalência às emendas constitucionais conota que eles passarão a ser paradigma do controle *concentrado* das normas do direito interno (ao que se nomina *controle concentrado* – ou *abstrato* – *de convencionalidade*, como se verá no momento oportuno), podendo servir de fundamento para que os legitimados do art. 103 da Constituição proponham no STF as ações do controle abstrato, para o fim de invalidar (com efeito *erga omnes*) as normas internas com tais tratados incompatíveis. Como já se disse, o estudo dessa terceira consequência será realizado no desenrolar do Capítulo 2, *infra*.

1.6 Hierarquia constitucional dos tratados de direitos humanos independentemente da data de sua ratificação (se anterior ou posterior à entrada em vigor da Emenda n.º 45/2004)

A tese que acabamos de defender – segundo a qual os tratados de direitos humanos têm *status* de norma constitucional independentemente da regra do § 3.º do art. 5.º da Constituição – vale tanto para os tratados já ratificados pelo Brasil antes da entrada em vigor da EC n.º 45/2004, quanto para aqueles ratificados depois dela.

À primeira vista, com o advento da EC n.º 45 seria possível defender a tese (como já fizeram alguns) de que, tendo o § 3.º do art. 5.º estabelecido *quorum* qualificado para a atribuição de equivalência de emenda constitucional aos tratados de direitos humanos, os tratados anteriores seriam *recebidos* pela ordem constitucional vigente com esse mesmo *status* de emenda.[42] Aplicar-se-ia ao caso o fenômeno da "recepção de normas" com mudança de *status*, cujo exemplo clássico, no Brasil, é o Código Tributário Nacional, que, tendo sido à época de sua edição aprovado com *quorum* de lei ordinária, fora recepcionado pela Constituição de 1988 com *status* de lei complementar, por ter a nova Carta (art. 146, III) estabelecido que as normas gerais em matéria de legislação tributária só poderão ser criadas mediante a edição de tal espécie normativa. Assim também pensa Rezek, para quem "é sensato crer que ao promulgar esse parágrafo na Emenda Constitucional 45, de 8 de dezembro de 2004, sem nenhuma ressalva abjuratória dos tratados sobre direitos humanos outrora concluídos mediante processo simples, o Congresso constituinte os elevou à categoria dos tratados de nível constitucional", equação esta "da mesma natureza daquela que explica que nosso Código Tributário, promulgado a seu tempo como lei ordinária, tenha-se promovido a lei complementar à Constituição desde o momento em que a carta disse que as normas gerais de direito tributário deveriam estar expressas em diploma dessa estatura".[43] Os tratados de direitos humanos ratificados posteriormente à EC n.º 45/2004, segundo esse raciocínio, teriam hierarquia infraconstitucional (nível de lei ordinária – como sustenta a maioria dos Ministros do STF – ou supralegal, como pensam os Ministros Sepúlveda Pertence e Gilmar Mendes, este último no voto do RE n.º 466.343-1/SP).

Para nós, entretanto, é equívoco comparar o § 3.º do art. 5.º com a chamada recepção com mudança de *status*, como se deu no caso do Código Tributário Nacional. No caso do CTN, a Constituição expressamente *exige* lei complementar para a criação de normas gerais em matéria de legislação tributária, sendo, então, legítimo o raciocínio segundo o qual as normas tributárias anteriores à Constituição sejam obrigatoriamente recepcionadas com o *status* que doravante a Constituição lhes atribui (qual seja, o *status* de lei complementar). Tal não é o caso do § 3.º do art. 5.º, que *não exige* sejam os tratados de direitos humanos aprovados pelo *quorum* qualificado ali estabelecido. O que a disposição constitucional em comento faz é *autorizar* sejam os tratados de direitos humanos aprovados pela maioria qualificada ali prevista, mas sem *obrigar* o Congresso Nacional a proceder dessa maneira. Portanto, não faz sentido a tese (ainda que com seus bons propósitos) de que

---

[42]   Nesse sentido, *v.* Tavares, André Ramos, *Reforma do Judiciário no Brasil pós-88...*, cit., p. 47-48. Adotando também ao presente caso, mas sem razão, "a teoria geral da recepção acolhida no direito brasileiro", *v.* Piovesan, Flávia, *Direitos humanos e o direito constitucional internacional*, cit., p. 73.

[43]   Rezek, José Francisco, *Direito internacional público: curso elementar*, 10. ed. rev. e atual., São Paulo: Saraiva, 2005, p. 103.

os tratados de direitos humanos ratificados antes da EC n.º 45/2004 teriam sido recepcionados pelo § 3.º do art. 5.º com equivalência às normas constitucionais, e aqueles outros instrumentos – também de direitos humanos – ratificados após a referida Emenda ingressariam na ordem jurídica brasileira com *status* infraconstitucional.

Em verdade, não importa o momento em que o tratado de direitos humanos foi ratificado, se antes ou depois da EC n.º 45/2004. Entender que os tratados ratificados anteriormente à reforma constitucional serão recepcionados como normas constitucionais, ao passo que os ratificados posteriormente valerão como normas infraconstitucionais, enquanto não aprovados pela maioria qualificada estabelecida pelo § 3.º do art. 5.º, é prestigiar a incongruência. Em ambos os casos (ratificação anterior ou posterior à EC n.º 45) o tratado terá *status* de norma constitucional por integrar o núcleo material do *bloco de constitucionalidade*, como já explicado. O tratado ratificado após a Emenda n.º 45 não perde o *status* de norma materialmente constitucional que ele já tem em virtude do art. 5.º, § 2.º, da Constituição. Apenas o que poderá ocorrer é ser ele aprovado com o *quorum* qualificado do art. 5.º, § 3.º, e, a partir dessa aprovação, integrar *formalmente* o texto constitucional brasileiro (caso em que será, para além de materialmente constitucional, também formalmente constitucional).

Em resumo: *materialmente constitucionais* os tratados de direitos humanos (sejam eles anteriores ou posteriores à EC n.º 45) já são, independentemente de qualquer aprovação qualificada; *formalmente constitucionais* somente serão se aprovados pela maioria de votos estabelecida pelo art. 5.º, § 3.º, da Constituição (caso em que serão material *e* formalmente constitucionais), quando, então, tornar-se-ão, *de facto* e *de jure*, insuscetíveis de denúncia por parte do governo, mesmo havendo para tanto abono do Congresso Nacional. No primeiro caso (tratados apenas *materialmente* constitucionais), serão eles paradigma do controle *difuso* de convencionalidade, ao passo que, no segundo caso (tratados material *e formalmente* constitucionais), serão também paradigma do controle *concentrado* (ou da fiscalização *abstrata*) de convencionalidade, como se verá em detalhes no Capítulo seguinte.

1.7 Aplicação imediata dos tratados de direitos humanos independentemente da regra do § 3.º do art. 5.º da Constituição

Por fim, registre-se ainda que, além de o novo § 3.º do art. 5.º não prejudicar o *status* constitucional que os tratados de direitos humanos (em vigor no Brasil) já têm de acordo com o § 2.º desse mesmo artigo, ele também não prejudica a aplicação *imediata* dos tratados de direitos humanos já ratificados ou que vierem a ser ratificados pelo Estado brasileiro no futuro.[44] Isso porque a regra constitucional que garante aplicação imediata às normas definidoras dos direitos e garantias fundamentais, insculpida no § 1.º do art. 5.º da Carta (*verbis*: "As normas definidoras dos direitos e garantias fundamentais têm aplicação imediata."), sequer remotamente induz a pensar que os tratados de direitos humanos só terão tal aplicabilidade imediata (pois eles também são normas *definidoras dos direitos e garantias fundamentais*) depois de aprovados pelo Congresso Nacional pelo *quorum* estabelecido no § 3.º do art. 5.º. Pelo contrário: a Constituição é expressa em dizer que as "*normas definidoras dos direitos e garantias fundamentais têm aplicação imediata*", não dizendo quais são ou quais devem ser essas normas. A Constituição não especifica se elas devem provir do direito interno ou do direito internacional (*v.g.*, dos tratados internacionais de direitos humanos), dizendo, apenas, que todas elas têm aplicação imediata, independentemente de serem ou não aprovadas por maioria qualificada no Congresso.

Tal significa que os tratados internacionais de direitos humanos ratificados pelo Brasil podem ser *imediatamente aplicados* pelo nosso Poder Judiciário, com *status* de norma constitucional, independentemente de promulgação e publicação no *Diário Oficial da União* e independentemente de serem aprovados de acordo com a regra do § 3.º do art. 5.º. Se a promulgação e publicação de tratados têm sido exigidas para os tratados *comuns*, tais atos são dispensáveis quando em jogo um tratado de *direitos humanos*. Ora, a Constituição diz (no art. 5.º, § 2.º) que os direitos nela expressos *não excluem* outros decorrentes dos tratados (de direitos humanos) dos quais a República Federativa do Brasil "seja parte". A Constituição não diz o que significa *ser parte* em um tratado internacional, mas a Convenção de Viena sobre o Direito dos Tratados de 1969, sim. Segundo o texto de Viena, ser "parte" significa *ratificar um tratado em vigor* (art. 2.º, § 1.º, alínea *g*); assim, por autorização de uma norma (a Convenção de Viena de 1969) que o Brasil *ratificou* (no ano de 2009) e que *integra a coleção das normas jurídicas nacionais*, e que, além disso, *complementa* o sentido da expressão constitucional "seja parte", é que se entende devam ser os tratados de direitos humanos *imediatamente aplicados* pelo Poder Judiciário, independentemente de promulgação e publicação oficiais.

Sem dúvida, é responsabilidade do governo promulgar e publicar tratados. Contudo, a falta desses atos (até mesmo à luz do art. 27 da Convenção de Viena sobre o Direito dos Tratados) não pode ser motivo para impedir os cidadãos do

---

[44] Sobre a aplicação direta dos tratados de direitos humanos, *v.* CANÇADO TRINDADE, Antônio Augusto, *Tratado de direito internacional dos direitos humanos*, vol. III, cit., p. 622-625.

Parte II • Cap. 1 • TRATADOS INTERNACIONAIS DE DIREITOS HUMANOS NO DIREITO INTERNO | **91**

acesso à justiça, uma vez que o tratado (de direitos humanos) em causa já se encontra *ratificado* pelo Estado (ou seja, o Brasil *já é parte* dele). Tais tratados, de forma idêntica ao que se defendia antes da entrada em vigor da EC n.º 45/2004, continuam dispensando a edição de decreto de execução presidencial e ordem de publicação para que irradiem seus efeitos nas ordens internacional e interna, uma vez que têm aplicação imediata no sistema jurídico brasileiro.[45]

Quaisquer outros problemas relativos à aplicação dos tratados de direitos humanos no Brasil não são problemas jurídicos, mas sim – como diz CANÇADO TRINDADE – de falta de vontade (*animus*) dos poderes públicos, notadamente do Poder Judiciário.[46]

---

[45] Para detalhes, *v.* MAZZUOLI, Valerio de Oliveira, *Direitos humanos, Constituição e os tratados internacionais...*, cit., p. 253-259 (e a bibliografia ali citada).

[46] CANÇADO TRINDADE, Antônio Augusto, *Tratado de direito internacional dos direitos humanos*, vol. III, cit., p. 625.

Capítulo 2

Controle de Convencionalidade no Direito Brasileiro

2.1 Introdução

Como se estudou no Capítulo anterior, a Emenda Constitucional n.º 45/2004 (que acrescentou o § 3.º ao art. 5.º da Constituição) trouxe a possibilidade de os tratados internacionais de direitos humanos serem aprovados com um *quorum* qualificado, para o fim de passarem (desde que *ratificados* e *em vigor* no plano internacional) de um *status* materialmente constitucional para a condição (formal) de tratados "equivalentes às emendas constitucionais". Esse acréscimo constitucional reforçou, no direito brasileiro, a exigência de os juízes e tribunais e demais órgãos do Estado vinculados ao sistema de justiça controlarem a convencionalidade das leis. De fato, à medida que os tratados de direitos humanos ou são *materialmente* constitucionais (art. 5.º, § 2.º) ou *material e formalmente* constitucionais (art. 5.º, § 3.º), passou a ser lícito entender que, para além do clássico controle de constitucionalidade, devem também os juízes e tribunais e órgãos vinculados ao sistema de justiça empenhar-se no exercício do controle de convencionalidade das normas domésticas, compatibilizando a produção normativa interna com os tratados de direitos humanos (mais benéficos) em vigor no Estado.

Poderia se objetar tratar-se de controle *de constitucionalidade* o que se exerce em razão dos tratados de direitos humanos internalizados pela sistemática do art. 5.º, § 3.º, por ostentarem *equivalência* de emenda constitucional. Para nós, apenas quando existe afronta à Constituição mesma é que pode haver controle *de constitucionalidade* propriamente dito. Ainda que os tratados de direitos humanos (material *e formalmente* constitucionais) sejam *equivalentes* às emendas constitucionais, tal não autoriza a chamar de controle "de constitucionalidade" o exercício de compatibilidade vertical que se exerce em razão deles, notadamente no caso de o texto constitucional permanecer incólume de qualquer violação legislativa (ou seja, no caso de a lei *não violar* a Constituição propriamente, mas apenas *o tratado* de direitos humanos em causa). Em suma, doravante se falará em controle de constitucionalidade apenas para o estrito caso de (in)compatibilidade vertical das leis com a Constituição, e em controle de convencionalidade para os casos de (in)compatibilidade legislativa com os tratados de direitos humanos (formalmente constitucionais ou não) em vigor no Estado.

Portanto, a ideia que se irá defender nas páginas abaixo é a seguinte: quer tenham os tratados de direitos humanos "*status* de norma constitucional" (nos termos do art. 5.º, § 2.º, da Constituição), quer sejam "equivalentes às emendas constitucionais" (posto que aprovados pela maioria qualificada prevista no art. 5.º, § 3.º), em ambos os casos serão paradigma de controle das normas domésticas brasileiras, ao que se nomina de controle de convencionalidade das leis (em suas modalidades *difusa* e *concentrada*). Ocorre que os tratados internacionais *comuns* (que versam temas alheios aos direitos humanos) também têm *status* superior ao das leis internas no Brasil; se bem que não equiparados às normas constitucionais, os instrumentos convencionais comuns têm *status* supralegal em nosso país, por não poderem ser revogados por lei interna posterior, como estão a demonstrar vários dispositivos da própria legislação infraconstitucional brasileira, dentre eles o art. 98 do Código Tributário Nacional,[1] e as normas internacionais que regem a matéria (em especial, o art. 27 da Convenção de Viena sobre o Direito dos Tratados de 1969). Nesse último caso, tais tratados (comuns) também servem de paradigma ao controle das normas infraconstitucionais, por estarem situados acima delas, com a única diferença (em relação aos tratados de direitos humanos) de que não servirão de paradigma do controle *de convencionalidade* (expressão reservada aos tratados com nível constitucional), senão apenas do controle *de supralegalidade* das normas infraconstitucionais.[2]

É evidente que se poderia pensar que qualquer *controle* a envolver a compatibilização de uma norma doméstica com uma *convenção* internacional (qualquer que seja ela, de direitos humanos, ou não) seria um controle "de convencionalidade". De fato, toda *convenção* internacional (utilizando-se a nomenclatura "convenção" apenas genericamente, podendo ser um "tratado", "acordo",

---

[1] *Verbis*: "Os tratados e as convenções internacionais revogam ou modificam a legislação tributária interna, e serão observados pela que lhes sobrevenha".

[2] O leitor já percebeu, mas convém avisar claramente: a nossa posição de que os tratados internacionais *comuns* situam-se *acima* das leis domésticas brasileiras funda-se no art. 27 da Convenção de Viena sobre o Direitos dos Tratados, não na jurisprudência (ainda ultrapassada) do Supremo Tribunal Federal, que não reconhece *status* de supralegalidade senão aos tratados internacionais de direitos humanos em vigor no Brasil.

"pacto" etc.) é paradigma do controle *lato sensu* das normas de direito interno. No entanto, a prática dos sistemas regionais de proteção nomina de controle *de convencionalidade* o que se exerce exclusivamente em relação aos tratados de direitos humanos (que, no Brasil, podem ter *status* ou "equivalência" de emenda constitucional, a depender do quórum de aprovação, como já se viu), tendo em vista o fato de que, à luz da jurisprudência das cortes internacionais de direitos humanos, não se utiliza tal expressão quando se trata de compatibilizar as obrigações do Estado relativamente aos tratados *comuns*. Outro motivo pelo qual se prefere reservar a expressão "controle de convencionalidade" para a compatibilização das normas internas com os tratados (apenas) de direitos humanos é o de não perder de vista que esses tratados igualam-se em hierarquia às normas constitucionais (daí a proximidade do neologismo "convencionalidade" com "constitucionalidade"). Nesse sentido, a expressão "controle de convencionalidade" andaria lado a lado à expressão "controle de constitucionalidade". Um derradeiro aspecto a ser ressaltado diz respeito a que, no que tange à aplicação interna de tratados comuns, o que se segue é o comando frio do que estabelece a Convenção de Viena sobre o Direito dos Tratados, especialmente o seu art. 27, faz prevalecer a norma internacional sobre a interna, sem exceções, desconhecendo, portanto, a aplicação do princípio *pro homine* ou *pro persona*. Daí, como se nota, não ser o controle de convencionalidade uma *mera aplicação* de tratados, como é o caso da incidência dos tratados internacionais comuns nos respectivos Estados-partes, senão verdadeiro exercício cognitivo-intelectivo de compatibilização das normas internas tendo como paradigmas os tratados internacionais de direitos humanos em vigor no Estado, à luz da norma mais favorável à pessoa. Por tais motivos, pareceu-nos melhor diferenciar a nomenclatura do controle que tem como paradigma os tratados comuns ("controle de supralegalidade") daquela relativa aos tratados internacionais de direitos humanos ("controle de convencionalidade").

Seja como for, o que doravante se vai demonstrar é que todas as normas infraconstitucionais que vierem a ser produzidas no Estado devem – para a análise de sua compatibilidade com o sistema do atual Estado Constitucional e Humanista de Direito[3] – passar por dois níveis de aprovação, quais sejam: (1) a *Constituição* e os *tratados de direitos humanos* (material ou formalmente constitucionais) ratificados e em vigor no Estado; e (2) os *tratados internacionais comuns* também ratificados e em vigor interno. A compatibilidade das leis com a Constituição é feita por meio do clássico e bem conhecido *controle de constitucionalidade*, e a relativa aos tratados internacionais em vigor no Estado (sejam

---

[3]   Sobre esse novo modelo de Estado, *v.* GOMES, Luiz Flávio & MAZZUOLI, Valerio de Oliveira, *Direito supraconstitucional...*, cit., p. 188-198.

ou não de direitos humanos) por meio dos controles *de convencionalidade* (no que tange aos tratados de direitos humanos) e de *supralegalidade* (no que toca aos tratados comuns). Trata-se de um duplo controle de normas a ser observado no direito brasileiro, que não pode ser sonegado pelo Poder Judiciário e pelos órgãos do Estado vinculados ao sistema de justiça.

Em Portugal, mesmo a melhor doutrina não percebeu essa diferença entre o controle *de convencionalidade* e o *de supralegalidade*. Canotilho, *v.g.*, em todo o tópico destinado ao estudo da compatibilidade das leis com os tratados internacionais (tópico intitulado *Processo de Verificação da Contrariedade de uma Norma Legislativa com uma Convenção Internacional*), não se utiliza das expressões citadas, chamando de "relação de contrariedade" o que, em verdade, deveria ser chamado de "controle" (de convencionalidade ou de supralegalidade) da legislação interna. Mesmo quando admite que alguns tratados possam ter "valor constitucional", o autor nomina a possível relação de contrariedade com as leis de "inconstitucionalidade indireta" (e também aqui não aparece a expressão "controle de convencionalidade", como deveria). Por fim, ao explicar o procedimento de aferição dessa "contrariedade" perante o Tribunal Constitucional português, diz Canotilho que o Tribunal não julga os atos legislativos como "inconstitucionais" (a expressão correta, em nosso entender, seria "inconvencionais") ou como "ilegais", mas profere "uma sentença de natureza declaratória através da qual se reconhece a justeza ou não justeza da decisão do tribunal *a quo*, que recusou a aplicação de uma norma em desarmonia com anteriores sentenças do Tribunal Constitucional".[4]

Em suma, depois de estudado o *status* hierárquico dos tratados de direitos humanos no Brasil (*v.* Cap. 1, *supra*), já se pode começar a entender essa nova temática que tem nos compromissos internacionais assumidos pelo Estado – especialmente os compromissos relativos a *direitos humanos* – um novo e mais racional paradigma de controle da legislação doméstica.

2.2 Pioneirismo da teoria no Brasil

A teoria que se irá defender nas linhas que seguem é pioneira no Brasil. Antes, porém, de nos debruçarmos sobre ela, é necessário mencionar que os autores que, antes de nós, fizeram referência à expressão "controle de convencionalidade" versaram o assunto sob outro ângulo, notadamente o da respon-

---

[4] V., por tudo, Canotilho, José Joaquim Gomes, *Direito constitucional e teoria da Constituição*, cit., p. 1042-1047. O constitucionalista português Jorge Miranda, já se viu, desde 2012 já se refere ao controle de convencionalidade; cf. Miranda, Jorge, *Curso de direito internacional público*, cit., p. 181 (ao falar na existência "de um *controlo de convencionalidade* paralelo ao controlo de constitucionalidade e ao de legalidade").

sabilidade internacional do Estado por violação de direitos humanos em razão de atos do Poder Legislativo.[5] Para tais autores, o controle de convencionalidade seria o método a impedir o Parlamento local de adotar uma lei que violasse (mesmo que abstratamente) direitos humanos previstos em tratados internacionais já ratificados pelo Estado. Em outras palavras, seria a técnica *legislativa* pela qual o Parlamento, tendo em conta um tratado de direitos humanos em vigor no Estado, deixaria de adotar uma lei que com dito tratado conflitasse, a fim de não dar causa à responsabilidade internacional do Estado em razão de ato do Poder Legislativo; conotaria, ainda, a obrigação do Legislativo de *adaptar* as leis domésticas aos comandos dos tratados internacionais ratificados e em vigor no Estado.[6] Também já se empregou a expressão "controle de convencionalidade" para aferir a compatibilidade das normas locais diante das normas internacionais de direitos humanos, não pela via judiciária interna, senão exclusivamente pelos mecanismos *internacionais* de apuração do respeito por parte de um Estado de suas obrigações internacionais.[7]

André de Carvalho Ramos, *v.g.*, depois de dizer que "[e]sse controle de convencionalidade pode ser feito de modo unilateral pelos demais Estados participantes da sociedade internacional, o que é o modo tradicional de apuração do respeito por um Estado de suas obrigações internacionais", afirma que

---

[5]   Nesse sentido, *v.* Ramos, André de Carvalho, *Processo internacional de direitos humanos: análise dos sistemas de apuração de violações dos direitos humanos e a implementação das decisões no Brasil*, Rio de Janeiro: Renovar, 2002, p. 352; Ramos, André de Carvalho, *Responsabilidade internacional por violação de direitos humanos: seus elementos, a reparação devida e sanções possíveis*, Rio de Janeiro: Renovar, 2004, p. 169; e ainda, do mesmo autor, Responsabilidade internacional do Estado por violação de direitos humanos, *Revista CEJ*, n.º 29, Brasília, abr.-jun. 2005, p. 56.

[6]   Cf. Ramos, André de Carvalho, *Processo internacional de direitos humanos...*, cit., p. 348; e Ramos, André de Carvalho, *Responsabilidade internacional por violação de direitos humanos...*, cit., p. 169-170.

[7]   V. Ramos, André de Carvalho, Tratados internacionais: novos espaços de atuação do Ministério Público, *Boletim Científico – Escola Superior do Ministério Público da União*, ano II, n.º 7, Brasília, abr.-jun. 2003, p. 86-88; e Sampaio, José Adércio Leite, *A Constituição reinventada pela jurisdição constitucional*, cit., p. 55-56 e p. 186-187 (com referências ao controle exercido pela Corte Europeia de Direitos Humanos e ao "controle de comunitariedade"). Nesse sentido, *v.* ainda Cantor, Ernesto Rey, Controles de convencionalidad de las leyes, in Mac-Gregor, Eduardo Ferrer & Lello De Larrea, Arturo Zaldívar (coords.), *La ciencia del derecho procesal constitucional: estudios en homenaje a Héctor Fix-Zamudio en sus cincuenta años como investigador del derecho*, México, D.C.: UNAM/Marcial Pons, 2008, p. 225-262; e Piovesan, Flávia, *Direitos humanos e o direito constitucional internacional*, cit., p. 239 (esta última diz, tão somente, que a Corte Interamericana "ainda pode opinar sobre a compatibilidade de preceitos da legislação doméstica em face dos instrumentos internacionais, efetuando, assim, o 'controle da convencionalidade das leis'", sem qualquer outro desdobramento).

"o modo unilateral é questionável, tendo em vista que estabelece o *judex in causa sua*". Interprete-se o seu raciocínio: se de todos os Estados – responsáveis pelo "modo unilateral" de controle da convencionalidade das leis – *faz parte* um Poder Judiciário, que é reconhecidamente sua *longa manus*, o que o autor está a sugerir é que *não confia* na imparcialidade dos juízes e tribunais internos para controlar a convencionalidade das leis no Brasil, uma vez que, tendencialmente, decidiriam sempre *em favor* do Estado, é dizer, *in causa sua*. Mais à frente, no mesmo texto, em reforço à premissa colocada, o autor exalta o segundo modelo de controle, que seria "aquele feito por mecanismos coletivos, nos quais é apurado se determinada conduta do Estado (por exemplo, a edição de lei, a prolação de uma sentença ou um ato administrativo) é compatível com as normas internacionais", concluindo, em seguida, que "[a]s diferenças são claras: no mecanismo unilateral prevalece [perceba-se a subida de tom, do que era "questionável" e que agora "prevalece"] o princípio do *judex in causa sua*, o que é substituído, nos mecanismos coletivos, por procedimentos onde a imparcialidade e o devido processo legal imperam [indaga-se se não haveria imparcialidade e devido processo legal também no plano interno...] no processamento da responsabilidade internacional do Estado". Por fim, cita o reconhecimento, pelo Brasil, da jurisdição obrigatória da Corte Interamericana de Direitos Humanos, e diz que "exemplo marcante do controle de convencionalidade efetuado por mecanismo coletivo, afetando o Brasil, é aquele feito pela Corte Interamericana de Direitos Humanos, quer na sua jurisdição contenciosa, quer na sua jurisdição consultiva".[8]

Em outras palavras, a doutrina que se acaba de expor não reconhece o controle de convencionalidade interno como verdadeiro controle – por não acreditar na imparcialidade dos julgadores nacionais no controle de convencionalidade, partindo do equivocado princípio de que os órgãos do Estado decidem sempre em causa própria, como se os cidadãos não pudessem, jamais, lograr êxito em demandas contra o Estado – e, de outro lado, exalta o controle *internacional* de convencionalidade, que seria, segundo ele, o único controle imparcial e garantidor do devido processo legal (como se juízes e tribunais na-

---

[8] RAMOS, André de Carvalho, Tratados internacionais: novos espaços de atuação do Ministério Público, cit., p. 86-87. No que tange ao afirmado pelo autor na parte final do seu texto, de que o controle de convencionalidade efetuado pela Corte Interamericana se dá "quer na sua jurisdição contenciosa, *quer na sua jurisdição consultiva*", perceba-se o erro teórico de dizer que no plano da competência consultiva da Corte Interamericana *há controle* de convencionalidade. O texto, também aí, é errôneo, pois já se viu que apenas no plano *contencioso* é que há efetivo *controle* da convencionalidade das leis; no âmbito da competência *consultiva* o que existe é simples *aferição de convencionalidade*, posto não se tratar de opinião vinculante aos Estados-partes (*v.* Parte I, Cap. 1, item 1.3, *supra*).

cionais decidissem *sempre* e em *quaisquer circunstâncias* exclusivamente em favor do Estado). Nada mais equivocado. Que as instâncias judiciárias internacionais controlam a convencionalidade das normas do direito interno dos Estados-partes (sempre de modo complementar ou coadjuvante, ou seja, de forma *secundária* à oferecida pelo direito interno) não se tem qualquer dúvida. Ocorre que *os próprios tribunais internacionais* determinam que o controle *primário* e *principal* de convencionalidade não lhes cabe, senão apenas aos juízes e tribunais *internos* dos Estados-partes. A Corte Interamericana de Direitos Humanos – a que o Brasil se sujeita, em âmbito contencioso, desde 1998[9] – ordena expressamente que o controle de convencionalidade deva ter lugar, em primeiro plano, no âmbito do Poder Judiciário *interno* dos Estados-partes aos tratados de direitos humanos (especialmente pela via *difusa*). Nas palavras da Corte, "somente quando um caso não tenha sido solucionado no plano interno, como corresponderia primariamente fazê-lo a qualquer Estado-parte na Convenção no exercício efetivo do controle de convencionalidade, poderia ele então chegar perante o Sistema".[10] Tal é assim por ser a Corte Interamericana – como também claramente definido em sua jurisprudência – a "intérprete última" da Convenção Americana, não sendo, portanto, a intérprete *única* do tratado; se a Corte Interamericana é a última intérprete da Convenção Americana, é porque existe uma *primeira intérprete* da mesma Convenção, que é, não há dúvida, a magistratura nacional dos Estados-partes do Pacto de San José. É exatamente por tal motivo que o controle interno de convencionalidade é nominado pela melhor doutrina de "controle primário".[11]

Portanto, afirmações como "[...] preferimos utilizar o termo 'controle de convencionalidade' para nos referir ao controle de matriz internacional, fruto da ação dos intérpretes autênticos no plano internacional", ou como "[o] autêntico controle de convencionalidade de tratado internacional é aquele realizado no plano *internacional*",[12] não têm a menor razão (prática e jurídica) de ser, uma

---

[9] *V.* Decreto Legislativo n.º 89/1998.

[10] Corte IDH, *Caso García Ibarra e Outros* vs. *Equador*, Exceções Preliminares, Mérito, Reparações e Custas, sentença de 17 de novembro de 2015, Série C, n.º 306, § 103. Nesse exato sentido, *v.* MAC-GREGOR, Eduardo Ferrer, Reflexiones sobre el control difuso de convencionalidad a la luz del caso Cabrera García y Montiel Flores vs. México, cit., p. 930-931; e HERRERÍAS CUEVAS, Ignacio Francisco, *Control de convencionalidad y efectos de las sentencias*, cit., p. 48.

[11] HITTERS, Juan Carlos. Control de convencionalidad (adelantos y retrocesos), cit., p. 126.

[12] RAMOS, André de Carvalho, *Teoria geral dos direitos humanos na ordem internacional.* 2. ed., São Paulo: Saraiva, 2012, p. 250-251. No mesmo sentido, *v.* CASTILLA, Karlos, ¿Control interno o difuso de convencionalidad? Una mejor idea: la garantía de tratados, *Anuario Mexicano de Derecho Internacional*, vol. XIII, México, D.C.: UNAM, 2013, p. 55 e 75, para quem "la labor que deben desarrollar los jueces nacionales no puede recibir

vez que tal raciocínio guarda a insuperável incongruência de não reconhecer que é dos próprios tribunais internacionais de direitos humanos (*v.g.*, da Corte Interamericana de Direitos Humanos) que decorre a *exigência* de os juízes e tribunais internos controlarem (em primeira mão, antes de qualquer manifestação internacional a respeito do tema) a convencionalidade de suas normas domésticas. Esse entendimento é pacífico, *v.g.*, na jurisprudência da Corte Interamericana de Direitos Humanos,[13] além de aceito e seguido pela melhor doutrina.[14] Assim, o controle de convencionalidade de índole internacional – basta

---

el mismo nombre que la labor de los órganos internacionales, por más semejanza que se le quiera dar al *control de convencionalidad* con el control de constitucionalidad", complementando que "el *controlde convencionalidad* está reservado (en el sistema interamericano) a la Corte IDH y, por tanto, es la única que puede resolver en el sistema interamericano acerca de la *convencionalidad* de los actos y hechos del Estado"). Este último autor critica a doutrina que desenvolve o controle de convencionalidade comparando-o ao controle de constitucionalidade; ocorre que o autor (que se baseava no então sistema mexicano de controle, cuja mecânica era diversa da nossa) não visualizou que em outros países (como no Brasil, em que *todos* os juízes de há muito podem controlar a constitucionalidade das leis) há sim uma mecânica *idêntica* capaz de controlar a constitucionalidade *e a convencionalidade* das leis a partir dos mesmos procedimentos ou técnicas, como estamos a desenvolver neste estudo (*v. infra*).

[13] Corte IDH, *Caso Almonacid Arellano e Outros* vs. *Chile*, Exceções Preliminares, Mérito, Reparações e Custas, sentença de 26 de setembro de 2006, Série C, n.º 154, § 124; *Caso Trabalhadores Demitidos do Congresso (Aguado Alfaro e Outros)* vs. *Peru*, Exceções Preliminares, Mérito, Reparações e Custas, sentença de 24 de novembro de 2006, Série C, n.º 158, § 128; *Caso Cabrera García e Montiel Flores vs. México*, Exceção Preliminar, Mérito, Reparações e Custas, sentença de 26 de novembro de 2010, Série C, n.º 220, §§ 225-233; *Caso Comunidade Garífuna de Punta Piedra e seus Membros* vs. *Honduras*, Exceções Preliminares, Mérito, Reparações e Custas, sentença de 8 de outubro de 2015, Série C, n.º 304, § 346; e *Caso García Ibarra e Outros* vs. *Equador*, Exceções Preliminares, Mérito, Reparações e Custas, sentença de 17 de novembro de 2015, Série C, n.º 306, § 103.

[14] *V.* Hitters, Juan Carlos, Control de constitucionalidad y control de convencionalidad..., cit., p. 119, para quem: "Quedó remarcada, en el caso Almonacid Arellano – entre otros –, la pauta a la que antes hemos hecho referencia, en el sentido de que no sólo el Tribunal Interamericano debe llevar a cabo el contralor de marras, sino también que *previamente* los jueces locales pueden y deben ejercitar esta tarea, obviamente *antes* que el pleito llegue a la instancia internacional. [...] De ahí que el Pacto impone la necesidad de 'agotar los derechos internos' (art. 46.1.*a*)". Mais à frente, o autor conclui: "Hemos tratado de esbozar en forma sintética, lo que se ha dado en llamar en lós últimos tiempos 'control de convencionalidad', mecanismo que debe ser llevado a cabo, *primero por los cuerpos judiciales domésticos*, haciendo una 'comparación' entre el derecho local y el supranacional, a fin de velar por el efecto útil de los instrumentos internacionales, sea que surja de los tratados, del *ius cogens* o de la jurisprudência de la Corte IDH; y luego esa tarea debe ser ejercida por el Tribunal regional si es que el caso llega a sus estrados" [grifos nossos] (Idem, p. 123-124).

ler o preâmbulo da Convenção Americana para saber – é apenas *coadjuvante* ou *complementar* do controle oferecido pelo direito interno, jamais principal, como claramente se lê no segundo considerando do Pacto de San José, que afirma ser a proteção internacional convencional "coadjuvante ou complementar da que oferece o direito interno dos Estados americanos".[15] Daí a própria Corte Interamericana reconhecer que "a responsabilidade estatal relativa à Convenção somente pode ser exigida a nível internacional *depois* de se dar ao Estado a oportunidade de declarar a violação e de reparar o dano ocasionado pelos seus próprios meios".[16] É dizer, o controle nacional (realizado pelos juízes e tribunais locais) da convencionalidade das normas domésticas deve ser levado a cabo antes de qualquer manifestação de um tribunal internacional a respeito.[17] De fato, já se viu (*v.* Parte I, Cap. 1) que as cortes internacionais somente controlarão a convencionalidade de uma norma interna caso o Poder Judiciário de origem não tenha controlado essa mesma convencionalidade ou a tenha realizado de maneira insatisfatória ou insuficiente.[18]

Ademais, os autores que afirmam ser o "autêntico" controle de convencionalidade o realizado no plano internacional demonstram também desconhecer o funcionamento intrínseco do sistema interamericano, parecendo ter dele no-

---

[15]   Sobre o tema, *v.* MAZZUOLI, Valerio de Oliveira, *Comentários à Convenção Americana sobre Direitos Humanos*, cit., p. 23, nestes termos: "É importante essa referência final feita pela Convenção, sobre a sua característica *coadjuvante* ou *complementar* ao direito interno dos Estados. Assim como também ocorre com a quase totalidade das normas do Direito Internacional Público voltadas à proteção do ser humano, tal referência significa que o sistema internacional de proteção dos direitos humanos somente deve operar *depois* de se dar oportunidade de agir ao Estado. Em outras palavras, a obrigação principal de proteger e garantir os direitos humanos dos cidadãos é do Estado e não da Convenção. Esta somente deverá operar nos casos em que o Estado deixa de proteger tais direitos, protege menos do que deveria ou se mostra moroso na obrigação de amparo às vítimas. É dizer, a obrigação primeira de proteger direitos humanos é do Estado, sendo a proteção da Convenção apenas de caráter complementar. Assim, a característica *coadjuvante* ou *complementar* da Convenção não induz a pensar que ela seja *supletória* do direito nacional. Não cabe ao sistema interamericano, *v.g.*, substituir a jurisdição estatal interna e fixar as modalidades específicas de investigação e julgamento em um caso concreto, para melhor se alcançar um determinado resultado, mas verificar se, naquele Estado em particular, foram ou não praticados atos capazes de violar a Convenção Americana".

[16]   Corte IDH, *Caso Massacre de Santo Domingo* vs. *Colômbia*, Exceções Preliminares, Mérito e Reparações, sentença de 30 de novembro de 2012, Série C, n.º 259, § 142.

[17]   Corte IDH, *Caso García Ibarra e Outros* vs. *Equador*, Exceções Preliminares, Mérito, Reparações e Custas, sentença de 17 de novembro de 2015, Série C, n.º 306, § 103.

[18]   Cf. MAC-GREGOR, Eduardo Ferrer, *Eficacia de la sentencia interamericana y la cosa juzgada internacional...*, cit., p. 638; e ALCALÁ, Humberto Nogueira, *Los desafíos del control de convencionalidad del corpus iuris interamericano para los tribunales nacionales, y su diferenciación con el control de constitucionalidad*, cit., p. 480.

tícia apenas anedótica ou de oitiva. Basta conhecer o sistema *por dentro* para saber que o controle internacional da convencionalidade não pode ser o autêntico, senão apenas o controle interno. Explica-se. Dos milhares de casos recebidos todos os anos pela Comissão Interamericana de Direitos Humanos, pouquíssimos são, ao final, admitidos e enviados à Corte Interamericana para julgamento; e dos pouquíssimos casos que lhe chegam, número menor ainda têm provimento. A título de exemplo, em 2014 a Comissão Interamericana recebeu 1.758 petições e, após análise, enviou somente 19 casos à Corte; em 2015, a Comissão recebeu 2.164 petições e enviou apenas 14 casos à Corte; em 2016, das 2.567 petições recebidas, apenas 16 casos foram submetidos à Corte; em 2021, foram recebidas 2.327 petições e enviados 40 casos à Corte (o maior número de casos na média dos anos, mas que, mesmo assim, corresponde a apenas 1,71% das petições recebidas); em 2022, foram recebidas 2.240 petições, com submissão à Corte de 24 casos; em 2023, a Comissão recebeu 2.692 petições e enviou 34 casos à Corte.[19] Quais são esses (raros) casos que o sistema interamericano acolhe? Basta um olhar panorâmico sobre a jurisprudência da Corte Interamericana para notar que apenas "grandes temas" ou "assuntos abrangentes" são a ela submetidos pela Comissão Interamericana, como os relativos a direitos de povos indígenas e comunidades tradicionais (*v.g.*, casos *Comunidade Mayagna Awas Tingni* vs. *Nicarágua, Comunidade Indígena Yakye Axa* vs. *Paraguai, Comunidade Indígena Xákmok Kásek* vs. *Paraguai* e *Povos Kaliña e Lokono* vs. *Suriname*), os envolvendo anistias dos períodos de ditadura militar na América Latina (casos *Gelman* vs. *Uruguai* e *Gomes Lund* vs. *Brasil*), os que discutem questões de gênero e sexualidade (*v.g.*, casos *Atala Riffo* vs. *Chile* e *Duque* vs. *Colômbia*), os relativos a massacres de grandes proporções (*v.g.*, casos *Massacre de Mapiripan* vs. *Colômbia* e *Massacres de El Mozote* vs. *El Salvador* etc.) e os atinentes à prática de desaparecimentos forçados (*v.g.*, casos *Velásquez Rodríguez* vs. *Honduras, Godínez Cruz* vs. *Honduras, Fairén Garbi e Solís Corrales* vs. *Honduras, Caballero Delgado e Santana* vs. *Colômbia* e *Rodríguez Vera* vs. *Colômbia*). Um caso isolado ou sem grande representação jamais logrará êxito perante o sistema interamericano, e sequer chegará à jurisdição da Corte Interamericana. Tal é assim porque há um direcionamento, por parte da Comissão, dos casos (os "grandes temas") que deflagra perante a Corte, certo de que esse tribunal dá provimento a número ainda menor de casos. Tal, por si só, já demonstra a impossibilidade estrutural (de pessoal, de tempo, de número de juízes etc.) de a Corte Interamericana controlar *todas* as situações de inconvencionalidade ocorridas em *todos* os Estados sobre os quais tem jurisdição. Daí por que a Corte, conhecedora dessa situação, "inverteu" as regras do jogo e determinou (desde 2006) aos juízes e tribunais *internos* dos Estados-partes à Convenção Americana que controlem,

---

[19] V. Estatísticas OEA; Informes Anuais da Comissão IDH, 2014-2023.

em primeira mão, a convencionalidade das leis em seus respectivos territórios, por estarem mais próximos dos fatos ocorridos e por terem melhores condições de decidir à luz de cada peculiaridade concreta. Por isso, *tout court*, é que o autêntico controle de convencionalidade é o interno, não o internacional (que é apenas *complementar* ou *coadjuvante* dele).

Por fim, frise-se que não obstante a expressão "controle de convencionalidade" já ter sido empregada entre nós anteriormente, certo é jamais se investigou "como funciona" ou "como se processa" esse modelo de controle no Brasil, bem assim quais os meios de se exercer a advocacia a ele voltada. Assim, a teoria do controle de convencionalidade que se apresentará nas linhas seguintes é pioneira no Brasil, não tendo sido anteriormente desenvolvida por nenhum jurista (constitucionalista ou internacionalista) brasileiro. Não se trata de técnica apenas *legislativa* de compatibilização dos trabalhos do Parlamento com os instrumentos de direitos humanos ratificados pelo governo, sequer do bem conhecido mecanismo *internacional* de apuração dos atos do Estado em relação ao cumprimento de suas obrigações internacionais, mas sim (e especialmente) de meio *judicial interno* de declaração de invalidade de leis incompatíveis com tais tratados, tanto pela via de exceção (controle *difuso* ou *concreto*) como por meio de ação direta (controle *concentrado* ou *abstrato*). Além de meio judicial, certo é que, atualmente, também o Ministério Público examina a convencionalidade das leis no Brasil, sendo esta uma razão a mais que justifica o controle interno e primário da convencionalidade das leis. Ademais, fomos nós que (por primeiro) sistematizamos no Brasil o conteúdo das expressões "controle difuso de convencionalidade", "controle concentrado de convencionalidade" e "controle de supralegalidade", no que tange à *mecânica de incorporação* dos tratados internacionais no direito pátrio, compreendendo *como se dá* e *como funciona* (ou seja, *como se operacionaliza* ou *como se processa*) essa mecânica: se incorporados com *nível* constitucional, serão paradigma do controle *difuso* de convencionalidade; se incorporados com *equivalência* de emenda constitucional, serão paradigma do controle *concentrado* de convencionalidade (para além, evidentemente, do controle *difuso*); e se incorporados com *status* supralegal, serão paradigma do controle de *supralegalidade* (é o caso dos tratados *comuns* no Brasil).[20]

2.3 Vigência, validade e eficácia das leis

Depois de compreendidos os elementos básicos a envolver o tema do controle de convencionalidade das leis, será então possível iniciar o seu estudo à luz do direito brasileiro atual. Para tanto, deve-se começar compreendendo os

---

[20] V. MAZZUOLI, Valerio de Oliveira, *Tratados internacionais de direitos humanos e direito interno*, cit., p. 207-226.

conceitos de *vigência*, *validade* e *eficácia* das leis no Brasil, especialmente em face dos tratados internacionais de direitos humanos.

Como se sabe e já se verificou durante todo o Capítulo anterior, a Emenda Constitucional n.º 45/2004, que acrescentou o § 3.º ao art. 5.º da Constituição, trouxe a possibilidade de os tratados internacionais de direitos humanos serem aprovados com um *quorum* qualificado, a fim de passarem (desde que *ratificados* e *em vigor* no plano internacional) de um *status* materialmente constitucional para a condição (formal) de tratados "equivalentes às emendas constitucionais". Tal acréscimo constitucional, também já se disse, agregou ao direito brasileiro novo modelo de controle das normas do direito interno: o controle *de convencionalidade* das leis. Assim, à medida que os tratados de direitos humanos ou são *materialmente* constitucionais (art. 5.º, § 2.º) ou *material e formalmente* constitucionais (art. 5.º, § 3.º), é lícito entender que, para além do clássico controle de constitucionalidade, deve ainda ter lugar (doravante) um controle de convencionalidade das leis, que é a compatibilização das normas do direito interno com os tratados internacionais de direitos humanos ratificados pelo governo e em vigor no Estado.

Antes, porém, de ingressarmos no âmago do tema, mister esclarecer o que se deve atualmente entender por "vigência", "validade" e "eficácia" das leis. É fundamental, para a correta compreensão do nosso objeto de estudo, que se demonstre o verdadeiro (e atual) significado dessas expressões, em contraposição ao que (ainda...) pensa o positivismo legalista clássico, que confunde *vigência* com *validade* das normas no ordenamento jurídico.

A primeira ideia a fixar-se para o correto entendimento do que doravante será exposto é a de que a compatibilidade das leis com o texto constitucional não mais lhes garante *validade* no plano do direito interno. Para tal, devem as leis ser compatíveis com a Constituição *e com* os tratados internacionais (de direitos humanos e comuns) ratificados pelo governo e em vigor no Estado. Caso a norma esteja de acordo com a Constituição, mas não com eventual tratado já ratificado e em vigor no plano interno, poderá ela ser considerada *vigente* (pois, repita-se, está *de acordo* com o texto constitucional) – e continuará perambulando nos compêndios legislativos publicados –, mas não poderá ser tida como *válida*, por não ter passado imune a um dos limites verticais materiais agora existentes: os tratados internacionais em vigor no plano interno. Ou seja, a incompatibilidade da produção normativa doméstica com os tratados internacionais em vigor no plano doméstico (ainda que tudo seja compatível com a Constituição) torna *inválidas* (ou *ilegítimas*[21]) as normas jurídicas de direito interno.

---

[21] Cf. FERRAJOLI, Luigi. *Derechos y garantías: la ley del más débil*. Trad. Perfecto Andrés Ibáñez e Andrea Greppi, Madrid: Trotta, 1999, p. 29.

Parte II • **Cap. 2** • CONTROLE DE CONVENCIONALIDADE NO DIREITO BRASILEIRO | **105**

A essa conclusão somente se chega quando se diferencia o que é "vigência", "validade" e "eficácia" das normas jurídicas, como se vai expor agora. E, nessa perspectiva, é notório o fato de que a dogmática positivista clássica confunde os conceitos de *vigência* e de *validade* das normas jurídicas. De fato, KELSEN já dizia que uma norma vigente é válida, e aceitava o mesmo reverso, de que uma norma válida é também vigente: em certo momento falava em "uma 'norma válida' ('vigente')" e, em outro, na "vigência (validade) de uma norma".[22] Porém, na perspectiva do Estado Constitucional e Humanista de Direito esse panorama muda, quando nem toda norma *vigente* deverá ser tida como *válida*. Não são poucos, nesse sentido, os autores atuais que rechaçam a concepção positivista legalista de vigência e validade das normas jurídicas, para o fim de compreender o tema à luz da moderna sistemática de proteção dos direitos humanos.[23]

De nossa parte, também entendemos que não se poderá mais confundir *vigência* com *validade* (e a consequente *eficácia*) das normas jurídicas. Devemos seguir, a partir de agora, a lição de FERRAJOLI, que bem diferencia ambas as situações.[24] Para FERRAJOLI, a identificação da *validade* de uma norma com a

---

[22] V. o trecho ao qual aludimos: "Então, e só então, o dever-ser, como dever-ser 'objetivo', *é uma 'norma válida' ('vigente')*, vinculando os destinatários. É sempre este o caso quando ao ato de vontade, cujo sentido subjetivo é um dever-ser, é emprestado esse sentido objetivo por uma norma, quando uma norma, que por isso vale como norma 'superior', atribui a alguém competência (ou poder) para esse ato". E, mais à frente, conclui: "Se, como acima propusemos, empregarmos a palavra 'dever-ser' num sentido que abranja todas estas significações, podemos exprimir *a vigência (validade) de uma norma* dizendo que certa coisa deve ou não deve ser, deve ou não ser feita" [grifos nossos] (KELSEN, Hans, *Teoria pura do direito*, 7. ed. Trad. João Baptista Machado, São Paulo: Martins Fontes, 2006, p. 11).

[23] Cf. FERRAJOLI, Luigi. *Derechos y garantías...*, cit., p. 20; GOMES, Luiz Flávio, *Estado constitucional de direito e a nova pirâmide jurídica*, São Paulo: Premier Máxima, 2008, p. 75; GOMES, Luiz Flávio & VIGO, Rodolfo Luis, *Do Estado de direito constitucional e transnacional: riscos e precauções (navegando pelas ondas evolutivas do Estado, do direito e da justiça)*, São Paulo: Premier Máxima, 2008, p. 19; e GOMES, Luiz Flávio & MAZZUOLI, Valerio de Oliveira, *Direito supraconstitucional...*, cit., p. 60-64.

[24] Cf. FERRAJOLI, Luigi, *Derechos y garantías...*, cit., p. 20-22. Cf. também, FERRAJOLI, Luigi, *Direito e razão: teoria do garantismo penal*, 2. ed. rev. e ampl. Trad. Ana Paula Zomer Sica (*et al.*), São Paulo: RT, 2006, p. 329-331. A dificuldade de precisão desses conceitos já foi objeto dos comentários de KELSEN, nestes termos: "A determinação correta desta relação é um dos problemas mais importantes e ao mesmo tempo mais difíceis de uma teoria jurídica positivista. É apenas um caso especial da relação entre o dever-ser da norma jurídica e o ser da realidade natural. Com efeito, também o ato com o qual é posta uma norma jurídica positiva é – tal como a eficácia da norma jurídica – um fato da ordem do ser. Uma teoria jurídica positivista é posta perante a tarefa de encontrar entre os dois extremos, ambos insustentáveis, o meio-termo correto" (*Teoria pura do direito*, cit., p. 235).

sua *existência* (determinada pelo fato de se pertencer a certo ordenamento e estar conforme as normas que regulam a sua produção) é fruto "de uma simplificação, que deriva, por sua vez, de uma incompreensão da complexidade da legalidade no Estado constitucional de direito que se acaba de ilustrar".[25] Com efeito, continua FERRAJOLI, "o sistema das normas sobre a produção de normas – habitualmente estabelecido, em nossos ordenamentos, com nível constitucional – não se compõe somente de normas formais sobre a competência ou sobre os procedimentos de formação das leis", incluindo, também, as "normas substanciais, como o princípio da igualdade e os direitos fundamentais, que de modo diverso limitam e vinculam o poder legislativo, excluindo ou impondo-lhe determinados conteúdos", o que faz com que "uma norma – por exemplo, uma lei que viola o princípio constitucional da igualdade – por mais que tenha existência formal ou vigência, possa muito bem ser inválida e, como tal, suscetível de anulação por contrastar com uma norma substancial sobre sua produção".[26]

Com efeito, a existência de normas *inválidas*, ainda segundo FERRAJOLI, "pode ser facilmente explicada distinguindo-se duas dimensões da regularidade ou legitimidade das normas: a que se pode chamar 'vigência' ou 'existência', que faz referência à *forma* dos atos normativos e que depende da conformidade ou correspondência com as *normas formais* sobre sua formação; e a 'validade' propriamente dita ou, em se tratando de leis, a 'constitucionalidade' [e, podemos acrescentar, também a 'convencionalidade'], que, pelo contrário, têm que ver com seu *significado* ou conteúdo e que depende da coerência com as *normas substanciais* sobre sua produção".[27] Nesse sentido, a *vigência* (ou *existência*) de determinada norma guardaria relação com a *forma* dos atos normativos, enquanto a sua *validade* seria uma questão de *coerência* ou de *compatibilidade* das normas produzidas pelo direito doméstico com aquelas de caráter *substancial* (a Constituição e/ou os tratados internacionais em vigor no Estado) sobre sua produção.[28] Como explica FERRAJOLI, deve-se chamar de *vigência* "a validade apenas *formal* das normas tal qual resulta da regularidade do *ato normativo*", devendo-se limitar "o uso da palavra 'validade' à validade

---

[25] FERRAJOLI, Luigi, *Derechos y garantías...*, cit., p. 20.

[26] FERRAJOLI, Luigi, Idem, p. 20-21.

[27] FERRAJOLI, Luigi, Idem, p. 21.

[28] Cf. FERRAJOLI, Luigi, Idem, p. 21-22. Nesse mesmo sentido, *v.* FERRAJOLI, Luigi, *A soberania no mundo moderno: nascimento e crise do Estado nacional.* Trad. Carlo Coccioli e Márcio Lauria Filho, São Paulo: Martins Fontes, 2007, p. 32 e 44. Essa discussão remete também às observações de OTTO BACHOF sobre a distinção entre Constituição em sentido *formal* e em sentido *material*. V. BACHOF, Otto, *Normas constitucionais inconstitucionais?* Trad. José Manuel M. Cardoso da Costa, Coimbra: Almedina, 2008, p. 38-40.

também *material* das normas produzidas, quer dizer, dos seus significados ou conteúdos normativos".[29] Daí se entender que a declaração de inconstitucionalidade de uma norma tal (e isso é bastante visível no controle *difuso* de constitucionalidade) afeta a *validade* dessa norma,[30] e não a sua vigência (uma vez que ela continuará a operar em outros casos concretos, num processo entre outras partes etc.).[31]

Em nosso país, é certo que toda lei vigora formalmente até que seja revogada por outra ou até alcançar o seu termo final de vigência (no caso das leis excepcionais ou temporárias). A vigência pressupõe a publicação da lei na imprensa oficial e seu eventual período de *vacatio legis*; se não houver *vacatio*, segue-se a regra do art. 1.º da LINDB, ou seja, a lei entra em vigor após quarenta e cinco dias. Então, tendo sido aprovada pelo Parlamento e sancionada pelo Presidente da República (com promulgação e publicação ulteriores), a lei é *vigente*[32]

---

[29] FERRAJOLI, Luigi, *Direito e razão: teoria do garantismo penal*, cit., p. 330-331.

[30] Nesse exato sentido, *v.* BACHOF, Otto, *Normas constitucionais inconstitucionais?*, cit., p. 17 e 51, para quem uma norma *inconstitucional* é, em qualquer caso, uma norma *inválida*. Veja-se, igualmente, a exata lição de BARROSO, Luís Roberto, *O controle de constitucionalidade no direito brasileiro: exposição sistemática da doutrina e análise crítica da jurisprudência*, 2. ed. rev. e atual., São Paulo: Saraiva, 2007, p. 13, nestes termos: "Dentro da ordem de ideias aqui expostas, uma lei que contrarie a Constituição, por vício formal ou material, não é *inexistente*. Ela ingressou no mundo jurídico e, em muitos casos, terá tido aplicação efetiva, gerando situações que terão de ser recompostas. Norma inconstitucional é norma *inválida*, por desconformidade com regramento superior, por desatender os requisitos impostos pela norma maior. Atente-se que validade, no sentido aqui empregado, não se confunde com validade técnico-formal, que designa a *vigência* de uma norma, isto é sua existência jurídica e aplicabilidade" [grifos do original]. Cf. ainda, GOMES, Luiz Flávio, *Estado constitucional de direito e a nova pirâmide jurídica*, cit., p. 76-77.

[31] Deve-se admitir, contudo, uma hipótese excepcional, que ocorre quando a lei é declarada inconstitucional em seu aspecto *formal*. Nesse caso, como aponta LUIZ FLÁVIO GOMES, "não há como negar que essa declaração de inconstitucionalidade afeta (desde logo) o plano da validade da norma, mas, além disso, também o da vigência. Uma lei que não tenha seguido o procedimento legislativo correto, após a declaração da sua inconstitucionalidade formal (embora publicada no Diário Oficial), deixa de possuir vigência. Se é certo que a declaração de inconstitucionalidade material não toca nesse aspecto formal (vigência), não se pode dizer a mesma coisa em relação à inconstitucionalidade formal" (*Estado constitucional de direito e a nova pirâmide jurídica*, cit., p. 77).

[32] Perceba-se o conceito de *vigência* do ordenamento jurídico formulado por ALF ROSS: "O ponto de que partimos é a hipótese de que um sistema de normas será *vigente* se for capaz de servir como um esquema interpretativo de um conjunto correspondente de ações sociais, de tal maneira que se torne possível para nós compreender esse conjunto de ações como um todo coerente de significado e motivação e, dentro de certos limites, predizê-las. Esta capacidade do sistema se baseia no fato das normas serem efetivamente acatadas porque são sentidas como socialmente obrigatórias. [...] Conclui-se disso que

(ou seja, *existente*[33]) em território nacional (podendo ter que respeitar, repita-se, eventual período de *vacatio legis*),[34] o que não significa que será materialmente *válida* (e, tampouco, *eficaz*).[35] Perceba-se a própria redação da LINDB, segundo a qual (art. 1.º): "Salvo disposição contrária, a lei começa a *vigorar* em todo o país quarenta e cinco dias depois de oficialmente publicada". Portanto, ser *vigente* é ser *existente* no plano legislativo. Lei *vigente* é aquela que já *existe*,[36] por ter sido elaborada pelo Parlamento e sancionada pelo Presidente da República,[37] promulgada e publicada no *Diário Oficial da União*.

---

os fenômenos jurídicos que constituem a contrapartida das normas têm que ser as decisões dos tribunais. É aqui que temos que procurar a efetividade que constitui a vigência do direito". Veja-se que, em tal conceito, se está a vincular a *vigência* da norma à sua capacidade de ser *socialmente obrigatória*, no que se poderia dizer ter ALF ROSS estabelecido um conceito de vigência *social* do ordenamento jurídico. De fato, assim conclui Ross: "Em conformidade com isso, um ordenamento jurídico nacional, considerado como um sistema vigente de normas, pode ser definido como o conjunto de normas que efetivamente operam na mente do juiz, porque ele as sente como socialmente obrigatórias e por isso as acata". *V.* Ross, Alf, *Direito e justiça*. Trad. Edson Bini. Bauru: Edipro, 2000, p. 59.

[33] Para nós, *existência* (formal) e *vigência* têm o mesmo significado. Cf., nesse exato sentido, FERRAJOLI, Luigi, *Derechos y garantías...*, cit., p. 21; FERRAJOLI, Luigi, *Direito e razão: teoria do garantismo penal*, cit., p. 330; e FERRAJOLI, Luigi, *A soberania no mundo moderno...*, cit., p. 32 e 44.

[34] Para um panorama das discussões quanto ao início de vigência da lei, *v.* TELLES JUNIOR, Goffredo, *Iniciação na ciência do direito*, São Paulo: Saraiva, 2001, p. 193-197.

[35] A esse respeito, assim (e corretamente) leciona ARTUR CORTEZ BONIFÁCIO: "Válida é a norma de lei ordinária cuja produção e conteúdo material se conforma à Constituição [e, para nós, também aos *tratados* em vigor no país], à legitimidade conferida pelos princípios constitucionais [e internacionais] político ou ético-filosóficos. Afora isso, a norma terá uma validade eminentemente formal, de relação de pertinência com o sistema jurídico. Vigente é a norma que existe [perceba-se a equiparação entre *vigência* e *existência*, como querendo significar a mesma coisa, concepção com a qual também concordamos], em função da qual se pode exigir algum comportamento: é a norma promulgada e ainda não derrogada, respeitadas questões como a *vacatio legis*. É de se perceber que toda norma vigente, assim tratada, tem validade formal; a sua validade material repousará no *quantum* de legitimidade que venha a expressar" (*O direito constitucional internacional e a proteção dos direitos fundamentais*, São Paulo: Método, 2008, p. 121).

[36] Perceba-se que o próprio KELSEN aceita essa assertiva, quando leciona: "Com a palavra 'vigência' designamos a *existência* específica de uma norma. Quando descrevemos o sentido ou o significado de um ato normativo dizemos que, com o ato em questão, uma qualquer conduta humana é preceituada, ordenada, prescrita, exigida, proibida; ou então consentida, permitida ou facultada" (*Teoria pura do direito*, cit., p. 11).

[37] Em caso de veto do Presidente, pode o Congresso *derrubá-lo* em sessão conjunta por maioria absoluta de votos (CF, art. 66, § 4.º), devendo ser novamente enviado ao Presi-

Parte II • Cap. 2 • CONTROLE DE CONVENCIONALIDADE NO DIREITO BRASILEIRO | **109**

Depois de verificada a *existência* (vigência) da lei é que se vai aferir a sua *validade*, para, em último lugar, perquirir sobre a sua *eficácia*.[38] Esta última (a eficácia legislativa) está ligada à realidade social que a norma almeja regular; conota, também, um meio de se dar "aos jurisdicionados a confiança de que o Estado exige o cumprimento da norma, dispõe para isso de mecanismos e força, e os tribunais vão aplicá-las".[39] Porém, vigência e eficácia não coincidem cronologicamente, uma vez que a lei que existe (que é *vigente*) e que também é *válida* (pois de acordo com a Constituição e com os tratados – de direitos humanos ou comuns – em vigor no Estado) já pode ser aplicada pelo Poder Judiciário, o que não significa que terá *eficácia*.[40] Não há como dissociar a eficácia das normas jurídicas à realidade social ou à produção de efeitos concretos no seio da *vida social*. O distanciamento (ou inadequação) da eficácia das leis com as realidades sociais e com os valores vigentes na sociedade gera a falta de produção de efeitos concretos, levando à falta de *efetividade* da norma e ao seu consequente *desuso* social.

Portanto, deve ser afastada, doravante, a confusão que ainda faz o positivismo clássico (legalista, do modelo kelseniano) que atribui *validade* à lei *vigente*,[41] desde que tenha seguido o procedimento formal da sua elaboração.[42]

---

dente da República, agora para promulgação (CF, art. 66, § 5.º). Se a lei não for promulgada dentro de quarenta e oito horas pelo Presidente da República, nos casos dos §§ 3.º e 5.º, o Presidente do Senado a promulgará, e, se este não o fizer em igual prazo, caberá ao Vice-Presidente do Senado fazê-lo (CF, art. 66, § 7.º). Após a promulgação, a lei é *publicada*, devendo entrar em *vigência* a partir desse momento, se assim dispuser expressamente. Se não o fizer e não houver período de *vacatio legis*, vigorará em quarenta e cinco dias (LINDB, art. 1.º).

[38] Cf. Telles Junior, Goffredo, *Iniciação na ciência do direito*, cit., p. 193.

[39] Schnaid, David, *Filosofia do direito e interpretação*, cit., p. 62-63. O mesmo autor, páginas à frente, conclui: "A *eficácia* de uma norma está na sua obrigatoriedade, tanto para os sujeitos passivos como para os órgãos estatais, que devem aplicá-la efetivamente" (Idem, p. 93).

[40] Nesse sentido, *v.* a posição coincidente de Kelsen, Hans, *Teoria pura do direito*, cit., p. 12, nestes termos: "Um tribunal que aplica uma lei num caso concreto imediatamente após a sua promulgação – portanto, antes que tenha podido tornar-se eficaz – aplica uma norma jurídica válida [para nós, uma norma *vigente*, que poderá não ser *válida*, a depender da conformidade com o texto constitucional e com os tratados internacionais (de direitos humanos ou comuns) em vigor no país]. Porém, uma norma jurídica deixará de ser considerada válida quando permanece duradouramente ineficaz". Depois, contudo, Kelsen afirma: "A eficácia é, nesta medida, condição da vigência, visto ao estabelecimento de uma norma se ter de seguir a sua eficácia para que ela não perca a sua vigência". Perceba-se, nesta parte final, a confusão kelseniana mais uma vez estampada (trataremos de reforçar as diferenças atuais entre *vigência*, *validade* e *eficácia* logo mais à frente).

[41] Cf. Kelsen, Hans, *Teoria pura do direito*, cit., p. 9.

[42] Para o conceito de lei sob o aspecto formal, *v.* Martín, Carlos de Cabo, *Sobre el concepto de ley*, Madrid: Trotta, 2000, p. 29-35. É de atentar, também, para a observação desse

Como explica Luiz Flávio Gomes, o positivismo legalista não compreende "a complexidade do sistema constitucional e humanista de Direito, que conta com uma pluralidade de fontes normativas hierarquicamente distintas (Constituição, Direito Internacional dos Diretos Humanos e Direito ordinário). As normas que condicionam a produção da legislação ordinária não são só formais (maneira de aprovação de uma lei, competência para editá-la, *quorum* de aprovação etc.), senão também, e sobretudo, substanciais (princípio da igualdade, da intervenção mínima, preponderância dos direitos fundamentais, respeito ao núcleo essencial de cada direito etc.)".[43] Por isso, deve-se também afastar os conceitos de "vigência", "validade" e "eficácia" do positivismo (legalista, contratualista) civilista, que confunde *validade* (formal) com *vigência* (em sentido amplo).[44] Esta (a *vigência* ou *existência* da norma, sendo ambas as expressões sinônimas) não guarda relação com a *validade* das leis, que se afere com o exercício de compatibilidade vertical do texto normativo com os princípios substanciais da Constituição e dos tratados de direitos humanos em vigor no Estado.

Veja-se, a esse respeito, a crítica de Ferrajoli ao pensamento de Norberto Bobbio, sobre os conceitos de vigência e validade das leis:

> Também Bobbio, como Kelsen, identifica a validade com a "existência" e se priva assim da possibilidade de dar conta da existência de normas inválidas. É certo que distingue entre "validade formal" e "validade material", identificando esta última com a coerência lógica da norma "com outras normas válidas do ordenamento" ("Sul ragionamento dei giuristi": *Rivista di Diritto Civile* I [1955], agora em P. Comanducci e R. Guastini, *L'analisi del ragionamento giuridico* II, Giappichelli, Torino, 1989, pp. 167-169). Sem embargo, sua identificação da validade com a existência e, portanto, da invalidade com a inexistência, o constrange, a propósito da norma formalmente mas não substancialmente válida por ser "incompatível com uma norma hierarquicamente superior", a falar de "ab-rogação implícita" da primeira por parte da segunda no mesmo sentido em que se afirma que

---

mesmo autor de que "la posición de Kelsen sobre el concepto de ley (formal o material) tiene cierta ambigüedad..." (Idem, p. 51).

[43] Gomes, Luiz Flávio, *Estado constitucional de direito e a nova pirâmide jurídica*, cit., p. 75. No mesmo sentido, *v.* Rosa, Alexandre Morais da, *Garantismo jurídico e controle de constitucionalidade material*, Florianópolis: Habitus, 2002, p. 59-67; e Cantor, Ernesto Rey, *Control de convencionalidad de las leyes y derechos humanos*, cit., p. 57, para quem as leis devem ser "aprovadas pelo Congresso (ou parlamento, ou assembleia legislativa) com o cumprimento pleno das formalidades do procedimento constitucional – supremacia formal – e de conformidade com a substância regulada pela Constituição – supremacia material –".

[44] Cf. Diniz, Maria Helena, *Lei de introdução ao Código Civil brasileiro interpretada*, 13. ed., rev. e atual., São Paulo: Saraiva, 2007, p. 51.

uma norma é implicitamente ab-rogada por outra sucessiva de significado incompatível (*Teoria della norma giuridica*, Giappichelli, Torino, 1958, pp. 37-38; trad. espanhola de E. Rozo Acuña, *Teoría general del derecho*, Debate, Madrid, 1991). Desse modo, não fica claro se para Bobbio uma norma semelhante, cuja incompatibilidade se produz com uma norma superior a ela e geralmente precedente, existe (como para Kelsen) até sua implícita ab-rogação pelo intérprete, ou não existe (como para Hart) por resultar implicitamente ab-rogada *ab origine*. Em ambos os casos, fica sem explicar o fenômeno de a norma inválida e não obstante vigente (ou existente) até o pronunciamento que determina sua invalidez: que não consiste, com efeito, em uma ab-rogação implícita por via de interpretação semelhante à da norma em contradição com outra norma sucessiva de nível equivalente, senão em um ato jurisdicional com o qual a (existência da) norma inválida fica formalmente anulada.[45]

Assim, afastando-se tal confusão (entre "vigência" e "validade" das leis), optamos por dar prevalência à democracia *substancial* sobre a democracia meramente *formal*,[46] o que é condição *sine qua non* para que se compreenda o atual Estado Constitucional e Humanista de Direito. Em suma, no constitucionalismo (e internacionalismo) da pós-modernidade jurídica há *duas classes* de normas sobre a produção jurídica: as *formais*, que condicionam a *vigência* (ou *existência*) da lei; e as *substanciais* (ou *materiais*), que condicionam a sua *validade*.[47] Sem o respeito da produção normativa doméstica a tais limites *substanciais* não se pode dizer que há norma *eficaz* no caso concreto, por inexistir a *validade* jurídica que lhe dá suporte.

Em suma, a validade das normas jurídicas, nesse novo contorno que o constitucionalismo contemporâneo oferece, não é mais uma conotação meramente formal, a depender somente da regularidade do seu processo de produção (conforme defendido por Hobbes, posteriormente por Bentham e Austin, até chegar a Kelsen e Bobbio). Tornou-se ela (como explica Ferrajoli) um fato *substancial*, dependente dos *conteúdos* das decisões, as quais serão inválidas se contrastarem com os novos princípios positivos do direito internacional.[48]

Doravante, para que uma norma seja *eficaz*, dependerá ela de também ser *válida*, sendo certo que para ser válida deverá ser ainda *vigente*. A recíproca, contudo, não é verdadeira, como pensava o positivismo clássico, que confundia

---

[45] Ferrajoli, Luigi, *Derechos y garantías...*, cit., p. 34-35, nota n.º 4.

[46] Cf. Ferrajoli, Luigi, Idem, p. 19.

[47] V. Ferrajoli, Luigi, Idem, p. 23.

[48] V. Ferrajoli, Luigi, *A soberania no mundo moderno...*, cit., p. 61; Ferrajoli, Luigi, *Direito e razão: teoria do garantismo penal*, cit., p. 330-331; e Gomes, Luiz Flávio & Mazzuoli, Valerio de Oliveira, *Direito supraconstitucional...*, cit., p. 60-64.

lei vigente com lei válida. Em outras palavras, a *vigência (existência)* não depende da *validade*, mas esta depende daquela, assim como a *eficácia* depende da validade[49] (trata-se de uma escala de valores em que, em primeiro lugar, encontra-se a *vigência*, depois a *validade* e, por último, a *eficácia*).[50] Por isso, não aceitamos os conceitos de *validade* e *vigência* de TERCIO SAMPAIO FERRAZ JR., para quem norma *válida* é aquela que cumpriu o processo de formação ou de produção normativa[51] (que, para nós, é a lei *vigente*), e *vigente* a que já foi *publicada*.[52] O autor conceitua vigência como "um termo com o qual se demarca o tempo de validade de uma norma" ou, em outras palavras, como "a norma válida (pertencente ao ordenamento) cuja autoridade *já* pode ser considerada imunizada, sendo exigíveis os comportamentos prescritos", arrematando que uma norma "pode ser válida sem ser vigente, embora a norma vigente seja

---

[49] Daí a afirmação de MIGUEL REALE de que quando se declara "que uma norma jurídica tem *eficácia*, esta só é jurídica na medida em que pressupõe a validez [ou *validade*] da norma que a insere no mundo jurídico, por não estar em contradição com outras normas do sistema, sob pena de tornar-se inconsistente" (*Fontes e modelos do direito: para um novo paradigma hermenêutico*, São Paulo: Saraiva, 1994, p. 4). Em outro momento, contudo, REALE coloca a expressão *vigência* entre parênteses depois de falar em *validade*, no seguinte trecho: "A exigência trina de *validade (vigência)* de *eficácia (efetividade)* e de *fundamento (motivação axiológica)* milita em favor da compreensão da vida jurídica em termos de *modelos jurídicos*, desde a instauração da fonte normativa até a sua *aplicação*, passando pelo momento de *interpretação*, pois o ato hermenêutico é o laço de comunicação ou de mediação entre validade e eficácia" (Idem, p. 33).

[50] Cf., por tudo, FERRAJOLI, Luigi, *Derechos y garantías...*, cit., p. 20-22. V., também, GOMES, Luiz Flávio & MOLINA, Antonio García-Pablos de, *Direito penal: parte geral*, vol. 2, São Paulo: RT, 2007, para quem: "A lei ordinária incompatível com o tratado não possui validade".

[51] GOFFREDO TELLES JUNIOR elenca *duas* condições de validade das leis: (*a*) o *seu correto domínio*; e (*b*) a *sua correta elaboração*. Quanto à primeira "condição de validade, assinale-se que o *domínio das leis* compreende seu *domínio geográfico* e seu *domínio de competência*", e quanto "à segunda condição de validade, cumpre observar que, da *correta elaboração* das leis, depende, não só a *validade* delas, mas, também, fundamentalmente, a própria *qualidade de lei*, alcançada pela norma jurídica. De fato, *não é lei* a norma jurídica que não tenha sido elaborada em conformidade com o processo instituído para a produção delas" [grifos do original] (*Iniciação na ciência do direito*, cit., p. 162).

[52] Idêntica lição é encontrada em DINIZ, Maria Helena, *Lei de introdução ao Código Civil brasileiro interpretada*, cit., p. 51-52. Nesse caso, a autora nomina a *vigência* de vigência em sentido estrito para diferenciar da vigência em sentido amplo, que (segundo ela) se confunde com a validade formal. Em outra passagem, a mesma autora diz que mesmo a vigência em sentido estrito pode se confundir com a validade formal, à exceção do caso da *vacatio legis* do art. 1.º da LINDB, segundo a qual, embora válida, "a norma não vigorará durante aqueles quarenta e cinco dias, só entrando em vigor posteriormente" (Idem, p. 52).

sempre válida".[53] Não concordamos (também com base em FERRAJOLI[54]) com essa construção, segundo a qual uma norma "pode ser válida sem ser vigente", e de que "a norma vigente seja sempre válida".[55]

Para nós, lei formalmente *vigente* é aquela elaborada pelo Parlamento, de acordo com as regras do processo legislativo estabelecidas pela Constituição,[56] editadas pelo Poder Executivo, promulgadas e publicadas no *Diário Oficial da União*,[57] tendo já condições de *estar em vigor*; lei *válida*, por sua vez, é a lei vigente compatível com o texto constitucional[58] e com os tratados internacionais (de direitos humanos ou não) ratificados pelo governo e em vigor no Estado, ou seja, é a lei que tem sua autoridade respeitada e protegida contra qualquer ataque (porque compatível com a Constituição e com os tratados internacionais em vigor). Daí não ser errôneo dizer que a norma *válida* é a que respeita o princípio da hierarquia.[59] Apenas havendo compatibilidade vertical material com ambas as normas – a Constituição e os tratados – é que a norma infraconstitucional em questão será *vigente* e *válida* (e, possivelmente, *eficaz*). Caso contrário, não passando a lei pelo exame da compatibilidade vertical material com os tratados (segunda análise de compatibilidade), não terá ela qualquer validade (e

---

[53]   FERRAZ JR., Tercio Sampaio, *Introdução ao estudo do direito: técnica, decisão, dominação*, 4. ed., rev. e ampl., São Paulo: Atlas, 2003, p. 198.

[54]   V. FERRAJOLI, Luigi, *Derechos y garantías...*, cit., p. 20-22.

[55]   Leia-se, a propósito, o que diz LUIZ FLÁVIO GOMES, para quem: "[...] nem toda lei vigente é válida" (*Estado constitucional de direito e a nova pirâmide jurídica*, cit., p. 75).

[56]   Destaque-se, em particular, a opinião de CARLOS ALBERTO LÚCIO BITTENCOURT para a situação em que a elaboração da lei *não obedeceu* ao procedimento constitucionalmente previsto para tanto. Nesse caso, segundo BITTENCOURT, a lei seria *inexistente* no mundo jurídico: "A lei, no caso, não é nula ou ineficaz, mas, simplesmente, *inexistente como lei*. Se o ato a que se atribui este nome não se apresenta sob a forma estabelecida pela Constituição, ou não foi baixado pelos órgãos competentes para fazê-lo, ou não obedeceu na sua elaboração ao rito e ao processo prescritos, não se trata, na hipótese, de uma lei" (*O controle jurisdicional da constitucionalidade das leis*, 2. ed. atual. por José Aguiar Dias, Rio de Janeiro: Forense, 1968, p. 133).

[57]   Assim também, Ross, Alf, *Direito e justiça*, cit., p. 128, nestes termos: "Geralmente admite-se como ponto pacífico que uma lei que foi devidamente sancionada e promulgada é, por si mesma, *direito vigente*, isto é, independentemente de sua ulterior aplicação nos tribunais" [grifo nosso]. Nesse sentido, também seguindo FERRAJOLI, v. ROSA, Alexandre Morais da, *Garantismo jurídico e controle de constitucionalidade material*, cit., p. 63.

[58]   V., assim, KELSEN, Hans, *Teoria pura do direito*, cit., p. 218, para quem: "Esta norma [a Constituição], pressuposta como norma fundamental, fornece não só o fundamento de validade como o conteúdo de validade das normas dela deduzidas através de uma operação lógica".

[59]   Cf. SCHNAID, David, *Filosofia do direito e interpretação*, cit., p. 123.

eficácia) no plano do direito interno brasileiro, devendo ser rechaçada pelo juiz no caso concreto.

Muito antes de qualquer discussão sobre o tema entre nós, MIGUEL REALE já havia alertado – no exato sentido do que agora acabamos de propor, embora sem se referir aos tratados internacionais *comuns* – "que todas as fontes operam no *quadro de validade* traçado pela Constituição de cada país, e já agora nos limites permitidos por certos valores jurídicos transnacionais, universalmente reconhecidos como *invariantes jurídico-axiológicas*, como a Declaração Universal dos Direitos do Homem",[60] à qual se pode aditar todos os tratados de direitos humanos, tal como acabamos de expor. De qualquer forma, o que pretendeu demonstrar REALE é que a *validade* de certa fonte do direito há de ser verificada pela sua compatibilidade com o texto constitucional *e com as normas internacionais*, sobretudo as relativas a direitos humanos, as quais ele mesmo alberga sob a rubrica dos "valores jurídicos transnacionais, universalmente reconhecidos [...]".[61]

Daí o equívoco, em nosso entender, da afirmação de KELSEN de que a "norma criada com 'violação' do Direito internacional permanece válida, mesmo do ponto de vista do Direito internacional", uma vez que "este não prevê qualquer processo através do qual a norma da ordem jurídica estadual 'contrária ao Direito internacional' possa ser anulada"[62] (o que não é verdade atualmente e, tampouco, quando KELSEN escreveu a 2.ª edição de sua *Teoria pura do direito*, em 1960). É evidente que os tribunais internacionais (tome-se como exemplo a Corte Interamericana de Direitos Humanos) têm competência para *anular* a norma estatal contrária ao direito internacional, caso em que o Estado (responsável pela edição da combatida lei) deve ser responsabilizado no plano internacional por ato de seu Poder Legislativo.

Está correta a lição de LUIZ FLÁVIO GOMES, para quem o modelo kelseniano (ou positivista legalista, ou positivista clássico) de ensino do direito "confunde a vigência com a validade da lei, a democracia formal com a substancial, não ensina a verdadeira função do juiz no Estado constitucional e garantista de Direito (que deve se posicionar como garante dos direitos fundamentais), não desperta nenhum sentido crítico no jurista e, além de tudo, não evidencia com toda profundidade necessária o sistema de controle de constitucionalidade das leis".[63] Ainda para o autor, o "equívoco metodológico-científico [do modelo

---

[60] REALE, Miguel, *Fontes e modelos do direito...*, cit., p. 13.
[61] REALE, Miguel, Idem, ibidem.
[62] KELSEN, Hans, *Teoria pura do direito*, cit., p. 367-368.
[63] GOMES, Luiz Flávio, *Estado constitucional de direito e a nova pirâmide jurídica*, cit., p. 27. No mesmo sentido, *v.* ROSA, Alexandre Morais da, *Garantismo jurídico e controle de constitucionalidade material*, cit., p. 25-35.

kelseniano] decorre do pensamento do Estado Moderno, da revolução francesa, do código napoleônico, onde reside a origem da confusão entre lei e Direito; os direitos e a vida dos direitos valeriam pelo que está escrito (exclusivamente) na lei, quando o correto é reconhecer que a lei é só o ponto de partida de toda interpretação (que deve sempre ser conforme a Constituição). Deriva também da doutrina positivista legalista (KELSEN, SCHMITT etc.) o entendimento de que toda lei vigente é, automaticamente, lei válida. A lei pode até ser, na atividade interpretativa, o ponto de chegada, mas sempre que conflita com a Carta Magna ou com o Direito humanitário internacional perde sua relevância e primazia, porque, nesse caso, devem ter incidência (prioritária) as normas e os princípios constitucionais ou internacionais".[64]

Mais à frente, na mesma obra, LUIZ FLÁVIO GOMES assim arremata a concepção garantista de validade das leis: "De acordo com a lógica positivista clássica (KELSEN, HART etc.), lei vigente é lei válida, e mesmo quando incompatível com a Constituição ela (lei vigente) continuaria válida até que fosse revogada por outra. O esquema positivista clássico não transcendia o plano da legalidade (e da revogação). Confundia-se invalidade com revogação da lei e concebia-se uma presunção de validade de todas as leis vigentes. Não se reconhecia a tríplice dimensão normativa do Direito, composta de normas constitucionais, internacionais e infraconstitucionais. Pouca relevância se dava para os limites (substanciais) relacionados com o próprio conteúdo da produção do Direito. A revogação de uma lei, diante de tudo quanto foi exposto, é instituto coligado com o plano da 'legalidade' e da 'vigência'. Ou seja: acontece no plano formal e ocorre quando uma lei nova elimina a anterior do ordenamento jurídico. A revogação, como se vê, exige uma sucessão de leis (sendo certo que a posterior revoga a anterior expressamente ou quando com ela é incompatível – revogação tácita). A declaração de invalidade de uma lei, por seu turno, que não se confunde com sua revogação, é instituto vinculado com a nova pirâmide normativa do Direito (acima das leis ordinárias acham-se a CF assim como o DIDH [Direito Internacional dos Direitos Humanos]), ou seja, deriva de uma relação (antinomia ou incoerência) entre a lei e a Constituição ou entre a lei e o Direito Internacional dos Direitos Humanos e relaciona-se com o plano do conteúdo substancial desta lei".[65]

Certo avanço do Supremo Tribunal Federal, relativamente ao tema do conflito entre tratados e normas internas, deu-se com o voto do Ministro SEPÚLVEDA PERTENCE, em 29 de março de 2000, no RHC 79.785/RJ, no qual entendeu ser possível considerar os tratados de direitos humanos como

---

[64] GOMES, Luiz Flávio, *Estado constitucional de direito e a nova pirâmide jurídica*, cit., p. 27.
[65] GOMES, Luiz Flávio, Idem, p. 76-77.

documentos de caráter *supralegal*. No entanto, a tese da supralegalidade dos tratados de direitos humanos ficou ainda mais clara no STF com o voto-vista do Ministro GILMAR MENDES, na sessão plenária do dia 22 de novembro de 2006, no julgamento do RE n.º 466.343-1/SP, em que se discutia a questão da prisão civil por dívida nos contratos de alienação fiduciária em garantia.[66] Apesar de continuar entendendo que os tratados internacionais *comuns* ainda guardam relação de paridade normativa com o ordenamento jurídico doméstico, defendeu o Ministro GILMAR MENDES a tese de que os tratados internacionais de *direitos humanos* estariam num nível hierárquico intermediário: abaixo da Constituição, *mas acima* de toda a legislação infraconstitucional. Segundo o seu entendimento, "parece mais consistente a interpretação que atribui a característica de *supralegalidade* aos tratados e convenções de direitos humanos", segundo a qual "os tratados sobre direitos humanos seriam infraconstitucionais, porém, diante de seu caráter especial em relação aos demais atos normativos internacionais, também seriam dotados de um atributo de *supralegalidade*". E finalizou: "Em outros termos, os tratados sobre direitos humanos não poderiam afrontar a supremacia da Constituição, mas teriam lugar especial reservado no ordenamento jurídico. Equipará-los à legislação ordinária seria subestimar o seu valor especial no contexto do sistema de proteção da pessoa humana".[67]

De nossa parte, há muitos anos defendemos que os tratados internacionais de direitos humanos incorporados à ordem jurídica brasileira têm *status* de nor-

---

[66] O julgamento do RE n.º 466.343/SP (rel. Min. CEZAR PELUSO) foi encerrado na sessão plenária de 03.12.2008, data em que se considera extinto no Brasil o instituto da prisão civil por dívida de depositário infiel. Frise-se que um dos estudos pioneiros sobre a tese da impossibilidade de prisão civil por dívida por infidelidade depositária é de nossa autoria; *v*. MAZZUOLI, Valerio de Oliveira, *Prisão civil por dívida e o Pacto de San José da Costa Rica...*, cit., especialmente p. 109-181. Sobre a responsabilidade internacional do Estado brasileiro em caso de prisão civil por dívida de depositário infiel, já dizíamos: "Desta feita, a vítima da ordem prisional, expedida por juiz ou tribunal, em casos de infidelidade depositária típica ou naqueles decorrentes de alienação fiduciária em garantia, pode socorrer-se da Comissão Interamericana de Direitos Humanos pleiteando a reparação do mal causado em virtude do descumprimento, pelo Poder Judiciário, daquilo que foi acordado em sede convencional" (*Op. cit.*, p. 181).

[67] *V*. o voto-vista do Min. GILMAR MENDES, no RE n.º 466.343-1/SP, p. 21. A doutrina mexicana, ao analisar situação análoga (decisão da Suprema Corte daquele país que atribuiu nível supralegal aos tratados de direitos humanos), tem advertido que "o referido critério de hierarquia normativa que prevalece no Estado Mexicano, segundo o qual os instrumentos de direitos humanos se encontram abaixo da Lei Fundamental, não está inteiramente de acordo com a doutrina interpretativa da Corte Interamericana [...]" (HERRERÍAS CUEVAS, Ignacio Francisco, *Control de convencionalidad y efectos de las sentencias*, cit., p. 55-56).

ma constitucional, independentemente de maioria aprobatória no Congresso Nacional,[68] pelo simples fato de entendermos que tais instrumentos têm um fundamento ético e axiológico que ultrapassa qualquer faculdade que queira o Estado ter (em seu domínio reservado) de alocá-los em "níveis" previamente definidos. Daí termos sempre entendido que o único "nível" que poderia ter um instrumento internacional dessa natureza (ou seja, que veicula normas de *direitos humanos*) seria o nível das normas constitucionais, exatamente por serem estas últimas as que mais altas se encontram dentro da escala hierárquica da ordem jurídica interna.

Assim, para nós, a tese da supralegalidade dos tratados de direitos humanos não aprovados por maioria qualificada (defendida, *v.g.*, pelo Ministro GILMAR MENDES, no RE n.º 466.343/SP) peca por desigualar tais instrumentos em detrimento daqueles internalizados pela dita maioria, criando uma "duplicidade de regimes jurídicos" imprópria para o atual sistema (interno e internacional) de proteção de direitos, uma vez que estabelece "categorias" de tratados que têm o mesmo fundamento ético e axiológico. Este fundamento ético lhes é atribuído não pelo direito interno ou por qualquer poder do âmbito interno (*v.g.*, o Poder Legislativo), mas pela própria ordem internacional da qual tais tratados provêm. Ao criar as "categorias" dos tratados de nível *constitucional* e *supralegal* (caso sejam ou não aprovados pela dita maioria qualificada), a tese da supralegalidade acabou por regular instrumentos *iguais* de maneira totalmente *distinta* (ou seja, desigualou os "iguais"), em franca oposição ao princípio constitucional da *isonomia*.[69] Daí ser equivocado alocar certos tratados de direitos humanos *abaixo* da Constituição e outros (também de direitos humanos) no *mesmo nível* dela, sob pena de se subverter toda a lógica convencional de proteção de tais direitos, a exemplo daquela situação em que um instrumento acessório teria equivalência de uma emenda constitucional, enquanto o principal estaria em nível hierárquico inferior.

Portanto, mesmo a posição de vanguarda do STF, expressa no voto-vista do Ministro GILMAR MENDES acima citado, ainda é, a nosso ver, insuficiente. No nosso entender, os tratados internacionais *comuns* ratificados pelo Estado

---

[68] V. MAZZUOLI, Valerio de Oliveira, *Curso de direito internacional púbico*, 11. ed. rev., atual. e ampl., Rio de Janeiro: Forense, 2018, p. 756 e ss. Para o nosso posicionamento *antes* da Emenda Constitucional n.º 45/2004, também no sentido de serem os tratados de direitos humanos instrumentos que têm (no mínimo) *status* materialmente constitucional, *v.* MAZZUOLI, Valerio de Oliveira, *Direitos humanos, Constituição e os tratados internacionais...*, cit., p. 233-252; idem, *Prisão civil por dívida e o Pacto de San José da Costa Rica...*, cit., p. 109-176.

[69] V. MAZZUOLI, Valerio de Oliveira, A tese da supralegalidade dos tratados de direitos humanos, *Revista Jurídica Consulex*, ano XIII, n.º 195, Brasília, abr. 2009, p. 54-55.

brasileiro é que se situam num nível hierárquico *intermediário*, estando abaixo da Constituição, mas acima da legislação infraconstitucional, não podendo ser revogados por lei posterior (por não se encontrarem em situação de paridade normativa com as demais leis nacionais). Quanto aos tratados de direitos humanos, entendemos que estes ostentam o *status* de norma constitucional, independentemente do seu eventual *quorum* qualificado de aprovação. A um resultado similar pode-se chegar aplicando o princípio – hoje cada vez mais difundido na jurisprudência interna de outros países, e consagrado em sua plenitude pelas instâncias internacionais – da supremacia do direito internacional mais benéfico e da prevalência de suas normas em relação a toda a normatividade interna, seja ela anterior ou posterior.[70]

Na Alemanha, esse é o critério adotado para a generalidade dos tratados ratificados (art. 59, 2, da Lei Fundamental: "Os tratados que regulem as relações políticas da Federação ou se referem a matérias da legislação federal requerem a aprovação ou a participação, sob a forma de uma lei federal, dos órgãos competentes na respectiva matéria da legislação federal"), que passam a prevalecer (inclusive com aplicação imediata, se eles contêm direitos individuais) sobre toda a normatividade inferior ao direito federal, a exemplo das normas provenientes dos Estados Federados e dos decretos expedidos pelo governo. Esse entendimento vale, na Alemanha, inclusive para os tratados de direitos humanos, o que é criticável, por permitir a aplicação do brocardo *lex posterior derogat legi priori* ao caso de conflito entre tratado de direitos humanos e lei federal posterior.[71] Contudo, destaque-se que naquele país também se encontram correntes doutrinárias tendentes a atribuir nível constitucional ao menos à Convenção Europeia de Direitos Humanos.[72]

---

[70] Cf. VIGNALI, Heber Arbuet & ARRIGHI, Jean Michel, Os vínculos entre o direito internacional público e os sistemas internos, *Revista de Informação Legislativa*, ano 29, n.º 115, Brasília, jul.-set. 1992, p. 420; e CANTOR, Ernesto Rey, *Control de convencionalidad de las leyes y derechos humanos*, cit., p. XLVI-LI. Este último autor chega até mesmo a afirmar que "a *supremacia da Constituição* entra em crise com as sentenças internacionais" (p. XLVIII) e que "a Convenção Americana é a normatividade internacional de hierarquia superior que subordina o direito interno (Constituição, leis, atos administrativos, jurisprudência, práticas administrativas e judiciais etc.) do Estado-parte" (p. XLIX).

[71] Cf. SCHWEITZER, Michael. *Staatsrecht III: Staatsrecht, Völkerrecht, Europarecht*, 9. Aufl., Heidelberg: C. F. Müller, 2008, p. 164.

[72] *V.*, por tudo, BANK, Roland, Tratados internacionales de derechos humanos bajo el ordenamiento jurídico alemán, *Anuario de Derecho Constitucional Latinoamericano*, 10. año, Tomo II, Montevideo: Konrad-Adenauer-Stiftung, 2004, p. 721-734. Sobre o tema, *v.* ainda GROS ESPIELL, Hector, La Convention américaine et la Convention européenne des droit de l'homme: analyse comparative, *Recueil des Cours*, vol. 218 (1989-VI), p. 167-412; e FACCHIN, Roberto, *L'interpretazione giudiziaria della Convenzione europea dei diritti dell'uomo*, Padova: CEDAM, 1990. Para um estudo do

Na França, o Conselho Constitucional, na Decisão n.º 74-54 DC, de 15 de janeiro de 1975, entendeu ser incompetente para analisar a convencionalidade preventiva das leis, pelo fato de não se tratar de um controle *de constitucionalidade* propriamente dito. Naquele julgamento, indagava-se se a recém-criada lei relativa à interrupção voluntária da gestação estaria em contradição com a Constituição, uma vez que violaria a garantia do "direito à vida" prevista na Convenção Europeia de Direitos Humanos, ratificada pela França.[73] A inconstitucionalidade não foi declarada e a lei, ao final, foi editada. O Conselho Constitucional também descartou o argumento de que seria competente para a análise prévia da convencionalidade, pelo silogismo de que toda lei que viola um tratado *também viola* a Constituição, uma vez que a própria Constituição francesa, no art. 55, prevê a superioridade dos tratados em relação às leis.[74] Não obstante as críticas que poderiam ser formuladas à decisão do Conselho Constitucional francês, o certo é que, para os fins que interessam ao nosso estudo, ali se reconheceu que uma lei interna tem de passar por *dois crivos* de compatibilidade para que seja *válida* e, em última análise, *eficaz*: (1) a Constituição e (2) os tratados internacionais em vigor no Estado.

---

papel da União Europeia em matéria de direitos humanos, *v.* RIDEAU, Joel, Le rôle de l'Union européenne en matière de protection des droits de l'homme, *Recueil des Cours*, vol. 265 (1997), p. 9-480.

[73] Cf. ALLAND, Denis (coord.), *Droit international public*, cit., p. 370-372; CONSTANTINESCO, Vlad & JACQUÉ, Jean-Paul, L'application du droit international et communautaire au regard de la Constitution française, in KOENIG, Pierre & RÜFNER, Wolfgang (ed.), *Die Kontrolle der Verfassungsmäßigkeit in Frankreich und in der Bundesrepublik Deutschland*, Köln: Carl Heymanns Verlag, 1985, p. 175-213; BRUCE, Eva, Contrôle de constitutionnalité et contrôle de conventionnalité..., cit., p. 2-3; DUTHEILLET DE LAMOTHE, Olivier, Contrôle de constitutionnalité et contrôle de conventionnalité, *Juger l'administration, administrer la justice: mélanges en l'honneur de Daniel Labetoulle*, Paris: Dalloz, 2007, p. 316-317; e CAVALLO, Gonzalo Aguilar, El control de convencionalidad..., cit., p. 728-729.

[74] Para o *Conseil Constitutionnel*, na citada Decisão: "[...] une loi contraire à un traité ne serait pas, pour autant, contraire à la Constitution" (item 5). Assim, o silogismo de que uma lei contrária a um tratado também contraria a Constituição, pelo fato de esta ter alçado os tratados ao *status* supralegal, foi rechaçado pelo Conselho Constitucional. Cf. Décision n.º 74-54 DC, *Journal Officiel*, de 16.01.1975, p. 671. No direito francês atual, as leis internas não apenas se subordinam ao controle de constitucionalidade do Conselho Constitucional, senão também ao controle de convencionalidade das instâncias administrativas e judiciárias pela via difusa, tal como explica DUTHEILLET DE LAMOTHE: "Contrôler la conformité des lois à la Convention européenne des droits de l'homme est donc désormais une tâche quotidienne des juridictions judiciaires et administratives. Celles-ci n'hésitent plus à écarter la loi ou le règlement qu'elles estiment contraire à la convention" (Contrôle de conventionnalité et contrôle de constitutionnalité en France, cit., p. 2-3).

2.4 Teoria da dupla compatibilidade vertical material

Sob o ponto de vista de que, em geral, os tratados internacionais têm superioridade hierárquica em relação às demais normas de estatura infraconstitucional (quer seja tal superioridade *constitucional*, como no caso dos tratados de direitos humanos, quer *supralegal*, como no caso dos tratados comuns), é lícito concluir que a produção normativa doméstica deve contar não somente com limites *formais* (ou *procedimentais*), senão também com dois limites verticais *materiais*, quais sejam: (*a*) a Constituição e os tratados de direitos humanos alçados ao nível constitucional; e (*b*) os tratados internacionais comuns (de estatura supralegal). Assim, uma determinada lei interna poderá ser até considerada *vigente* por estar (formalmente) de acordo com o texto constitucional, mas não será *válida* se estiver (materialmente) em desacordo ou com os tratados de direitos humanos (que têm estatura constitucional) ou com os demais tratados dos quais a República Federativa do Brasil é parte (que têm *status* supralegal).

Para que exista a *vigência* e a concomitante *validade* das leis, necessário será respeitar-se uma dupla compatibilidade vertical material, qual seja, a compatibilidade da lei (1) com a Constituição e os tratados de direitos humanos em vigor no Estado e (2) com os demais instrumentos internacionais ratificados pelo Estado brasileiro. A inexistência de decisão definitiva do STF, em controle tanto concentrado quanto difuso de constitucionalidade (neste último caso, com a possibilidade de comunicação ao Senado Federal para que este – nos termos do art. 52, X, da Constituição – suspenda, no todo ou em parte, os efeitos da lei declarada inconstitucional pela Corte), mantém a *vigência* das leis no país, as quais, contudo, não permanecerão *válidas* se incompatíveis com os tratados internacionais (de direitos humanos ou comuns) de que o Brasil é parte.[75] Esse duplo controle da produção e aplicação da normatividade interna é obrigatório e não facultativo, e somente por meio dele será possível garantir a vigência e a validade de uma norma doméstica no atual contexto do direito brasileiro.

Doravante, é imperioso deixar claras quatro situações que podem vir a existir em nosso direito interno, segundo a tese que aqui estamos a defender: (*a*) se a lei conflitante é anterior à Constituição, o fenômeno jurídico que sur-

---

[75] Cf. GOMES, Luiz Flávio & MAZZUOLI, Valerio de Oliveira, *Direito supraconstitucional...*, cit., p. 68-71. Na doutrina estrangeira, especificamente sobre os tratados de direitos humanos, *v.* CANTOR, Ernesto Rey, *Control de convencionalidad de las leyes y derechos humanos*, cit., p. 58, para quem: "As valorações de constitucionalidade de uma lei por um Tribunal Constitucional não eximem o Estado do cumprimento das obrigações internacionais (gerais e específicas) derivadas do tratado internacional de direitos humanos. Dito de outra forma: a lei poderia ser compatível com a Constituição e declarada constitucional por dito tribunal mediante sentença, porém incompatível com a Convenção Americana, segundo a Corte Interamericana".

ge é o da *não recepção*, com a consequente revogação da norma a partir daí,[76] quando então se fala em *revogação por ausência de recepção*; (*b*) se a lei antinômica é posterior à Constituição, nasce uma *inconstitucionalidade*, que pode ser combatida pela via do controle difuso de constitucionalidade (caso em que o controle é realizado num processo subjetivo entre partes *sub judice*) ou pela via do controle concentrado (com a propositura, *v.g.*, de uma ADI no STF pelos legitimados do art. 103 da Constituição); (*c*) quando a lei anterior conflita com um tratado (comum – com *status* supralegal – ou de direitos humanos – com *status* de norma constitucional) ratificado pelo Brasil e já em vigor no Estado, ela é revogada (derrogada ou ab-rogada) de forma imediata (uma vez que o tratado lhe é posterior, para além de *superior*); e (*d*) quando a lei é posterior ao tratado e incompatível com ele (não obstante ser eventualmente *compatível* com a Constituição), tem-se que tal norma é *inválida* (apesar de *vigente...*) e, consequentemente, *ineficaz.*[77]

Do exposto, vê-se que a produção normativa doméstica depende, para sua *validade* e consequente *eficácia*, de estar materialmente de acordo tanto com a Constituição como com os tratados internacionais (de direitos humanos ou não) ratificados pelo governo e em vigor no Estado. E aqui, segundo FERRAJOLI, aparece "uma inovação na própria estrutura da legalidade, que é talvez a conquista mais importante do direito contemporâneo: a regulação jurídica do direito positivo mesmo, não somente no que tange às formas de produção, senão também no que se refere aos conteúdos produzidos".[78] No STF, o Ministro CELSO DE MELLO referiu expressamente a esse ponto de vista em antológico voto no *HC* n.º 87.585/TO,[79] em 3 de dezembro de 2008, defendendo o *duplo controle* de ordem jurídica, nos seguintes termos:

> Proponho que se reconheça natureza constitucional aos tratados internacionais de direitos humanos, submetendo, em consequência, as normas que integram o ordenamento positivo interno e que dispõem sobre a proteção dos direitos e garantias individuais e coletivos a um *duplo controle de ordem jurídica*: o controle de constitucionalidade e, também, o controle de convencionalidade, ambos incidindo sobre as regras jurídicas de caráter doméstico [grifo nosso].[80]

---

[76] Cf. BITTENCOURT, Carlos Alberto Lúcio, *O controle jurisdicional da constitucionalidade das leis*, cit., p. 131-133.

[77] Cf. FERRAJOLI, Luigi, *Derechos y garantías...*, cit., p. 22-23.

[78] FERRAJOLI, Luigi, Idem, p. 19.

[79] O caso dizia respeito à questão da impossibilidade de prisão civil de depositário infiel nos casos de alienação fiduciária em garantia.

[80] STF, *HC* n.º 87.585/TO, Tribunal Pleno, voto Min. CELSO DE MELLO, j. 03.12.2008, fl. 341.

Naquele julgamento, o Ministro Celso de Mello honrou-nos com várias citações da nossa doutrina, notadamente às páginas 273, 282 e 348 do Acórdão. Especialmente às páginas 282 a 284 do Acórdão, há longa transcrição da nossa obra a justificar o *status* de norma constitucional dos tratados internacionais de direitos humanos no Brasil, independentemente de aprovação qualificada pelo Congresso Nacional. O que nominamos "teoria da dupla compatibilidade vertical material" o Ministro Celso de Mello, em extrato hermenêutico, nominou *duplo controle de ordem jurídica*. Por meio desse duplo controle – controle de constitucionalidade e controle de convencionalidade –, as normas internas tornam-se hábeis à sua definitiva aplicação *in concreto*, pois, passando incólume a ambos os controles, recebem a chancela de normas *hígidas* e *aptas* à sua consequente validade e eficácia.

Destaque-se, também, que o Superior Tribunal de Justiça – no julgamento *HC* n.º 379.269, de 25 de maio de 2017 – reconheceu expressamente (inclusive na Ementa do acórdão) a nossa teoria da dupla compatibilidade vertical material, tal como desenvolvida desde a primeira edição deste livro, esclarecendo, na Ementa do acórdão, que "[p]ara que a produção normativa doméstica possa ter validade e, por conseguinte, eficácia, exige-se uma dupla compatibilidade vertical material".[81] A decisão do STJ dizia respeito à inconvencionalidade do tipo penal do desacato. No voto-vencedor do Ministro Antonio Saldanha Palheiro, lê-se:

> A rigor, esse cenário deve ser submetido ao denominado controle de convencionalidade, que, na espécie, revela-se difuso, tendo por finalidade, de acordo com a insigne doutrina, *"compatibilizar verticalmente as normas domésticas (as espécies de leis, lato sensu, vigentes no país) com os tratados internacionais de direitos humanos ratificados pelo Estado e em vigor no território nacional"*. (Mazzuoli, Valerio de Oliveira, 1977 – O controle jurisdicional da convencionalidade das leis; prefácio de Luiz Flávio Gomes. – 3. ed., rev., ampl. – São Paulo: Revista dos Tribunais, 2013. p. 148).
>
> Sob essa perspectiva, para que a produção normativa doméstica possa ter validade e, por conseguinte, eficácia, exige-se uma dupla compatibilidade vertical material, assim ilustrada:
>
> *'Para a melhor compreensão dessa dupla compatibilidade vertical material, faz-se necessário, primeiro, entender como se dá (1) o respeito à Constituição*

---

[81] STJ, *HC* n.º 379.269/MS, 3.ª Seção, rel. Min. Reynaldo Soares da Fonseca, rel. p/ acórdão Min. Antonio Saldanha Palheiro, julg. 24.05.2017, *DJe* 30.06.2017. Trecho deste livro – que diz da necessidade em "compatibilizar verticalmente as normas domésticas (as espécies de leis, *lato sensu*, vigentes no país) com os tratados internacionais de direitos humanos ratificados pelo Estado e em vigor no território nacional" – foi também citado na Ementa do referido acórdão.

Parte II • **Cap. 2** • CONTROLE DE CONVENCIONALIDADE NO DIREITO BRASILEIRO | **123**

(e aos seus direitos expressos e implícitos) e (2) aos tratados internacionais (em matéria de direitos humanos ou não) ratificados e em vigor no país. O respeito à Constituição faz-se por meio do que se chama de controle de constitucionalidade das leis; o respeito aos tratados que sejam de direitos humanos faz-se pelo até agora pouco conhecido (pelo menos no Brasil) controle de convencionalidade das leis; e o respeito aos tratados que sejam comuns faz-se por meio do controle de supralegalidade das leis (...).' (Op. Cit. p. 135).

Nessa toada, atraindo essa conjuntura à situação em concreto, tem-se que o crime de desacato não pode, sob qualquer viés, seja pela ausência de força vinculante às recomendações expedidas pela CIDH, como já explanado, seja pelo viés interpretativo, o que merece especial importância, ter sua tipificação penal afastada [grifos do original].

Para a melhor compreensão dessa *dupla compatibilidade vertical material* faz-se necessário, primeiro, entender como se dá (1) o respeito à Constituição (e aos seus direitos expressos e implícitos) e (2) aos tratados internacionais (em matéria de direitos humanos ou não) ratificados e em vigor no Estado. O respeito *à Constituição* faz-se por meio do que se nomina *controle de constitucionalidade* das leis; o respeito *aos tratados* que sejam de *direitos humanos* faz-se pelo chamado *controle de convencionalidade*; e o respeito *aos tratados* que sejam *comuns* faz-se por meio do controle *de supralegalidade*, conforme se vai detalhar agora.

2.4.1 *O respeito à Constituição e o consequente controle de constitucionalidade*

Primeiramente, para a vigência e validade da produção doméstica de um dado direito, faz-se necessária a sua compatibilidade com o texto constitucional em vigor, sob pena de se incorrer em vício de inconstitucionalidade, o qual pode ser combatido pela via *difusa* (de *exceção* ou *defesa*) ou pela via concentrada (ou *abstrata*) de controle, a primeira podendo ser realizada por qualquer cidadão (sempre quando se fizer presente um caso *concreto*) em qualquer juízo ou tribunal do país, e a segunda, por meio de Ação Direta de Inconstitucionalidade (ou outra ação abstrata congênere) perante o STF, por um dos legitimados do art. 103 da Constituição Federal.[82]

---

[82] *Verbis*: "Art. 103. Podem propor a ação direta de inconstitucionalidade e a ação declaratória de constitucionalidade: I – o Presidente da República; II – a Mesa do Senado Federal; III – a Mesa da Câmara dos Deputados; IV – a Mesa de Assembleia Legislativa ou da Câmara Legislativa do Distrito Federal; V – o Governador de Estado ou do Distrito Federal; VI – o Procurador-Geral da República; VII – o Conselho Federal da Ordem dos Advogados do Brasil; VIII – partido político com representação no Congresso Nacional; IX – confederação sindical ou entidade de classe de âmbito nacional".

Então, a primeira ideia a fixar-se é a de que a produção normativa doméstica deve ser compatível, em primeiro lugar, com a Constituição Federal. A incompatibilidade das normas domésticas com o texto constitucional torna *inválidas* as leis assim declaradas. Contudo, como explica LUIZ FLÁVIO GOMES, "não se deve observar exclusivamente limites formais, senão também materiais, que são constituídos, sobretudo, pelos conteúdos essenciais de cada direito positivado. A lei que conflita com a Constituição é inconstitucional e inválida; se se trata de lei antinômica anterior à Constituição de 1988 fala-se em não recepção (ou invalidade); a lei que conflita com o DIDH [Direito Internacional dos Direitos Humanos], pouco importando se anterior ou posterior, também é inválida. Como se vê, qualquer que seja a antinomia entre a lei e as ordens jurídicas superiores (Constituição ou DIDH), tudo se conduz para a invalidade". E arremata: "Na era do ED [Estado de Direito] a produção da legislação ordinária (da lei) achava-se cercada tão somente de limites formais (legitimidade para legislar, *quorum* mínimo de aprovação de uma lei, procedimento para sua edição, forma de publicação etc.). De acordo com o novo paradigma do ECD [Estado Constitucional de Direito] a produção legislativa (agora) encontra limites formais e materiais, ou seja, não pode violar o núcleo essencial de cada direito, não pode fazer restrições desarrazoadas aos direitos fundamentais etc.".[83]

A compatibilidade das leis com a Constituição deve ser aferida em dois âmbitos: (*a*) relativamente aos direitos *expressos* no texto constitucional e (*b*) também em relação aos direitos *implícitos* na Carta. Façamos essa análise.

2.4.1.1 A obediência aos direitos expressos na Constituição

Existe dispositivo na Constituição de 1988 que demonstra claramente haver três vertentes dos direitos e garantias fundamentais na ordem jurídica brasileira.[84] Trata-se do art. 5.º, § 2.º, pelo qual "[o]s direitos e garantias expressos nesta Constituição [primeira vertente] não excluem outros decorrentes do regime e dos princípios por ela adotados [segunda vertente], ou dos tratados internacionais em que a República Federativa do Brasil seja parte [terceira vertente]". Assim, desmembrando esse dispositivo, o que dele se extrai é que, além dos direitos expressos na Constituição (*primeira vertente*), há também os direitos nela implícitos (*segunda vertente*), que decorrem do regime (primeira subdivisão da segunda vertente) e dos princípios (segunda subdivisão da segunda vertente) por ela adotados, e os direitos provenientes de tratados (*terceira vertente*), que não estão nem expressa nem implicitamente previstos na Constituição, mas

---

[83] GOMES, Luiz Flávio, *Estado constitucional de direito e a nova pirâmide jurídica*, cit., p. 65.

[84] V. VELLOSO, Carlos Mário da Silva, Os tratados na jurisprudência do Supremo Tribunal Federal, cit., p. 38-39.

provêm ou podem vir a provir dos instrumentos internacionais de proteção dos direitos humanos ratificados pelo Brasil. Ademais, dessas três vertentes dos direitos e garantias fundamentais também fica claro que, em nosso sistema atual de proteção de direitos, aceitam-se *duas fontes* (que dialogam entre si) de proteção desses mesmos direitos: (*a*) uma interna (que compreende os direitos e garantias expressa ou implicitamente consagrados pelo texto constitucional); e (*b*) uma internacional (decorrente da incorporação dos tratados internacionais de direitos humanos no ordenamento brasileiro).

O quadro abaixo desmembra as *três vertentes* dos direitos e garantias fundamentais referidas pelo art. 5.º, § 2.º, da Constituição de 1988:

Fontes do sistema constitucional de proteção de direitos, na forma do art. 5.º, § 2.º, da Constituição de 1988	1) Direitos e garantias *expressos* na Constituição	
	2) Direitos e garantias constitucionais *implícitos*	2.1) decorrentes do *regime* adotado pela Constituição
		2.2) decorrentes dos *princípios* constitucionais
	3) Direitos e garantias decorrentes dos *tratados internacionais* de direitos humanos em que a República Federativa do Brasil seja parte	

Quadro 1 – As três vertentes dos direitos e garantias fundamentais na Constituição de 1988.

Interessa-nos, agora, a análise da *primeira* dessas três vertentes dos direitos e garantias fundamentais na Constituição de 1988, que é a referente aos direitos *expressos* no texto constitucional. Efetivamente, são tais direitos os primeiros que devem ser respeitados pela produção normativa doméstica, até mesmo pelo princípio segundo o qual as leis devem respeito à sua fonte criadora, que, no nosso sistema jurídico, é a *Constituição*.

Os direitos e garantias constitucionais fazem parte do núcleo intangível da Constituição, protegidos pelas *cláusulas pétreas* do art. 60, § 4.º, IV, da Constituição Federal, segundo o qual "[n]ão será objeto de deliberação a proposta de emenda tendente a abolir os direitos e garantias individuais". Perceba-se a referência aos "direitos e garantias *individuais*" pelo dispositivo citado, o que deixa entrever, *a priori*, que a respectiva cláusula não alcança os demais direitos fundamentais não individuais (*v.g.*, os sociais, os econômicos e os culturais) e todos os outros direitos *coletivos*. Contudo, a dúvida plantada pelo texto constitucional, sobre a inclusão de *outros direitos* ao rol das chamadas "cláusulas pétreas", não obteve o necessário esclarecimento da doutrina até o momento. De nossa parte, entendemos – seguindo o pensamento de INGO

SARLET – não ser aceitável que os direitos não individuais (*v.g.*, os direitos trabalhistas) e toda a gama de direitos coletivos prevista pelo texto constitucional fiquem excluídos da proteção outorgada pelo art. 60, § 4.º, IV, da Constituição.[85] Uma interpretação sistemática e teleológica da Constituição, em contraposição à interpretação literal do referido dispositivo, indica ser mais que sustentável a tese segundo a qual a Constituição (no art. 60, § 4.º, IV) disse menos do que pretendia (*lex minus dixit quam voluit*). Ao se ler o citado dispositivo constitucional deve-se substituir a expressão "direitos e garantias *individuais*" pela expressão "direitos e garantias *fundamentais*", subtraindo a *expressão-espécie* para inserir a *expressão-gênero*.

Seja como for, o que aqui se pretende dizer é que a produção normativa doméstica, para aferir a *validade* necessária à sua posterior *eficácia*, deve, primeiramente, ser compatível com os direitos expressos no texto constitucional, sendo este o primeiro limite (em verdade, a *primeira parte* desse *primeiro limite*) vertical material do qual estamos a tratar.

Contudo, não é neste estudo o lugar de se dissertar sobre os efeitos do desrespeito (formal ou material) da lei à Constituição, que enseja o chamado *controle de constitucionalidade*.[86] Apenas cumpre aqui informar que, neste primeiro momento de compatibilidade das leis com o Texto Magno, a falta de *validade* normativa daquelas e sua expulsão do ordenamento jurídico contribui para o "diálogo das fontes",[87] na medida em que se expulsa dessa "conversa" normativa a lei que não tem *argumentos válidos* que a autorizem a continuar no diálogo (pois ela é *inconstitucional* e, portanto, *inválida*). Assim, retira-se da lei a possibilidade de continuar "conversando" e "dialogando" com as outras fontes jurídicas, autorizando-se a participação (nessa "conversa") apenas de fontes *válidas* e *eficazes*.

Somente a declaração de inconstitucionalidade *formal* afeta (desde logo) o plano de *vigência* da norma (e, consequentemente, os da *validade* e *eficácia*), como já se falou. Salvo essa hipótese excepcional, quando se trata do caso de declaração de inconstitucionalidade do "programa abstrato de aplicação" da

---

[85] V., por tudo, SARLET, Ingo Wolfgang, *A eficácia dos direitos fundamentais*, 6. ed. rev. atual. e ampl., Porto Alegre: Livraria do Advogado, 2006, p. 422-428.

[86] Sobre o tema, *v.* KELSEN, Hans, *Teoria pura do direito*, cit., p. 300-306. Na doutrina brasileira, *v.* especialmente MENDES, Gilmar Ferreira, *Jurisdição constitucional: o controle abstrato de normas no Brasil e na Alemanha*, 5. ed., São Paulo: Saraiva, 2005, p. 64-94 e p. 146-250, respectivamente; e BARROSO, Luís Roberto, *O controle de constitucionalidade no direito brasileiro...*, cit., 333 p. Para um estudo clássico do controle jurisdicional de constitucionalidade no Brasil, *v.* ainda BITTENCOURT, Carlos Alberto Lúcio, *O controle jurisdicional da constitucionalidade das leis*, cit., 164 p.

[87] V. JAYME, Erik, Identité culturelle et intégration: le droit international privé postmoderne, cit., p. 259.

norma, esta continua *vigente*, mas será *inválida* (porque inconstitucional), deixando de contar com qualquer incidência concreta.[88]

2.4.1.2 A obediência aos direitos implícitos na Constituição

Nos termos do citado art. 5.º, § 2.º, segunda parte, os direitos implícitos são aqueles que provêm ou podem vir a provir "do regime e dos princípios por ela [Constituição] adotados". Trata-se – segundo os autores constitucionalistas – de direitos de difícil caracterização *a priori*.[89]

A legislação infraconstitucional, ao ensejo da primeira compatibilidade vertical material (compatibilidade da norma com a Constituição), deverá observar, além dos direitos expressos na Constituição, também os direitos que nela se encontram *implícitos*. Tais direitos implícitos, não obstante de difícil visualização apriorística, também limitam a produção do direito nesse desdobramento da primeira etapa da compatibilização vertical material. São eles, também, paradigmas do controle de constitucionalidade das leis, tais direitos que no texto constitucional se fazem expressos.

Os direitos implícitos na Constituição, também chamados de direitos *decorrentes*, provêm ou podem vir a provir do *regime* ou dos *princípios* adotados pela Carta Magna. E, aqui, teríamos então mais uma subdivisão: (*a*) a obediência aos direitos implícitos provenientes *do regime* adotado pela Constituição; e (*b*) a obediência aos direitos implícitos decorrentes *dos princípios* por ela adotados.

Deve-se perquirir, neste momento, se não estaria o princípio *pro homine* (ou *pro persona*) a integrar os princípios adotados pela Constituição. Segundo entendemos, quer no plano do direito interno, quer no plano internacional, o princípio *pro homine* pode ser considerado um *princípio geral de direito*. Seu conteúdo expansivo atribui primazia à norma que, no caso concreto, mais protege os interesses da pessoa humana sujeito de direitos. Em outras palavras, por

---

[88] Não é outra a lição de Luiz Flávio Gomes, nestes termos: "[...] toda norma, que tem como fonte um texto legal, conta com seu 'programa abstrato de aplicação'. Mas isso não se confunde com o seu programa concreto de incidência. Quando uma lei é julgada inconstitucional (totalmente inconstitucional) seu 'programa normativo' desaparece, ou seja, passa a não contar com nenhuma incidência concreta. O § 1.º do art. 2.º da Lei 8.072/90 proibia a progressão de regime nos crimes hediondos. Esse era o programa abstrato da norma. Depois de declarada pelo STF a invalidade (inconstitucionalidade) do dispositivo legal citado (HC 82.959), nenhuma incidência prática (eficácia) podia ter tal norma (mesmo antes da Lei 11.464/2007)" (*Estado constitucional de direito e a nova pirâmide jurídica*, cit., p. 77).

[89] Cf. Ferreira Filho, Manoel Gonçalves, *Direitos humanos fundamentais*, São Paulo: Saraiva, 1995, p. 88; e Silva, José Afonso da, *Curso de direito constitucional positivo*, 26. ed. rev. e atual., São Paulo: Malheiros, 2006, p. 194.

meio desse princípio fica assegurada ao ser humano a aplicação da norma mais protetiva e mais garantidora de seus direitos, encontrada como resultado do "diálogo" mantido entre as fontes no quadro de uma situação jurídica concreta. Esse exercício, capaz de encontrar um princípio geral que albergue os elementos normativos antitéticos, é papel que compete ao aplicador do direito.[90]

Antes de se verificar a consagração do princípio *pro homine* pelo texto constitucional brasileiro, duas palavras devem ser ditas sobre alguns dos princípios regentes do nosso sistema constitucional.[91]

---

[90] Cf. DINIZ, Maria Helena, *Conflito de normas*, 6. ed. atual. de acordo com o novo Código Civil (Lei 10.406/2002), São Paulo: Saraiva, 2005, p. 58-59. Sobre os princípios gerais de direito, assim leciona DINIZ: "Os princípios gerais de direito são normas de valor genérico que orientam a aplicação jurídica, por isso se impõem com validez normativa onde houver inconsistência de normas. Esses princípios gerais de direito têm natureza múltipla, pois são: *a*) decorrentes das normas do ordenamento jurídico, ou seja, da análise dos subsistemas normativos. Princípios e normas não funcionam separadamente, ambos têm caráter prescritivo. Atuam os princípios, diante das normas como fundamento de atuação do sistema normativo e como fundamento criteriológico, isto é, como limite da atividade jurisdicional; *b*) derivados das ideias políticas, sociais e jurídicas vigentes, ou melhor, devem corresponder aos subconjuntos axiológico e fático que compõem o sistema jurídico, constituindo um ponto de união entre consenso social, valores predominantes, aspirações de uma sociedade com o sistema jurídico, apresentando uma certa conexão com a ideologia imperante que condiciona até sua dogmática: daí serem princípios informadores; de maneira que a supracitada relação entre norma e princípio é lógico-valorativa. Apoiam-se estas valorações em critérios de valor objetivo; e *c*) reconhecidos pelas nações civilizadas se tiverem *substractum* comum a todos os povos ou a alguns deles em dadas épocas históricas, não como pretendem os jusnaturalistas, que neles vislumbram princípios jurídicos de validade absolutamente geral" (Idem, p. 59).

[91] Para um panorama geral dos valores e princípios constitucionais fundamentais da Constituição brasileira, v. BONIFÁCIO, Artur Cortez, *O direito constitucional internacional e a proteção dos direitos fundamentais*, cit., p. 131-180. Merece destaque, contudo, a seguinte passagem: "Os princípios passaram, com efeito, ao grau de norma constitucional, modelando e conduzindo a interpretação e aplicação das demais normas e atos normativos, conferindo a fundamentação material imprescindível à ordem jurídica. De sua força normativa decorre o seu caráter diretivo e a eficácia derrogatória e invalidatória das demais normas para além de sua função informadora. O conjunto desses predicados confere aos princípios um caráter de fonte das fontes do direito, disposições normativas que qualificam o sistema, dando-lhe especial feição. Se a Constituição é o fundamento superior da unidade de um sistema jurídico, e a observância dos seus valores e princípios são os fatores possibilitadores do equilíbrio constitucional, infere-se por transitividade que os princípios são fatores decisivos à manutenção do sistema de direito. O direito não é, pois, um conjunto de regras tomadas aleatoriamente: estas têm uma conexão de sentidos, uma lógica, uma coerência e uma adequação de valores e princípios que o alimentam, e lhe dão a sua dinamicidade e consistência, fazendo-o subsistir. Quando existe um hiato entre esses fatores, é possível a implantação de uma nova estrutura política no Estado, refratária dos valores e princípios dissociados da compreensão

Frise-se, inicialmente, que a Constituição de 1988 representou a abertura do sistema jurídico nacional à consagração dos direitos humanos, rompendo com a lógica totalitária que imperava no Brasil até então e implementando o valor dos direitos humanos junto à redemocratização do Estado. Assim, logo depois de 1988 pareceu "haver um consenso sobre o valor positivo da democracia e sobre o valor positivo dos direitos humanos", não obstante, na prática, ser ele "mais aparente do que real".[92] De qualquer forma, a partir dessa abertura, ao menos no plano do desejável, o texto constitucional passou a consagrar valores e princípios até então inexistentes no sistema jurídico pátrio.

No direito interno, o princípio *pro homine* compõe-se de dois conhecidos princípios jurídicos de proteção de direitos: o da *dignidade da pessoa humana* e o da *prevalência dos direitos humanos*.

O princípio constitucional da dignidade da pessoa humana é o primeiro pilar (junto à prevalência dos direitos humanos) da *primazia da norma mais favorável*.[93] Por *dignidade da pessoa humana* pode-se considerar, segundo Maria Garcia, a "compreensão do ser humano na sua integridade física e psíquica, como autodeterminação consciente, garantida moral e juridicamente".[94] Trata-se de um bem soberano e essencial a todos os direitos fundamentais da pessoa, que atrai os demais valores constitucionais para si. Considerando ser a Constituição uma ordem sistêmica de valores, que são sopesados pelo legislador constituinte na *medida* e para o *fim* de preservar sua força normativa, pode-se afirmar que o texto constitucional brasileiro erigiu a dignidade da pessoa humana a *valor fundante* da ordem normativa interna, impacto certo do movimento

---

do tecido social. Os princípios, dessa forma, são disposições nas quais se radicam a origem dos enunciados normativos; são pontos de partida para a assimilação do sistema jurídico e seus desígnios de justiça. Ostentam um maior grau de indeterminação, abstração e um baixo grau de concretização, apresentando-se como *Standards*, padrões de observância obrigatória no sistema de direito" (Idem, p. 133-134).

[92] Cf. Lopes, José Reinaldo de Lima, Da efetividade dos direitos econômicos, culturais e sociais, in *Direitos humanos: visões contemporâneas*, São Paulo: Associação Juízes para a Democracia, 2001, p. 92.

[93] Cf. Henderson, Humberto, Los tratados internacionales de derechos humanos en el orden interno: la importancia del principio *pro homine*, *Revista Instituto Interamericano de Derechos Humanos*, vol. 39, San José, 2004, p. 92-96.

[94] Garcia, Maria, *Limites da ciência: a dignidade da pessoa humana, a ética da responsabilidade*, São Paulo: RT, 2004, p. 211. Aceito o conceito exposto, como diz Artur Cortez Bonifácio, "importa reforçar um conteúdo ético que é anterior e inerente ao ser humano, e que faz da dignidade da pessoa humana um supravalor, um predicado da personalidade, ao lado de um componente normativo, jurídico-constitucional e de direito internacional público, a reclamar a sua concretização internamente e no espaço público internacional" (*O direito constitucional internacional e a proteção dos direitos fundamentais*, cit., p. 174).

expansionista dos direitos humanos iniciado no período pós-Segunda Guerra e em plena desenvoltura até hoje.[95] Daí a consideração de ser esse princípio um princípio *aberto*, que chama para si toda a gama dos direitos fundamentais e serve de parâmetro à interpretação de todo o sistema constitucional.[96] Por isso, pode-se dizer que os direitos fundamentais são *conditio sine qua non* do Estado Constitucional e Humanista de Direito, ocupando o grau superior da ordem jurídica.[97]

A Lei Fundamental da Alemanha (*Grundgesetz*) deu ao princípio da dignidade humana significado tão importante que o alocou no *topo* da Constituição, em seu primeiro artigo. Segundo esse dispositivo, inserido no capítulo primeiro da Carta alemã, intitulado *Os Direitos Fundamentais*, "a dignidade do homem é inviolável", estando os Poderes Públicos "obrigados a respeitá-la e a protegê--la" (art. 1, n.º 1). Assim estatuindo, passa a dignidade humana a ser declarada como o pressuposto último e o fundamento mais ético da realização da *missão constitucional* na Alemanha. Esse fundamento ético é "anterior ao direito e à sua positivação na ordem jurídica, representado no valor do homem em si e na sua existência, esta afirmada com autonomia e respeito à natureza humana, mas, sobretudo, plantada na consciência do reconhecimento de que todos são iguais".[98]

Dessa forma, com base na própria Constituição Brasileira de 1988, é de se entender que, quando em pauta *direitos humanos* provenientes de tratados em que a República Federativa do Brasil seja parte, há de ser sempre aplicado, no caso de conflito entre o produto normativo convencional e a Lei Fundamental, o princípio – nascido do labor dos tribunais internacionais de direitos humanos – que dá prevalência sempre à norma mais benéfica ao cidadão (princípio *pro homine*).

---

[95] Cf. González Perez, Jesus, *La dignidad de la persona*, Madrid: Civitas, 1986, p. 200-203.

[96] Como anota Artur Cortez Bonifácio, o princípio da dignidade da pessoa humana "é um dos princípios de maior grau de indeterminação e também uma das fontes mais recorridas da Constituição, especialmente por: justificar as ações do Estado Democrático de Direito em favor dos direitos fundamentais, consolidando um encadeamento lógico-jurídico de um modelo de democracia voltada para a justiça social; conferir um sentido unitário à Constituição; ou realizar uma ponderação de valores tendo em conta as normas e valores constitucionais" (*O direito constitucional internacional e a proteção dos direitos fundamentais*, cit., p. 174-175).

[97] V. Gomes, Luiz Flávio & Mazzuoli, Valerio de Oliveira, *Direito supraconstitucional...*, cit., p. 188-198.

[98] Bonifácio, Artur Cortez, *O direito constitucional internacional e a proteção dos direitos fundamentais*, cit., p. 175. Ainda segundo Bonifácio: "Mais do que isso, a dignidade da pessoa humana é o valor que conduz ao caráter universal dos direitos fundamentais, o elo e o sentido de toda uma construção dogmática histórica que vem ganhando força e efetividade nos processos de afirmação do constitucionalismo e do direito internacional público recente" (Idem, p. 175).

Não se pode esquecer, nesse sentido, a lição de PETER HÄBERLE, para quem há de se caracterizar a Constituição como um "sistema de valores", impedindo-se entender os "valores" no sentido de um firmamento abstrato de valores. Segundo HÄBERLE, os valores não são "impuestos desde fuera, o por encima, de la Constitución y el ordenamiento jurídico. No imponen ninguna pretensión de validez apriorística, que esté por encima del espacio y el tiempo. Ello contradiría el espíritu de la Constitución, que es una amplia ordenación de la vida del presente, que debe fundarse en la 'singular índole' de este presente y coordinar las fuerzas vitales de una época a fin de lograr una unidad. Si se impusiera un reino de valores desde arriba, se desconocería también el valor intrínseco y la autonomía de lo jurídico".[99] Em outras palavras, como leciona BIDART CAMPOS, num sistema de normas "que comparten una misma jerarquía jamás puede interpretarse en el sentido de que unas deroguen, cancelen, neutralicen, excluyan o dejen sin efecto a otras, porque *todas* se integran coherentemente, y deben mantener su significado y su alcance en armonía recíproca y en compatibilidad dentro del conjunto".[100]

O outro princípio a complementar a garantia *pro homine* é o da *prevalência dos direitos humanos*, consagrado expressamente pelo art. 4.º, II, da Constituição de 1988. Esse princípio faz comunicar a ordem jurídica internacional com a ordem interna, estabelecendo um critério hermenêutico de solução de antinomias, que é a consagração do próprio princípio da norma mais favorável, a determinar que, em caso de conflito entre a ordem internacional e a ordem interna, a "prevalência" – ou seja, a norma que terá primazia – deve ser sempre do ordenamento que melhor proteja ou garanta os direitos humanos.[101]

---

[99] HÄBERLE, Peter, *La garantía del contenido esencial de los derechos fundamentales.* Trad. Joaquín Brage Camazano, Madrid: Dykinson, 2003, p. 9-10.

[100] BIDART CAMPOS, German J., *Tratado elemental de derecho constitucional argentino,* Tomo III, cit., p. 277.

[101] Como leciona ARTUR CORTEZ BONIFÁCIO, o art. 4.º da Constituição "pontua um elo entre o direito constitucional internacional e o direito internacional e deve ser interpretado sob a ótica consensual que aproxima os sistemas, mas devemos admitir uma leve prevalência em favor do direito internacional público", pois nele temos "a declaração de vários princípios de direito internacional geral, verdadeiras normas de *jus cogens*, tais como o princípio da independência nacional, a prevalência dos direitos humanos, a autodeterminação dos povos, a não intervenção, a igualdade entre os Estados, a defesa da paz, a solução pacífica dos conflitos, o repúdio ao terrorismo, a concessão de asilo político e a integração" e, assim sendo, todos eles compõem "um conjunto normativo e axiológico que o Constituinte brasileiro tratou de assegurar, diante da fragilidade das instituições democráticas do Estado brasileiro recém-saído do arbítrio" (*O direito constitucional internacional e a proteção dos direitos fundamentais,* cit., p. 201). Daí se entender, junto a OTTO BACHOF, que um Estado até poderá desrespeitar tais princípios, ou mesmo fazer passar também por "direito" as prescrições e os atos estaduais que os

Percebe-se, portanto, que o princípio *pro homine* tem autorização constitucional para ser aplicado entre nós, como resultado do diálogo entre as fontes internacionais (tratados de direitos humanos) e de direito interno.

2.4.2 O respeito aos tratados internacionais e os controles de convencionalidade (difuso e concentrado) e de supralegalidade das normas infraconstitucionais

Como já se anotou, não basta que a norma de direito interno seja compatível apenas com a Constituição Federal, devendo também estar apta para integrar a ordem jurídica internacional sem violação de qualquer dos seus preceitos. A *contrario sensu*, não basta a norma infraconstitucional ser compatível com a Constituição e incompatível com um tratado ratificado pelo Brasil (seja de direitos humanos,[102] que tem a mesma hierarquia do texto constitucional, seja um tratado comum, cujo *status* é de norma supralegal), pois, nesse caso, operar-se-á de imediato a terminação da *validade* da norma (que, no entanto, continuará *vigente*, por não ter sido expressamente revogada por outro diploma congênere de direito interno). O respeito ao duplo controle normativo – controle de constitucionalidade e controle de convencionalidade – é *conditio sine qua non* para a devida efetividade e aplicação das leis internas, sem o que a validade e a eficácia da norma restarão comprometidas.

A compatibilidade do direito interno com os tratados internacionais de direitos humanos em vigor no Estado faz-se por meio do *controle de convencionalidade*, que é complementar e coadjuvante ao controle de constitucionalidade. O controle de convencionalidade tem por finalidade compatibilizar verticalmente as normas domésticas (as espécies de leis, *lato sensu*, vigentes no país) com os tratados internacionais de direitos humanos (mais benéficos) ratificados pelo Estado e em vigor no território nacional. Já o *controle de supralegalidade* representa a compatibilização das leis com os tratados internacionais *comuns* que se situam acima delas, por deterem *status* supralegal (*v. infra*).

Nesse sentido, entende-se que o controle de convencionalidade (e também o de supralegalidade) deve ser exercido pelos órgãos da Justiça nacional relativamente aos tratados aos quais o Brasil se encontra vinculado. Trata-se

---

desrespeitem, podendo impor a observância destes pela força, porém "um tal direito aparente nunca terá o suporte do consenso da maioria dos seus cidadãos e não pode, por conseguinte, reivindicar a obrigatoriedade que o legitimaria" (*Normas constitucionais inconstitucionais?*, cit., p. 2).

[102] V. CANTOR, Ernesto Rey, *Control de convencionalidad de las leyes y derechos humanos*, cit., p. XLVI: "Una ley podrá ser 'dura', mas não contrária à Constituição Política nem aos tratados internacionais de direitos humanos".

de *adaptar* ou *conformar* os atos ou leis internas aos compromissos internacionais assumidos pelo Estado, que criam para este deveres no plano internacional com reflexos práticos no plano do direito interno.[103] Doravante, não somente os tribunais internacionais (ou supranacionais)[104] devem realizar esse tipo de controle, senão também (e prioritariamente) os tribunais internos.[105] O fato de serem os tratados internacionais (notadamente os de direitos humanos) imediatamente aplicáveis no âmbito doméstico garante a legitimidade dos controles de convencionalidade e de supralegalidade das normas internas no Brasil.[106]

Para realizar o controle de convencionalidade (ou o de supralegalidade) das normas de direito interno os tribunais locais não requerem qualquer autorização internacional. Tal controle passa, doravante, a ter também caráter *difuso*, a exemplo do controle difuso de constitucionalidade, em que qualquer juiz ou tribunal pode (e deve) se manifestar a respeito. Desde um juiz singular (estadual ou federal) até os tribunais estaduais (Tribunais de Justiça dos Estados) ou regionais (Tribunais Regionais Federais, Tribunais Regionais do Trabalho e Tribunais Regionais Eleitorais), ou mesmo os tribunais superiores (STF, STJ, TST, TSE e TSM), todos eles podem (devem) controlar a convencionalidade ou supralegalidade das leis pela via incidental (difusa). À medida que os tratados forem sendo incorporados ao direito pátrio, os tribunais locais – estando tais tratados em vigor no plano internacional – podem, desde já e independentemente de qualquer condição ulterior, compatibilizar *ex officio* as normas domésticas com os comandos dos tratados (de direitos humanos ou comuns)

---

[103] V., assim, a lição de ALCALÁ, Humberto Nogueira, Reforma constitucional de 2005 y control de constitucionalidad de tratados internacionales, *Estudios Constitucionales*, año 5, n.º 1, Universidad de Talda, 2007, p. 87: "Los órganos que ejercen jurisdicción constitucional e interpretan el texto constitucional, Tribunal Constitucional, Corte Suprema de Justicia y Cortes de Apelaciones, deben realizar sus mejores esfuerzos en armonizar el derecho interno con el derecho internacional de los derechos humanos. Asimismo, ellos tienen el deber de aplicar preferentemente el derecho internacional sobre las normas de derecho interno, ello exige desarrollar un control de convencionalidad sobre los preceptos legales y administrativos en los casos respectivos, como ya lo ha sostenido la Corte Interamericana de Derechos Humanos en el caso Almonacid".

[104] Tais tribunais são aqueles criados por convenções entre Estados, em que estes se comprometem, no pleno e livre exercício de sua soberania, a cumprir tudo o que ali fora decidido e a dar sequência, no plano do seu direito interno, ao cumprimento de suas obrigações estabelecidas na sentença, sob pena de responsabilidade internacional.

[105] Cf. SAGÜÉS, Néstor Pedro, El "control de convencionalidad", en particular sobre las Constituciones nacionales, cit., p. 2-3.

[106] Cf. Corte IDH, *Caso dos Trabalhadores Demitidos do Congresso* vs. *Peru*, de 24 de novembro de 2006, voto apartado do Juiz SERGIO GARCÍA RAMÍREZ, §§ 1-13.

vigentes no Estado.[107] Em outras palavras, os tratados internacionais incorporados ao direito brasileiro passam a ter eficácia paralisante (para além de derrogatória) das demais espécies normativas domésticas, cabendo ao juiz coordenar essas fontes (internacionais e internas) e escutar o que elas dizem.[108] Mas, também, pode ainda existir o controle de convencionalidade *concentrado*[109] no STF, como abaixo se dirá, na hipótese dos tratados de direitos humanos (e somente eles) aprovados pelo rito do art. 5.º, § 3.º, da Constituição (uma vez ratificados pelo governo, após essa aprovação qualificada, e estando já em vigor no plano internacional). Tal demonstra que, de agora em diante, os parâmetros de controle concentrado (de constitucionalidade/convencionalidade) no Brasil são a Constituição *e os tratados internacionais de direitos humanos* ratificados e em vigor no Estado. Trata-se do referido duplo controle vertical material que as normas internas têm que guardar para serem consideradas hígidas e válidas na ordem jurídica interna.

Frise-se que o controle de convencionalidade *difuso* existe entre nós desde a promulgação da Constituição Federal, em 5 de outubro de 1988, e desde a entrada em vigor dos tratados de direitos humanos ratificados pelo Brasil após essa data, não obstante nenhum autor nacional (até então) ter feito referência a essa terminologia. Tanto é certo que o controle de convencionalidade difuso existe desde a promulgação da Constituição, que o texto do art. 105, III, *a*, da Carta de 1988 – tomando-se como exemplo o controle no Superior Tribunal de Justiça – diz expressamente que a este tribunal compete "julgar, em recurso especial, as causas decididas, em única ou última instância, pelos Tribunais Regionais Federais ou pelos tribunais dos Estados, do Distrito Federal e Territórios, quando a decisão recorrida *contrariar tratado* ou lei federal, ou negar-lhes

---

[107] A esse respeito, assim se expressou o Juiz Sergio García Ramírez, no seu voto citado: "Si existe esa conexión clara y rotunda – o al menos suficiente, inteligible, que no naufrague en la duda o la diversidad de interpretaciones –, y en tal virtud los instrumentos internacionales son inmediatamente aplicables en el ámbito interno, los tribunales nacionales pueden y deben llevar a cabo su propio 'control de convencionalidad'. Así lo han hecho diversos órganos de la justicia interna, despejando el horizonte que se hallaba ensombrecido, inaugurando una nueva etapa de mejor protección de los seres humanos y acreditando la idea – que he reiterado – de que la gran batalla por los derechos humanos se ganará en el ámbito interno, del que es coadyuvante el complemento, pero no sustituto, el internacional" (Corte IDH, *Caso dos Trabalhadores Demitidos do Congresso vs. Peru*, de 24 de novembro de 2006, voto apartado do Juiz Sergio García Ramírez, § 11).

[108] V. Jayme, Erik, *Identité culturelle et intégration: le droit international privé postmoderne*, cit., p. 259.

[109] Nesse caso, não se fala em controle de *supralegalidade*. Ou seja, o controle de convencionalidade *concentrado* só diz respeito aos tratados *de direitos humanos*, e mesmo assim somente àqueles aprovados (e em vigor) pela sistemática do art. 5.º, § 3.º, da Constituição.

vigência" [grifo nosso].[110] Já o controle de convencionalidade *concentrado*, este sim, veio à luz apenas em 8 de dezembro de 2004, com a promulgação da Emenda Constitucional n.º 45.

O controle de *supralegalidade* é sempre exercido pela via de exceção, ou seja, é sempre *difuso*; já o controle de *convencionalidade* poderá ser *difuso* ou *concentrado*, neste último caso quando o tratado de direitos humanos for aprovado pela sistemática do art. 5.º, § 3.º, da Constituição e entrar em vigor no Brasil (após ratificado) com equivalência de emenda constitucional.

Neste momento, nossa atenção se voltará apenas ao controle *de convencionalidade* das leis, quer na modalidade *difusa* ou na *concentrada*. Sobre o tema do controle *de supralegalidade* voltaremos no item 2.4.2.2, *infra*.

Em primeiro lugar, relembre-se do equívoco daqueles que *bifurcam* os controles de convencionalidade e constitucionalidade e entendem que o primeiro é somente exercido por tribunais *internacionais*, ao passo que o segundo é o exercido por tribunais *internos*. Da mesma forma, iludem-se os que aceitam o exercício do controle de convencionalidade por parte de tribunais internos, mas o entendem somente assimilável ao controle de constitucionalidade quando o conteúdo das disposições convencional e constitucional for materialmente idêntico.[111] Na realidade, o controle de convencionalidade *das leis* terá lugar exatamente quando os conteúdos da Constituição e dos tratados de direitos humanos *não forem idênticos*; se forem, não há que se falar em passar a lei por qualquer outro exame de compatibilidade vertical material além daquele que tem por paradigma a Constituição. É evidente que *não sendo idênticos* os conteúdos do texto constitucional e do tratado de direitos humanos, a antinomia existente *entre eles* (ou seja, entre a própria Constituição e o tratado internacional em questão) será resolvida pela aplicação do princípio *pro homine* ou *pro persona*, segundo o qual a primazia deve ser da norma que, no caso concreto, mais proteja os direitos da pessoa humana. Contudo, o problema que estamos a tratar neste momento é outro, pois diz respeito à incompatibilidade *das leis*,

---

[110] O art. 105, III, *a*, da Constituição, também serve para que o STJ realize o *controle de supralegalidade* das leis internas em relação aos tratados internacionais *comuns* que estão acima delas. No exemplo que acabamos de dar, chamamos o controle realizado no STJ de controle difuso *de convencionalidade* (expressão reservada aos tratados com hierarquia constitucional) por supor tratar-se da compatibilidade das leis com um tratado *de direitos humanos*. Porém, caso a análise pelo STJ diga respeito a um tratado *comum*, neste caso o controle ali realizado é *de supralegalidade*.

[111] Nesse sentido, *v.* DOKHAN, David, *Les limites du contrôle de la constitutionnalité des actes législatifs*, Paris: LGDJ, 2001, p. 301; e GOHIN, Olivier, Le Conseil d'État et le contrôle de la constitutionnalité de la loi, *Revue Française de Droit Administratif*, 16(6), nov.-dez. 2000, p. 1183-1184.

ou seja, das normas *infraconstitucionais* (e, porque não dizer, *infraconvencionais*, uma vez que também estão abaixo dos tratados *comuns*) com os tratados de direitos humanos (os quais têm sempre, como já se viu, *status* de norma constitucional, tenham ou não sido aprovados por maioria qualificada no Congresso Nacional). É exatamente nesta última hipótese – leis *compatíveis* com a Constituição, mas *violadoras* das normas internacionais de direitos humanos em vigor no Estado – que tem lugar o "controle de convencionalidade", tanto difuso como concentrado.

É interessante ainda observar que o controle de convencionalidade das leis tem um *plus* em relação ao controle de constitucionalidade. Isso porque, enquanto o controle de constitucionalidade só é exercido por tribunais internos, o de convencionalidade tem lugar tanto no âmbito interno (primário) como no plano internacional (secundário). Em outras palavras, o controle de constitucionalidade das leis é *menos amplo* que o controle de convencionalidade, que pode ser exercido tanto por tribunais internos como por tribunais internacionais.

Enfim, a compatibilidade do direito doméstico (infraconstitucional) com os tratados em vigor no Brasil, da mesma forma que no caso da compatibilidade com a Constituição, também há de ser realizada, simultaneamente, em dois âmbitos: (1) relativamente aos direitos previstos nos tratados de direitos humanos ratificados pelo Estado (controle de convencionalidade) e (2) em relação àqueles direitos previstos nos tratados *comuns* em vigor no Estado, tratados estes que se encontram *abaixo* da Constituição, mas *acima* de toda a normatividade infraconstitucional (controle de supralegalidade).

Vejamos, então, cada qual dessas duas hipóteses nos itens 2.4.2.1 e 2.4.2.2 seguintes.

2.4.2.1 Os direitos previstos nos tratados de direitos humanos

Como se disse, deve haver *dupla* compatibilidade vertical material para que a produção do direito doméstico seja vigente e válida dentro da ordem jurídica brasileira. A *primeira* compatibilidade vertical desdobra-se em duas: (*a*) a da Constituição e (*b*) a dos tratados de direitos humanos ratificados pelo Brasil e em vigor no Estado. A compatibilidade com a Constituição (com seus direitos expressos e implícitos) já estudamos. Resta agora verificar a compatibilidade das leis com os tratados de direitos humanos aqui em vigor. Esta segunda parte da primeira compatibilidade vertical material diz respeito somente aos tratados de *direitos humanos*, sem a qual nenhuma lei na pós-modernidade sobrevive. Versaremos, aqui, a compatibilidade que têm de ter as leis relativamente aos direitos *expressos* nos tratados de direitos humanos ratificados pelo Brasil.

O exercício de compatibilização das leis domésticas para com os tratados de direitos humanos em vigor no Estado pode realizar-se tanto pela via incidente (controle *difuso* de convencionalidade) quanto pela via da ação direta (controle *concentrado* de convencionalidade). A primeira modalidade realiza-se relativamente aos tratados de *status* (art. 5.º, § 2.º) ou *equivalência* (art. 5.º, § 3.º) constitucional, indistintamente; e a segunda recai apenas sobre os tratados *equivalentes* às emendas constitucionais (art. 5.º, § 3.º). Vejamos cada uma dessas duas hipóteses nos itens 2.4.2.1.1 e 2.4.2.1.2, a seguir.

2.4.2.1.1   Controle difuso de convencionalidade

À medida que os tratados de direitos humanos (quaisquer deles) guardam nível *constitucional* no Brasil, tornam-se paradigmas ao controle *difuso* de convencionalidade. Tal como ocorre com o controle difuso (incidental) de constitucionalidade, no controle difuso de convencionalidade devem (todos) os juízes e tribunais locais (incluindo-se os magistrados do STF) compatibilizar, diante de um caso concreto, as leis domésticas com o conteúdo dos tratados de direitos humanos (mais benéficos) em vigor no Estado.[112] Neste caso, também a exemplo do controle difuso de constitucionalidade, a decisão judicial que invalida uma lei interna em razão do comando de um tratado só produz efeitos *inter partes*, isto é, somente entre aquelas intervenientes no caso concreto.[113]

Relembre que o Conselho Nacional de Justiça (CNJ), em janeiro de 2022, editou – em razão de proposta de nossa autoria – ato normativo recomendando a todos os órgãos do Poder Judiciário "a observância dos tratados e convenções internacionais de direitos humanos em vigor no Brasil e a utilização da jurisprudência da Corte Interamericana de Direitos Humanos (Corte IDH), bem como a necessidade de controle de convencionalidade das leis internas" (art. 1.º, I), para além da urgente "priorização do julgamento dos processos em tramitação relativos à reparação material e imaterial das vítimas de violações a direitos humanos determinadas pela Corte Interamericana de

---

[112]   A propósito, *v.* García-Morelos, Gumesindo, *El control judicial difuso de convencionalidad de los derechos humanos por los tribunales ordinarios en México*, México, D.C.: Ubijus, 2010, p. 10, para quem: "Os juízes constitucionais e tribunais federais não são os únicos que podem levar a cabo tal função jurisdicional, eis que se trata de uma competência que corresponde a todos os tribunais do país, incluindo o poder de declarar judicialmente a inconvencionalidade das leis. Tal representa um controle judicial difuso de convencionalidade, que assume o lugar do conhecido controle difuso de constitucionalidade".

[113]   Cf. Cantor, Ernesto Rey, *Control de convencionalidad de las leyes y derechos humanos*, cit., p. 161.

Direitos Humanos em condenações envolvendo o Estado brasileiro e que estejam pendentes de cumprimento integral" (art. 1.º, II).[114] Assim, devem todos os magistrados brasileiros guardar ciência da responsabilidade que lhes incumbe no exercício escorreito do controle de convencionalidade das leis, notadamente conforme o modelo *difuso* que se está a analisar agora.

São, ademais, de fácil visualização os direitos *expressos* nos tratados dos quais a República Federativa do Brasil é parte. Todos se encontram publicados no *Diário Oficial da União* desde sua promulgação pelo Presidente da República, após ratificados e após terem sido os seus instrumentos respectivos depositados no Secretariado das Nações Unidas.[115]

Assim, a falta de compatibilização do direito infraconstitucional com os direitos previstos nos tratados de direitos humanos dos quais o Brasil é parte *invalida* a norma doméstica respectiva,[116] fazendo-a cessar de operar no mundo jurídico quando *menos benéfica* ao ser humano (em homenagem ao princípio *pro homine* ou *pro persona*); quando *mais benéficas* as normas internas, estas é que devem ser aplicadas pelo julgador (por autorização dos próprios tratados de direitos humanos, que preveem "cláusulas de diálogo" nesse sentido) em detrimento da norma internacional (*v. infra*). Tal significa que o controle de convencionalidade terá sempre por parâmetro a norma *mais benéfica* ao ser humano, não se podendo, assim, controlar a convencionalidade de uma norma interna para aplicar, no caso *sub judice*, norma internacional *menos benéfica* ou *menos protetora* ao cidadão. Essa premissa é fundamental para que sejam bem

---

[114] CNJ, Recomendação n.º 123, de 07.01.2022. Da mesma forma, o Conselho Nacional do Ministério Público (CNMP) editou, em fevereiro de 2023, normativa semelhante (e substancialmente mais ampla) que "[r]ecomenda aos ramos e às unidades do Ministério Público a observância dos tratados, convenções e protocolos internacionais de direitos humanos, das recomendações da Comissão Interamericana de Direitos Humanos e da jurisprudência da Corte Interamericana de Direitos Humanos, e dá outras providências" (CNMP, Recomendação n.º 96, de 28.02.2023).

[115] V. o art. 102 da Carta da ONU.

[116] V., nesse sentido, ROSA, Alexandre Morais da, *Garantismo jurídico e controle de constitucionalidade material*, cit., p. 97, quando aduz: "O processo de aferição de validade do ordenamento infraconstitucional, então, deixa de ser algo realizado somente em 06 de outubro de 1988 ou mesmo da edição das emendas constitucionais, passando a ter caráter plenamente dinâmico, advindo da expedição de diplomas de *Direitos Humanos* na ordem internacional. Importa perceber que desde a Constituição de 1988 o rol de normas de *Direitos Fundamentais*, em decorrência do art. 5.º, § 2.º, engloba, também, os tratados antecedentes em que a República Federativa do Brasil era parte". E conclui: "Em sendo, os *Direitos Humanos*, normas de *status* constitucional, todas as disposições infraconstitucionais devem passar pelo seu conteúdo material e formal de validade, de viés garantista" (*Op. cit.*, p. 140), o que nada mais é que o *controle de convencionalidade difuso* das leis que estamos a propor aqui.

compreendidos os modelos (difuso e concentrado) de controle de convencionalidade das leis no Brasil.

Frise-se, ademais, que as normas domésticas infraconstitucionais que não passarem incólumes à segunda etapa da primeira compatibilização vertical material deixarão de ser *válidas* no plano jurídico interno, não obstante ainda continuarem *vigentes* nesse mesmo plano, uma vez que sobreviveram ao primeiro momento da primeira compatibilidade vertical material (a compatibilidade com a Constituição). Por isso, a partir de agora, dever-se-á ter em conta que nem toda lei *vigente* é uma lei *válida*,[117] e o juiz estará obrigado a deixar de aplicar a lei inválida (contrária a um tratado de direitos humanos em vigor e mais benéfico), não obstante ainda vigente (porque de acordo com a Constituição).

Esse exercício que o juiz doravante há de fazer na aplicação (ou inaplicação) de uma lei infraconstitucional deverá basear-se no *diálogo das fontes*, uma vez que, para se chegar à justiça da decisão, deverá o magistrado compreender a lógica (*logos*) da dupla (*dia*) compatibilidade vertical material, para o fim de dar ao caso concreto a melhor solução. Essa tese foi aceita pelo Ministro CELSO DE MELLO no voto-vista do *HC* n.º 87.585-8/TO, em 12 de março de 2008, reconhecendo *valor constitucional* aos tratados de direitos humanos na ordem jurídica brasileira – independentemente da aprovação por maioria qualificada (nos termos do § 3.º do art. 5.º da Constituição) – e o *duplo controle* normativo a que devem ser submeter às leis domésticas. Ficou ali assentado que as fontes internas e internacionais devem "dialogar" entre si para o fim de resolverem a questão antinômica entre o tratado e a lei interna brasileira. Nas palavras do Ministro: "Posta a questão nesses termos, a controvérsia jurídica remeter-se-á ao exame do conflito entre as fontes internas e internacionais (ou, mais adequadamente, *ao diálogo entre essas mesmas fontes*), de modo a se permitir que, tratando-se de convenções internacionais de direitos humanos, estas guardem primazia hierárquica em face da legislação comum do Estado brasileiro, sempre que se registre situação de antinomia entre o direito interno nacional e as cláusulas decorrentes de referidos tratados internacionais" [grifo nosso].[118]

O que se nota com total clareza no voto do Ministro CELSO DE MELLO é que o seu novo entendimento – que revoga a sua própria orientação anterior, que atribuía aos tratados de direitos humanos *status* de lei ordinária (*v. HC* n.º 77.631-5/SC, *DJU* 158-E, de 19.08.1998, Seção I, p. 35) – passou a aceitar, além da hierarquia constitucional dos tratados de direitos humanos e do duplo controle normativo, também a tese do "diálogo das fontes" e a aplicação do princípio internacional *pro homine* ou *pro persona*. Referido princípio é um dos mais

---

[117] Cf. FERRAJOLI, Luigi, *Derechos y garantías...*, cit., p. 20-22.
[118] *V.* STF, *HC* n.º 87.585-8/TO, voto-vista do Min. CELSO DE MELLO, de 12.03.2008, p. 19.

notáveis frutos da pós-modernidade jurídica, que representa a fluidez e a dinâmica que devem existir no âmago das questões relativas aos conflitos normativos, especialmente os relativos ao direito internacional dos direitos humanos e o direito interno. O que fez o Ministro CELSO DE MELLO no *HC* n.º 87.585-8/TO – para negar aplicação das leis que impõem prisão civil de depositário infiel – foi *controlar a convencionalidade* de tais normas em face da Convenção Americana sobre Direitos Humanos e do Pacto Internacional sobre Direitos Civis e Políticos. Referido controle ficou claro quando reconheceu o Ministro que "existe evidente *incompatibilidade material superveniente* entre referidas cláusulas normativas [que impõem a prisão civil no Brasil] e o Pacto de São José da Costa Rica" [grifo nosso].[119]

É alentador perceber o avanço da jurisprudência brasileira no que tange à aplicação do *diálogo das fontes* e do princípio *pro homine* ou *pro persona*. Tudo isso somado leva à conclusão de que a recente jurisprudência brasileira dá mostras de já aceitar as soluções pós-modernas para a questão das antinomias entre o direito internacional dos direitos humanos e o direito interno; dá também mostras de que tais problemas devem ser encarados não como uma via de mão única, senão como rota de várias vias possíveis.

Como se percebe, a aplicação desse critério não exclui mutuamente uma ou outra ordem jurídica, mas, antes, as complementa, fazendo com que a produção do direito doméstico também "escute" o diálogo entre a Constituição e os tratados de direitos humanos e atente para o controle duplo vertical material que deve existir para a efetiva higidez e validade das normas internas no Brasil. Em outras palavras, a Constituição não exclui a aplicação dos tratados, nem estes excluem a aplicação dela, mas ambas as normas (Constituição *e* tratados) se unem para servir de obstáculo às normas infraconstitucionais que violem os preceitos ou da Constituição ou dos tratados de direitos humanos em que o Brasil seja parte. As normas infraconstitucionais, doravante, para serem *vigentes* e *válidas*, deverão submeter-se a esse novo exame de compatibilidade vertical material, solução essa mais fluida (e, portanto, capaz de melhor favorecer a "evolução do direito"[120]) e mais consentânea com os princípios contemporâneos relativos à proteção dos direitos humanos.

Por meio da solução que se acaba de expor, repita-se, não será a Constituição que excluirá a aplicação de um tratado ou vice-versa, mas ambas essas supernormas é que irão se *unir* em prol da construção de um direito infraconstitucional compatível com ambas, à luz do duplo controle vertical de normas,

---

[119] Idem, p. 54.

[120] CARNELUTTI, Francesco, *Teoria geral do direito*. Trad. A. Rodrigues Queiró e Artur Anselmo de Castro, Rio de Janeiro: Âmbito Cultural, 2006, p. 188.

Parte II • Cap. 2 • CONTROLE DE CONVENCIONALIDADE NO DIREITO BRASILEIRO | **141**

sendo certo que a incompatibilidade desse mesmo direito infraconstitucional com apenas uma das supernormas já o invalida por completo. Com isso, possibilita-se a criação de um Estado Constitucional e Humanista de Direito em que *todo* o direito doméstico guarde total compatibilidade tanto com a Constituição quanto com os tratados internacionais de direitos humanos ratificados e em vigor no Estado, chegando-se, assim, a uma ordem jurídica interna *perfeita*, que tem no valor dos direitos humanos sua maior racionalidade, principiologia e sentido.[121] Possibilita-se, também, o avanço das instituições jurídicas dos países do Continente rumo a um a *ius commune* interamericano, pela aplicação uniforme do direito internacional dos direitos humanos em todos esses países.[122]

É ainda importante esclarecer que, segundo a ótica do sistema internacional de direitos humanos (especialmente do sistema interamericano), o controle de convencionalidade pode ser exercido, inclusive, em face do texto constitucional dos Estados, a fim de compatibilizá-lo com os instrumentos internacionais de direitos humanos em vigor.[123] No caso *A Última Tentação de Cristo* vs. *Chile*, julgado em fevereiro de 2001, entendeu a Corte Interamericana de Direitos Humanos que a responsabilidade internacional de um Estado pode decorrer de atos ou omissões de qualquer um dos seus poderes ou órgãos, independentemente de sua hierarquia, mesmo que o fato violador provenha de uma norma constitucional (estava em questão o art. 19, n.º 12, da Constituição do Chile, que estabelecia a censura prévia na produção cinematográfica, em confronto com o art. 13 da Convenção Americana, que garante o direito de liberdade de pensamento e de expressão).[124] Por sua vez, no caso *García Rodríguez e Outros* vs. *México*, julgado em janeiro de 2023, a mesma Corte Interamericana declarou inconvencional o art. 19 da Constituição do México, que prevê a figura da

---

[121] Cf. GOMES, Luiz Flávio & MAZZUOLI, Valerio de Oliveira, *Direito supraconstitucional...*, cit., p. 188-198.

[122] Cf. RAMÍREZ, Sergio García, El control judicial interno de convencionalidad, cit., p. 560-562.

[123] V. SAGÜÉS, Néstor Pedro, El "control de convencionalidad", en particular sobre las Constituciones nacionales, cit., p. 2.

[124] Corte IDH, *Caso A Última Tentação de Cristo (Olmedo Bustos e Outros)* vs. *Chile*, Mérito, Reparações e Custas, sentença de 5 de fevereiro de 2001, Série C, n.º 73, § 72. Sobre o tema, *v.* MAZZUOLI, Valerio de Oliveira, *Comentários à Convenção Americana sobre Direitos Humanos*, cit., p. 20-21; e HERRERÍAS CUEVAS, Ignacio Francisco & RODRÍGUEZ, Marcos del Rosario, *El control de constitucionalidad y convencionalidad...*, cit., p. 72-73, assim: "La Constitución ha dejado de ser la norma suprema de control y validación en materia de derechos humanos. Ahora, por vía de la interpretación conforme el principio *pro persona*, se busca que prevalezca el mejor derecho regulado, ya sea que se encuentre inserto en una norma constitucional, en un tratado, o bien, en cualquier otro dispositivo normativo".

prisão preventiva de ofício para certas espécies de infrações previstas em lei, com possibilidade de encarceramento automático de pessoas (sem necessidade de ordem judicial) durante a primeira fase do processo, em violação a vários direitos e garantias processuais do acusado previstos na Convenção America-na.[125] Também a Corte Europeia de Direitos Humanos, no caso *Open Door and Dublin Well Woman vs. Ireland*, já havia decidido no mesmo sentido.[126] Daí a importância do "diálogo das fontes" para a solução de antinomias entre o direito internacional dos direitos humanos e o direito interno,[127] especialmente quando este último é versado em norma constitucional. Da mesma forma que existem normas constitucionais inconstitucionais,[128] há normas constitucionais *inconvencionais*.[129] Se uma norma constitucional afronta um comando mais benéfico (*pro homine*) previsto em tratado de direitos humanos em vigor no Estado, a alternativa é exercer a interpretação *conforme* o direito internacional dos direitos humanos ou, em última análise, *reformar* o texto constitucional para o fim de adaptá-lo aos ditames internacionais mais benéficos, sob pena de se manter

---

[125] Corte IDH, *Caso García Rodríguez e Outros* vs. *México*, Exceções Preliminares, Mérito, Reparação e Custas, sentença de 25 de janeiro de 2023, Série C, nº 482, § 174.

[126] CEDH, *Caso Open Door Counselling Ltd and Dublin Well Women Centre Ltd and others* vs. *Ireland*, sentença de 19 de outubro de 1992, pub. A 426 A.

[127] V. Jayme, Erik, Identité culturelle et intégration: le droit international privé postmoderne, cit., p. 259.

[128] Cf. Bachof, Otto, *Normas constitucionais inconstitucionais?*, cit., p. 12-13 e 48-70, respectivamente. No nosso entender, a inconstitucionalidade das normas constitucionais só pode ter lugar relativamente às normas constitucionais derivadas (resultado de revisão constitucional), e não no que tange às normas constitucionais originárias. Sobre o tema, cf. o Acórdão n.º 480/1989, do Tribunal Constitucional português (originalmente publicado no *Diário da República*, 2.ª série, n.º 26, de 31.01.1990), in Miranda, Jorge, *Jurisprudência constitucional escolhida*, vol. III, Lisboa: Universidade Católica Editora, 1997, p. 825-840.

[129] V. Dokhan, David, *Les limites du contrôle de la constitutionnalité des actes législatifs...*, cit., p. 210 e ss, sobre o controle de convencionalidade das próprias normas constitucionais. Frise-se que, para nós, a *inconvencionalidade* das normas constitucionais – diferentemente da hipótese anteriormente referida das normas constitucionais *inconstitucionais*, que são apenas possíveis em relação às normas constitucionais produto de *emenda* – pode se dar tanto em relação às normas constitucionais derivadas (provenientes do poder constituinte reformador) quanto em relação às próprias normas constitucionais *originárias* (principalmente pelo fato de ser *a Constituição* que está inserida em uma *ordem jurídica internacional*, e não o contrário). A mesma ideia é encontrada em Cantor, Ernesto Rey, *Control de convencionalidad de las leyes y derechos humanos*, cit., p. XLIII, quando diz: "Em outras palavras, os Estados estão submetidos (*sua Constituição, leis, atos administrativos, sentenças judiciais etc.*) a um conjunto de normas *superiores* que provêm de fora, isto é, as normas *internacionais* que reconhecem os direitos humanos que se incorporam ao direito interno *prevalecendo* hierarquicamente..." [grifo nosso].

no plano interno um *estado de coisas inconvencional* ou um *ilícito internacional continuado latente.*[130] À mesma interpretação se chega aplicando conjugadamente os arts. 26 e 27 da Convenção de Viena sobre o Direito dos Tratados, que impedem – em razão do princípio da *de boa-fé* – que um Estado alegue norma de direito interno (qualquer que seja ela, inclusive de índole constitucional) como pretexto para descumprir um tratado internacional ratificado e em vigor (consagração da norma *pacta sunt servanda*).

Não se pense que a teoria da dupla compatibilidade vertical material, bem como a do controle (difuso e concentrado) de convencionalidade, está a afastar o "diálogo das fontes" ou que é incompatível com este. De maneira alguma. Quando a norma infraconstitucional é *mais benéfica* que o texto constitucional ou que as normas internacionais de proteção, é *ela* que deve ser aplicada em detrimento daqueles. Lembre-se que a permissão para tanto, como já se falou, vem da própria normativa internacional, por meio das suas "cláusulas de diálogo", de que é exemplo o art. 29, *b*, da Convenção Americana, as quais possibilitam a intercomunicação e a retroalimentação entre o direito internacional dos direitos humanos e o direito interno.[131] À medida que tais tratados se internalizam no Brasil com nível de normas constitucionais, tais "cláusulas de diálogo" passam a também deter o mesmo *status* normativo no direito interno, garantindo o *diálogo das fontes* no sistema jurídico pátrio como garantia de índole e nível constitucionais. Assim, pode-se dizer que o critério dialógico de solução de antinomias entre o sistema internacional de proteção dos direitos humanos e a ordem interna passa a ficar *constitucionalizado* em nosso sistema desde a integração dos tratados de direitos humanos ao ordenamento pátrio, independentemente de *quorum* qualificado de aprovação e de promulgação executiva suplementar. Nem se diga, por absoluta *aberratio juris*, que a internalização das "cláusulas de diálogo" dos tratados de direitos humanos (e, consequentemente, do *diálogo das fontes*) se daria em patamar *inferior* à nossa ordem constitucional e, por isso, não poderia ter aplicação imediata. Reconhecer a superioridade da ordem interna sobre o direito internacional dos direitos humanos, dando prevalência àquela quando *protege menos* o ser humano sujeito de direitos, é admitir "a desvinculação [do Estado] do movimento internacional de direitos humanos reconhecidos regional e universalmente".[132]

---

[130] Cf. ALCALÁ, Humberto Nogueira, Los desafíos del control de convencionalidad del *corpus iuris* interamericano para los tribunales nacionales, y su diferenciación con el control de constitucionalidad, cit., p. 497-498.

[131] V. MAZZUOLI, Valerio de Oliveira, *Tratados internacionais de direitos humanos e direito interno*, cit., p. 116-128.

[132] WEIS, Carlos, *Direitos humanos contemporâneos*, cit., p. 34.

Sempre que uma *lei* interna for *compatível* com a Constituição, mas *violar* um tratado de direitos humanos, por ser *menos benéfica* que este, deve o julgador, no exercício do controle difuso de convencionalidade (e escutando o "diálogo das fontes"), optar por aplicar o tratado em detrimento tanto da Constituição (que autoriza algo *menos benéfico* que ele) quanto da lei interna (que operacionaliza essa *proteção a menor*). Ocorre que, diferentemente do conflito entre a Constituição e os tratados de direitos humanos, as leis internas menos benéficas (que têm garantia constitucional de sobrevivência, pois *compatíveis* com a Constituição) permanecem perambulando nos compêndios legislativos publicados. Assim, como já falamos por mais de uma vez, tais leis serão *vigentes*, mas não poderão ser consideradas *válidas* dentro da ordem jurídica interna. Por tal motivo é que devem ser declaradas *inválidas* (sem quaisquer efeitos jurídicos) pelo Poder Judiciário, o que é somente possível controlando a sua *convencionalidade*, isto é, compatibilizando-as com as normas internacionais de direitos humanos que têm hierarquia (*material*, no mínimo) de normas constitucionais, podendo tal controle ser exercido quer pela via de exceção (controle difuso) quer pela via de ação direta (controle concentrado).

2.4.2.1.2 Controle concentrado de convencionalidade

Para além do controle *difuso* de convencionalidade, o modelo brasileiro comporta ainda o controle *concentrado* da convencionalidade das leis, quando em causa os tratados de direitos humanos "equivalentes" às emendas constitucionais, ou seja, quando se tratar daquelas normas internacionais de direitos humanos incorporadas nos termos do art. 5.º, § 3.º, da Constituição.

O motivo pelo qual *apenas* os tratados "equivalentes" às emendas constitucionais podem ser paradigmas do controle concentrado de convencionalidade liga-se à importância que a Constituição Federal de 1988 atribuiu ao controle abstrato de normas, por inverter a lógica dos textos constitucionais anteriores, em que preponderava a fiscalização *difusa* (concreta) de constitucionalidade. Prova disso é que a Carta de 1988 destinou legitimados *específicos* para o exercício do controle abstrato, constantes do seu art. 103.[133] Tal fato, segundo GILMAR FERREIRA MENDES, "fortalece a impressão de que, com a introdução desse sistema de controle abstrato de normas, com ampla legitimação e, particularmente, a outorga do direito de propositura a diferentes órgãos da sociedade, pretendeu

---

[133] São eles: Presidente da República; Mesa do Senado Federal; Mesa da Câmara dos Deputados; Mesa de Assembleia Legislativa ou da Câmara Legislativa do Distrito Federal; Procurador-Geral da República; Conselho Federal da OAB; partido político com representação no Congresso Nacional; confederação sindical ou entidade de classe de âmbito nacional.

Parte II • Cap. 2 • CONTROLE DE CONVENCIONALIDADE NO DIREITO BRASILEIRO | **145**

o constituinte reforçar o controle abstrato de normas no ordenamento jurídico brasileiro como peculiar instrumento *de coerção* do sistema geral incidente".[134] Isso significa, em outras palavras, que a Constituição de 1988 deu particular ênfase à fiscalização abstrata de normas, em detrimento do controle de constitucionalidade *difuso*. Daí se entender, em suma, que apenas os instrumentos de direitos humanos "equivalentes" às emendas constitucionais (aprovados por três quintos dos votos dos membros de cada Casa do Congresso Nacional, em dois turnos) servem de paradigma ao controle abstrato de convencionalidade perante o STF, por se tratar de normas internacionais de direitos humanos que, igualmente, guardam maior importância em nossa ordem constitucional (*equivalentes* que são às próprias normas *formalmente constitucionais*).[135]

Antes, porém, de se compreender a mecânica do controle concentrado de convencionalidade no direito brasileiro, merece ser citada – para fins de reflexão e também de críticas – a lição de José Afonso da Silva, para quem somente haverá inconstitucionalidade (para nós, *inconvencionalidade*) se as normas infraconstitucionais "violarem as normas internacionais acolhidas na forma daquele § 3.º", ficando, então, "sujeitas ao sistema de controle de constitucionalidade na via incidente como na via direta". Quanto às demais normas que não forem acolhidas pelo art. 5.º, § 3.º, segundo o mesmo autor, elas "ingressam no ordenamento interno no nível da lei ordinária, e eventual conflito com as demais normas infraconstitucionais se resolverá pelo modo de apreciação da colidência entre *lei especial* e *lei geral* [que são os clássicos critérios de solução de antinomias]".[136]

No raciocínio de José Afonso da Silva, apenas os tratados de direitos humanos acolhidos na forma do art. 5.º, § 3.º, seriam paradigma de controle de constitucionalidade (para nós, de *convencionalidade*...), tanto na via incidente (*controle difuso*) como na via direta (*controle concentrado*). Os demais tratados (de direitos humanos ou não) que forem incorporados sem a aprovação qualificada não valeriam como paradigma de compatibilização vertical, caso em que o conflito de normas seria resolvido pela aplicação dos critérios clássicos de solução de antinomias (segundo o autor, "pelo modo de apreciação da colidência entre *lei especial* e *lei geral*").

---

[134] Mendes, Gilmar Ferreira, *Direitos fundamentais e controle de constitucionalidade*, 3. ed., São Paulo: Saraiva, 2004, p. 208.

[135] Para detalhes, *v.* Mazzuoli, Valerio de Oliveira, Podem os tratados de direitos humanos não "equivalentes" às emendas constitucionais servir de paradigma ao controle concentrado de convencionalidade? *Direito Público*, vol. 12, n.º 64, Porto Alegre, jul.-ago. 2015, p. 222-229.

[136] Silva, José Afonso da, *Comentário contextual à Constituição*, 2. ed., São Paulo: Malheiros, 2006, p. 179. Cf. repetição da mesma lição em: Silva, José Afonso da, *Curso de direito constitucional positivo*, cit., p. 183.

Contrariamente a essa posição, da qual também outros autores já divergiram,[137] podemos lançar algumas observações. A primeira delas é a de que se sabe que não é necessária a aprovação dos tratados de direitos humanos pelo *quorum* qualificado do art. 5.º, § 3.º, da Constituição, para que tais instrumentos tenham *nível* de normas constitucionais. O que o art. 5.º, § 3.º, do texto constitucional fez foi tão somente atribuir "equivalência de emenda" a tais tratados, sem retirar o *status* de norma constitucional que eles já detêm nos termos do art. 5.º, § 2.º, da Constituição. Portanto, dizer que os tratados são "equivalentes às emendas" não é a mesma coisa que dizer que eles "têm *status* de norma constitucional".[138] Sem retomar a essa discussão (realizada no Capítulo 1, *supra*), importa dizer que, uma vez aprovado determinado tratado de direitos humanos pelo *quorum* qualificado do art. 5.º, § 3.º, tal tratado será *formalmente constitucional*, o que significa que ele será paradigma do controle (concentrado) de convencionalidade.[139] Assim, à medida que esses tratados passam a ser *equivalentes às emendas constitucionais*, fica autorizada a propositura (no STF) de todas as *ações constitucionais* existentes para garantir a estabilidade da Constituição e das normas a ela equiparadas, a exemplo dos tratados de direitos humanos formalmente constitucionais.

Em outras palavras, o que se está a defender é o seguinte: quando o texto constitucional (no art. 102, I, *a*) diz competir precipuamente ao Supremo Tribunal Federal a "guarda da Constituição", cabendo-lhe julgar originariamente as ações diretas de inconstitucionalidade (ADI) de lei ou ato normativo federal ou estadual ou a ação declaratória de constitucionalidade (ADECON) de lei ou ato normativo federal, está autorizando que os legitimados próprios para a propositura de tais ações (constantes do art. 103 da Carta) ingressem com essas medidas sempre que *a Constituição* ou *qualquer norma a ela equivalente* (*v.g.*, um tratado de direitos humanos internalizado com *quorum* qualificado) estiver sendo violada por quaisquer normas infraconstitucionais. A partir da EC n.º 45/2004, é necessário entender que a expressão "guarda da Constituição", utilizada pelo art. 102, alberga, além do texto da Constituição propriamente dito, também as normas constitucionais por equiparação, como é o caso dos tratados

---

[137] V. as críticas de Bonifácio, Artur Cortez, *O direito constitucional internacional e a proteção dos direitos fundamentais*, cit., p. 211-214, a esse pensamento de José Afonso da Silva, mas com fundamentos diferentes dos nossos.

[138] V. Mazzuoli, Valerio de Oliveira, *O novo § 3.º do art. 5.º da Constituição e sua eficácia*, cit., p. 89-109.

[139] Cf. Barroso, Luís Roberto, Constituição e tratados internacionais: alguns aspectos da relação entre direito internacional e direito interno, in Menezes Direito, Carlos Alberto, Cançado Trindade, Antonio Augusto & Pereira, Antonio Celso Alves (coords.), *Novas perspectivas do direito internacional contemporâneo: estudos em homenagem ao Professor Celso D. de Albuquerque Mello*, Rio de Janeiro: Renovar, 2008, p. 207.

de direitos humanos formalmente constitucionais. Assim, ainda que a Constituição silencie a respeito de um determinado direito, mas estando esse mesmo direito previsto em tratado de direitos humanos *constitucionalizado* pelo rito do art. 5.º, § 3.º, passa a caber no STF o controle concentrado de convencionalidade (*v.g.*, por meio de ADI, ADECON ou ADPF) para compatibilizar a norma infraconstitucional com os preceitos do tratado constitucionalizado.[140] Aparece, aqui, a possibilidade de invalidação *erga omnes* das leis domésticas incompatíveis com as normas dos tratados de direitos humanos.

A rigor, não se estaria, aqui, diante de controle de *constitucionalidade* propriamente dito (porque, no exemplo dado, a lei infraconstitucional *é compatível* com a Constituição), mas, sim, diante do controle de *convencionalidade* das leis, que será operacionalizado no plano jurídico tomando-se por empréstimo uma ação do controle abstrato de normas, na medida em que o tratado-paradigma é *equivalente* a uma emenda constitucional. O exercício do controle de convencionalidade deve paralisar a aplicação de uma lei mesmo quando ela seja constitucional.[141] Nesse caso em específico, a lei *constitucional* é, não obstante, totalmente *inconvencional* e, por isso, *inválida* na ordem jurídica interna. Disso se abstrai que todas as normas do direito interno (inclusive as constitucionais) são *infraconvencionais*,[142] o que não significa que deixarão de prevalecer se forem *mais benéficas* que as normas dos tratados de direitos humanos, em razão do comando existente nesses próprios tratados (*v.g.*, no art. 29, *b*, da Convenção Americana) a ordenar seja aplicada a norma *mais favorável* ao ser humano (princípio *pro homine* ou *pro persona*).[143]

---

[140] V., nesse exato sentido, MENDES, Gilmar Ferreira, *Jurisdição constitucional...*, cit., p. 239, que diz: "Independentemente de qualquer outra discussão sobre o tema, afigura-se inequívoco que o Tratado de Direitos Humanos que vier a ser submetido a esse procedimento especial de aprovação [nos termos do § 3.º do art. 5.º da Constituição] configurará, para todos os efeitos, parâmetro de controle das normas infraconstitucionais".

[141] Cf. SUDRÉ, Frédéric, A propos du "dialogue des juges" et du contrôle de conventionnalité, *Mélanges Jean-Claude Gautron*, Paris: A. Pedone, 2004, p. 207-226; e CANTOR, Ernesto Rey, *Control de convencionalidad de las leyes y derechos humanos*, cit., p. XLVIII-XLIX.

[142] V. CANTOR, Ernesto Rey, *Control de convencionalidad de las leyes y derechos humanos*, cit., p. XLIX. Também assim o que se abstrai das decisões da Corte Interamericana (*v.g.*, no *Caso Las Palmeras*, de 2001 etc.). Nesse sentido, v. HERRERÍAS CUEVAS, Ignacio Francisco, *Control de convencionalidad y efectos de las sentencias*, cit., p. 72, que leciona: "Cabe ressaltar que quando [a Corte Interamericana] se refere a 'norma', ela não distingue entre Constituição, leis, atos administrativos, práticas judiciais, administrativas etc., mesmo quando a questão tenha sido definitivamente resolvida no ordenamento jurídico interno".

[143] Essa mecânica de aplicação da norma *interna* mais favorável, mas por comando da norma ("cláusula de diálogo") *internacional*, é o que temos nominado "monismo interna-

Ora, se a Constituição possibilita sejam os tratados de direitos humanos alçados ao patamar constitucional, com *equivalência de emenda*, por questão de lógica deve também garantir-lhes os meios que prevê a qualquer norma constitucional ou emenda de se protegerem contra investidas não autorizadas do direito infraconstitucional. Nesse sentido, é plenamente defensável a utilização das ações do controle concentrado, como a ADI (que invalidaria *erga omnes* a norma infraconstitucional por *inconvencionalidade*), a ADECON (que garantiria à norma infraconstitucional a compatibilidade vertical com um tratado de direitos humanos formalmente constitucional) e, até mesmo, a ADPF (que possibilitaria o cumprimento de um "preceito fundamental" encontrado em tratado de direitos humanos formalmente constitucional) não mais baseadas exclusivamente no texto constitucional, senão também nos tratados de direitos humanos aprovados pela sistemática do art. 5.º, § 3.º, da Constituição e em vigor no Estado.

Dessa forma, a conhecida Ação Direta de Inconstitucionalidade (ADI) transformar-se-ia em verdadeira Ação Direta *de Inconvencionalidade*. De igual maneira, a Ação Declaratória de Constitucionalidade (ADECON) assumiria o papel de Ação Declaratória *de Convencionalidade* (seria o caso de propô-la quando a norma infraconstitucional não atinge a Constituição de qualquer maneira, mas se pretende, desde já, garantir sua *compatibilidade* com determinado comando de tratado de direitos humanos formalmente incorporado com equivalência de emenda constitucional). Em idêntico sentido, a Arguição de Descumprimento de Preceito Fundamental (ADPF) poderia ser utilizada para proteger "preceito fundamental" de um tratado de direitos humanos violado por normas infraconstitucionais, inclusive leis *municipais* e normas *anteriores* à data em que dito tratado foi aprovado (e entrou em vigor) com equivalência de emenda constitucional no Brasil.[144] Não se pode também esquecer da Ação Di-

---

cionalista dialógico". Tal significa que mesmo quando se aplica uma norma interna *mais benéfica*, ainda assim se está dando prevalência à norma *internacional*, eis que é desta que proveio o comando que autorizou a aplicação daquela (sempre, repita-se, quando *mais benéfica*); perceba-se que, neste caso, o sistema não deixa de ser *monista* com *primazia do direito internacional*, mas dotado de *dialogismo* (ou seja, com possibilidade de "diálogo" entre as fontes internacional e interna). Para detalhes, *v.* MAZZUOLI, Valerio de Oliveira, *Curso de direito internacional público*, cit., p. 46-48.

[144] Frise-se que a primeira ação do controle abstrato, proposta no Brasil, a fim de controlar a convencionalidade com paradigma em tratado de direitos humanos (a *Convenção sobre os Direitos das Pessoas com Deficiência*, de 2007) internalizado pelo rito do art. 5.º, § 3.º, da Constituição, foi justamente uma ADPF (n.º 182, de 09.07.2009). Com ela visou-se declarar, com eficácia *erga omnes* e efeito vinculante, a invalidade, por não recepção, do art. 20, § 2.º, da Lei n.º 8.742/1993, em face da citada Convenção, que emprega o conceito de "pessoa com deficiência" de modo mais abrangente e, portanto,

reta de Inconstitucionalidade por Omissão (ADO), prevista no art. 103, § 2.º, da Constituição, que poderá ser proposta sempre que *faltar lei interna* que se faria necessária a dar efetividade a uma norma convencional formalmente constitu-cional.[145] Nesse caso, pode o STF declarar a *inconvencionalidade por omissão* de medida para tornar efetiva norma internacional de direitos humanos em vigor no Brasil e anteriormente aprovada por maioria qualificada, dando ciência ao Poder competente para a adoção das providências necessárias e, em se tratando de órgão administrativo, para fazê-lo em trinta dias. Assim, para além do con-trole de convencionalidade *por ação*, há também no direito brasileiro o controle de convencionalidade *por omissão*.

Ainda no que tange às omissões legislativas, passa (doravante) a ser per-feitamente cabível o remédio constitucional do mandado de injunção para col-matar omissões normativas que impossibilitem o exercício de um direito ou liberdade presente em tratado de direitos humanos internalizado com *quorum* qualificado, uma vez que o comando constitucional garante a utilização de tal remédio "sempre que a falta de norma regulamentadora torne inviável o exer-cício dos direitos e liberdades *constitucionais* [inclusive das normas constitu-cionais por equiparação, como é o caso dos tratados *equivalentes* às emendas constitucionais] e das prerrogativas inerentes à nacionalidade, à soberania e à cidadania" (CF, art. 5.º, inc. LXXI).

Destaque-se que não apenas o direito infraconstitucional pode ser decla-rado inconvencional, senão também as próprias normas constitucionais, como já se falou. Ora, se existem normas constitucionais inconstitucionais, por vio-

---

mais protetivo que o conceito expresso na Lei. De fato, na redação original do art. 20, § 2.º, da Lei n.º 8.742/1993, lia-se o seguinte: "Para efeito de concessão deste benefício, a pessoa portadora de deficiência é aquela incapacitada para a vida independente e para o trabalho". Por sua vez, o art. 1.º da Convenção estabelece, num conceito superiormente mais amplo, que pessoas com deficiência "são aquelas que têm impedimentos de longo prazo de natureza física, mental, intelectual ou sensorial, os quais, em interação com diversas barreiras, podem obstruir sua participação plena e efetiva na sociedade em igualdades de condições com as demais pessoas". Frise-se que o proponente (Procu-rador Geral da República) não se utilizou, na ADPF em causa, da expressão "controle de convencionalidade", como seria recomendável, dizendo apenas que a Convenção, após sua internalização com equivalência de emenda constitucional, integra "o bloco de constitucionalidade brasileiro" (voltaremos a este tema no item 2.6.1, *infra*). Para um estudo do controle de convencionalidade da CDPD em outros aspectos, *v.* SOUSA, Filipe Venade de, O controle de convencionalidade da Convenção das Nações Unidas sobre os Direitos das Pessoas com Deficiência: uma visão portuguesa, *Revista dos Tribunais*, vol. 938, ano 102, São Paulo, dez. 2013, p. 183-210.

[145] Convém destacar que a Ação Direta de Inconstitucionalidade por Omissão teve sua disciplina processual estabelecida pela Lei n.º 12.063, de 27.10.2009, que acrescentou à Lei n.º 9.868/1999 o Capítulo II-A.

larem, *v.g.*, o núcleo intangível (cláusulas pétreas) da Constituição, também é possível admitir que existam normas constitucionais inconvencionais,[146] por violarem direitos humanos provenientes de tratados, direitos tais que (justamente por integrarem o âmago constitucional) também pertencem ao bloco das cláusulas pétreas. Seria o caso daquelas normas da Constituição, alocadas à margem do bloco de constitucionalidade,[147] ou seja, que não integram o núcleo intangível constitucional, que estão a violar normas de tratados de direitos humanos (as quais, por serem normas de "direitos humanos", já detêm primazia sobre quaisquer outras). É mais que necessário entender, no atual estágio em que se encontra o direito pós-moderno, que a Constituição não é um fim em si mesma, sempre absoluta e desonerada de qualquer outra vinculação jurídica, mas um documento que se encontra, ele próprio, sujeito à precedência de valores supraordenados, aceitos e reconhecidos por outras normas jurídicas (*v.g.*, as de direito internacional) ou por costumes, capazes de lhe impor respeito e observância.[148] Aliás, é necessário repetir aqui o que a Corte Interamericana tem decidido há vários anos: a responsabilidade internacional de um Estado decorre de atos ou omissões de qualquer um dos seus poderes ou órgãos, *independentemente de sua hierarquia*, mesmo que o fato violador provenha de uma norma de índole constitucional.[149]

Enfim, tudo o que é possível fazer para garantir à norma constitucional sua eficácia, é também possível fazer em relação a um tratado internacional de direitos humanos incorporado ao direito brasileiro com equivalência de emenda constitucional, nos termos do art. 5.º, § 3.º, da Constituição. Aliás, à maneira do que ocorre na teoria do controle de constitucionalidade, a inconvencionalidade de uma norma interna (melhor dizendo, de seu *projeto*) pode ser aferida *preventivamente* pelo próprio Parlamento Federal, em suas Comissões de Constituição

---

[146] Nesse exato sentido, *v.* Sagüés, Néstor Pedro, El "control de convencionalidad", en particular sobre las Constituciones nacionales, cit., p. 2; e Sagüés, Néstor Pedro, Obligaciones internacionales y control de convencionalidad, cit., p. 123.

[147] Sobre o bloco de constitucionalidade, *v.* Bidart Campos, German J., *Tratado elemental de derecho constitucional argentino*, Tomo III, cit., p. 285.

[148] *V.*, nesse sentido, Bachof, Otto, *Normas constitucionais inconstitucionais?*, cit., p. 30-31. Especificamente sobre a supremacia dos tratados de direitos humanos à Constituição, *v.* Cantor, Ernesto Rey, *Control de convencionalidad de las leyes y derechos humanos*, cit., p. XLVI-LI.

[149] *V.* Corte IDH, *Caso A Última Tentação de Cristo (Olmedo Bustos e Outros)* vs. *Chile*, Mérito, Reparações e Custas, sentença de 5 de fevereiro de 2001, Série C, n.º 73, § 72; e Corte IDH, *Caso García Rodríguez e Outros* vs. *México*, Exceções Preliminares, Mérito, Reparação e Custas, sentença de 25 de janeiro de 2023, Série C, nº 482, § 174. Cf. também, Mazzuoli, Valerio de Oliveira, *Comentários à Convenção Americana sobre Direitos Humanos*, cit., p. 19-22.

e Justiça, ou pelo Presidente da República, quando *veta* (na modalidade do veto *jurídico*) os projetos de lei inconvencionais, segundo a regra do art. 66, § 1.º, da Constituição (*v. infra*, item 2.6.2). Quanto ao controle repressivo de convencionalidade, que é aquele que nos ocupa com prioridade neste estudo, não se têm dúvidas que deve ser exercido pelo juiz (*ex officio*) em qualquer caso concreto *sub judice*, ou por meio de ação direta perante o STF. Daí poder-se dizer, neste último caso, que os tratados de direitos humanos internalizados com *quorum* qualificado passam a servir de meio de controle concentrado (de convencionalidade) das normas de direito interno, para além de servirem como paradigmas ao controle *difuso*. Quanto aos tratados de direitos humanos não internalizados pelo *quorum* qualificado, passam eles a ser paradigmas apenas do controle *difuso* de convencionalidade. Em outras palavras, para que haja o controle pela via de ação (controle concentrado) devem os tratados de direitos humanos ser aprovados pela sistemática do art. 5.º, § 3.º, da Constituição (ou seja, devem ser *equivalentes* às emendas constitucionais), e para que haja o controle pela via de exceção (controle difuso) basta sejam tais tratados ratificados e estarem em vigor no plano interno, pois, por força do art. 5.º, § 2.º, da mesma Carta, tais instrumentos já detêm o (menos abrangente) *status* de norma constitucional. Se o controle concentrado de convencionalidade é realizado pelo STF pela via da ação direta, o controle difuso de convencionalidade deve ser levantado, nos casos concretos *sub judice*, como questão preliminar, devendo o juiz da causa (tal como faz no controle difuso de constitucionalidade) analisar a matéria antes da análise de mérito do pedido principal.[150] Nesse caso, o julgador declara a incompatibilidade entre a lei e o tratado internacional de direitos humanos e, *ipso facto*, nega aplicação àquela, considerando-a *inválida* (*inconvencional*) para reger a questão jurídica submetida a julgamento.[151] Caso, porém, não levantada a questão preliminarmente, não fica o juiz desonerado (segundo entendimento da Corte Interamericana) de proclamar *ex officio* a inconvencionalidade da norma.[152]

---

[150] V., nesse sentido, a lição de Olivier Dutheillet de Lamothe sobre esse tipo de controle na França: "Le contrôle de conventionnalité est un contrôle qui s'exerce par voie d'exception à l'initiative d'un justiciable qui conteste devant un juge l'application qui lui est faite d'une loi en soutenant que celle-ci est incompatible avec une convention internationale [...]" (Contrôle de constitutionnalité et contrôle de conventionnalité, cit., p. 320).

[151] V. Sagüés, Néstor Pedro, El "control de convencionalidad", en particular sobre las Constituciones nacionales, cit., p. 2, para quem: "Dicha 'inconvencionalidad' importaría una causal de invalidez de la norma así descalificada, por 'carecer de efectos jurídicos'. La inconvencionalidad produce un deber judicial concreto de inaplicación del precepto objetado".

[152] V. Corte IDH, *Caso Trabalhadores Demitidos do Congresso (Aguado Alfaro e Outros)* vs. *Peru*, Exceções Preliminares, Mérito, Reparações e Custas, sentença de 24 de novembro de 2006, Série C, n.º 158, § 128.

Portanto, para nós – contrariamente ao que pensa o ilustrado José Afonso da Silva – não se pode dizer que as antinomias entre os tratados de direitos humanos não incorporados pelo referido rito qualificado e as normas infraconstitucionais somente poderão ser resolvidas "pelo modo de apreciação da colidência entre *lei especial* e *lei geral*".[153] Os tratados internacionais de direitos humanos ratificados pelo Brasil – independentemente de aprovação com *quorum* qualificado – têm *nível* de normas constitucionais e servem de paradigma ao controle de constitucionalidade/convencionalidade, sendo a única diferença a de que os tratados aprovados pela maioria qualificada do § 3.º do art. 5.º da Constituição servirão de paradigma ao controle *concentrado* (para além, evidentemente, do *difuso*), enquanto que os demais (tratados de direitos humanos não internalizados com aprovação congressual qualificada) apenas servirão de padrão interpretativo ao controle *difuso* (via de *exceção* ou *defesa*) de constitucionalidade/convencionalidade.

2.4.2.1.3 Conclusão sobre as modalidades difusa e concentrada de controle

Em suma, todos os tratados que formam o *corpus juris* convencional dos direitos humanos de que o Brasil é parte servem como paradigma ao controle de convencionalidade das normas infraconstitucionais, com as especificações a seguir:

a) tratados de direitos humanos internalizados com *quorum* qualificado (*equivalentes* às emendas constitucionais) servem de paradigma ao controle *concentrado* (para além, evidentemente, do controle *difuso*) de convencionalidade, cabendo, *v.g.*, uma ADI no STF para o fim de invalidar norma infraconstitucional com eles incompatível; e

b) tratados de direitos humanos que têm somente "*status* de norma constitucional" (não sendo "*equivalentes* às emendas constitucionais", dada a não aprovação pela maioria qualificada do art. 5.º, § 3.º) são paradigmas somente do controle *difuso* de convencionalidade, o qual pode ser exercido *ex officio* por qualquer juiz ou tribunal num caso concreto.

Destaque-se que, nesse último caso, os juízes e tribunais se fundamentam em tais tratados (de *status* constitucional) para declarar inválida uma lei que os afronte, da mesma maneira que se fundamentam na Constituição (no controle

---

[153] Silva, José Afonso da, *Comentário contextual à Constituição*, cit., p. 179; e Silva, José Afonso da, *Curso de direito constitucional positivo*, cit., p. 183.

difuso de constitucionalidade) para invalidar norma infraconstitucional insurgente ao Texto Magno.

Não somente, porém, a *invalidade* de normas internas conflitantes com tratados de direitos humanos mais benéficos poderá ser levada a cabo pelo Poder Judiciário, senão também a "interpretação conforme" dessas mesmas normas tendo como paradigmas tais instrumentos internacionais. Se pode o Judiciário invalidar norma interna (pelos controles difuso ou concentrado de convencionalidade) incompatível com os tratados de direitos humanos em vigor, poderá, também, com maior razão, *conformar* tal norma às previsões desses instrumentos internacionais (sem *invalidar* propriamente a lei em causa).[154] A técnica é exatamente a mesma que se utiliza para realizar a interpretação "conforme a Constituição", tendo-se agora, no entanto, como paradigmas, os tratados de direitos humanos em vigor no Brasil, que igualmente guardam índole e nível constitucionais entre nós. Muitas Constituições, aliás, têm consagrado expressamente essa solução, a exemplo da Constituição do México (com a reforma de 2011), que passou a prever que as "normas relativas a direitos humanos se interpretarão em conformidade com esta Constituição *e com os tratados internacionais sobre a matéria*, favorecendo em qualquer tempo às pessoas a proteção mais ampla" (art. 1.º, § 2.º). Esse modelo de interpretação conforme, segundo HITTERS, evita que se "rompa" com uma norma doméstica para "salvar" (na medida do possível) a sua convencionalidade.[155]

Tudo o que acima foi dito – relativamente ao respeito que deve ter o direito doméstico aos direitos expressos nos tratados de direitos humanos dos quais o Brasil é parte – também se aplica aos direitos *implícitos* constantes desses mesmos instrumentos. Os chamados direitos *implícitos* são encontrados, assim como na Constituição, também nos vários tratados internacionais de direitos humanos ratificados e em vigor no Estado. Não obstante serem direitos de difícil caracterização (e enumeração) apriorística, certo é que também integram o bloco dos direitos previstos (mesmo que implicitamente) naqueles tratados no âmbito do segundo momento da primeira compatibilização vertical material. Dessa forma, o direito interno, para além de ser *conforme* aos ditames *expressos* nos tratados de direitos humanos em vigor no Estado, deve ainda conformar-se aos direitos *implícitos* decorrentes desses mesmos tratados, condição sem a qual perde *validade* no mundo jurídico (não obstante poder continuar em *vigência*).

---

[154] Cf. HITTERS, Juan Carlos, Control de convencionalidad (adelantos y retrocesos), cit., p. 133.

[155] HITTERS, Juan Carlos, Idem, p. 134.

2.4.2.2 Os direitos previstos nos tratados comuns e o controle de supra-legalidade

Para que a produção do direito doméstico proclame norma jurídica hábil a valer no plano interno, será necessária, para além da primeira compatibilização vertical material – (*a*) da Constituição e (*b*) dos tratados de direitos humanos dos quais o Brasil é parte –, uma *segunda* conformidade vertical, dessa vez da norma infraconstitucional com os tratados internacionais *comuns* em vigor no Estado. Esta segunda conformidade das leis com os tratados comuns deve existir pelo fato de estarem tais instrumentos internacionais alçados ao nível *supralegal* no direito brasileiro. Norma *supralegal* é aquela que está acima das leis e abaixo da Constituição. Trata-se, justamente, da posição em que se encontram tais instrumentos (*comuns*) no nosso direito interno. Essa posição não encontra contestação na teoria geral do direito internacional público, tanto à luz do costume internacional quanto da codificação do direito dos tratados pela Convenção de Viena sobre o Direito dos Tratados de 1969. O STF teve imensa dificuldade em atribuir aos tratados de direitos humanos nível supralegal no Brasil. No entanto, esse nível supralegal guarda *todos* os tratados (quaisquer que sejam) incorporados à nossa ordem jurídica, razão pela qual os tratados de direitos humanos só podem ter (no mínimo) o *status* de norma constitucional que aqui se defende, jamais outro inferior.

A compatibilização das normas infraconstitucionais com os tratados internacionais comuns faz-se por meio do chamado controle *de supralegalidade*. Não se trata de controle de *convencionalidade* pelo fato de se reservar esta última expressão à compatibilidade vertical que devem ter as normas de direito interno com os tratados *de direitos humanos*,[156] que têm índole e nível constitucionais no Brasil. No caso dos tratados internacionais comuns, eles se encontram *abaixo* da Constituição, mas *acima* das leis internas.[157] Assim, eles passam a servir de paradigma de *supralegalidade* das normas domésticas, as quais também serão *inválidas* se violarem suas disposições. Ora, se as normas

---

[156] Nesse exato sentido, *v.* ZIMERMAN, Silvina, El camino emprendido por los jueces hacia el control de covnencionalidad: los derechos económicos, sociales y culturales, in ALBANESE, Susana (coord.), *El control de convencionalidad*, cit., p. 267, para quem: "La figura del control de convencionalidad está ligada a las obligaciones que asumen los Estados al firmar y ratificar tratados *de derechos humanos*, en especial, las que recaen sobre el Poder Judicial" [grifo nosso].

[157] Nesse exato sentido, admitindo a supremacia da norma internacional (qualquer que seja ela) sobre as leis internas, *v.* ACCIOLY, Hildebrando, *Tratado de direito internacional público*, vol. I, 2. ed., Rio de Janeiro: MRE, 1956, p. 547-548; e FRAGA, Mirto, *O conflito entre tratado internacional e norma de direito interno: estudo analítico da situação do tratado na ordem jurídica brasileira*, Rio de Janeiro: Forense, 1998, p. 89-99.

constitucionais (normas do próprio texto constitucional) ou aquelas que lhe são niveladas (normas previstas nos tratados de direitos humanos ratificados pelo Estado) são fundamento para o que se nomina controle de constitucionalidade/convencionalidade, parece lógico admitir que as normas supralegais devam também ser fundamento de algum tipo de controle. Qual controle? Evidentemente, o controle de *supralegalidade*. Se as normas constitucionais são paradigma de um controle de *constitucionalidade* (e as das convenções internacionais de direitos humanos de um controle de *convencionalidade*), as normas supralegais não podem ser outra coisa senão paradigma de um controle de supralegalidade.

É de boa técnica precisar o significado das expressões "constitucionalidade", "convencionalidade", "supralegalidade" e "legalidade" de acordo com a hierarquia que elas guardam no nosso sistema jurídico. Assim, os controles de "constitucionalidade" e "convencionalidade" dizem respeito à compatibilidade das normas do ordenamento interno com a Constituição e com os tratados de direitos humanos, respectivamente. A expressão "controle de convencionalidade" fica reservada à compatibilidade das normas do direito interno com os tratados internacionais *de direitos humanos*, por terem eles índole e nível de normas constitucionais (lembrando sempre que tal controle pode ser *difuso* ou *concentrado*, nos moldes já estudados) e como fundamento de aplicabilidade o princípio *pro homine* ou *pro persona*. Já o controle *de supralegalidade* seria o exercício de controle que tem como paradigma os tratados internacionais *comuns*, que guardam nível de norma *supralegal* no Brasil, respeitando o princípio de hierarquia. Por último, o controle de *legalidade* em sentido estrito seria o realizado tendo como paradigmas as *leis* ordinárias (ou complementares), que estão abaixo dos tratados internacionais comuns na hierarquia das normas do direito brasileiro; esse último caso seria, *v.g.*, o relativo à compatibilização de um *decreto* em face de uma *lei* ordinária.

Dessa forma, no que interessa ao objeto deste estudo, deve-se doravante utilizar as duas expressões seguintes quando se tratar da compatibilização das normas de direito interno com um tratado internacional em vigor no Estado: (*a*) *controle de convencionalidade* (relativa à compatibilização das normas do direito interno com os tratados de direitos humanos, quer apenas materialmente constitucionais, quer material e formalmente constitucionais); e (*b*) *controle de supralegalidade* (atinente à compatibilização das leis internas com os tratados internacionais comuns que lhe são superiores).

De qualquer sorte, certo é que não há na Constituição brasileira de 1988 qualquer menção expressa ao nível hierárquico dos tratados internacionais comuns. Os únicos dispositivos que existem no texto constitucional de 1988 a consagrar uma prevalência hierárquica a tratados internacionais são os §§ 2.º e

3.º do art. 5.º, já estudados. De resto, a Constituição brasileira fica no silêncio, não obstante consagrar a declaração de inconstitucionalidade de tratados (art. 102, III, *b*). Pelo fato de não existir na Constituição qualquer menção expressa sobre o grau hierárquico dos tratados internacionais comuns, a outra solução não se pode chegar senão atribuir valor infraconstitucional (mas *supralegal*) a tais instrumentos na ordem jurídica brasileira.[158] Assim, em relação aos tratados comuns o entendimento passa a ser o de que a lei interna não sucumbe ao tratado por ser ele *posterior* ou *especial* em relação a ela, mas sim em decorrência do *status* de supralegalidade desses instrumentos no plano doméstico, à luz do princípio da hierarquia de normas. Nessa ordem de ideias, a *lei posterior* seria *inválida* (e, consequentemente, *ineficaz*) em relação ao tratado internacional que, não obstante *anterior*, é hierarquicamente *superior* a ela.[159]

São vários os dispositivos da legislação brasileira que garantem a autenticidade da afirmação de estarem os tratados comuns alçados ao nível supralegal no Brasil. Tome-se, como exemplo, o já citado art. 98 do Código Tributário Nacional, que dispõe que "[o]s tratados e as convenções internacionais revogam ou modificam a legislação tributária interna, e serão observados pela que lhes sobrevenha".[160] Perceba-se que, na redação do art. 98 do CTN, os tratados em matéria tributária *revogam ou modificam* a legislação tributária interna, mas não poderão ser revogados por legislação tributária posterior, devendo ser *observados* por aquela (legislação tributária) *que lhes sobrevenha*. A disposição versa sobre tratados em matéria tributária, que são tratados *comuns*, salvo o evidente caso de o instrumento internacional em matéria tributária ampliar uma garantia do contribuinte, quando então poderá (mas essa hipótese é excepcional) ser considerado como tratado veiculador de direitos fundamentais.

Seja como for, certo é que os tratados internacionais ratificados e em vigor no Brasil têm hierarquia *superior* às leis (sejam elas ordinárias ou complementares): (*a*) os tratados de direitos humanos têm nível de normas constitucionais (podendo ser apenas *materialmente constitucionais* – art. 5.º, § 2.º – ou

---

[158] V., nesse exato sentido, ACCIOLY, Hildebrando, *Tratado de direito internacional público*, vol. I, cit., p. 547: "Como compromissos assumidos pelo Estado em suas relações com outros Estados, eles [os tratados] devem ser colocados em plano superior ao das leis internas dos que os celebram. Assim, [...] eles revogam as leis anteriores, que lhes sejam contrárias; as leis posteriores não devem estar em contradição com as regras ou princípios por eles estabelecidos; e, finalmente, qualquer lei interna com eles relacionada deve ser interpretada, tanto quanto possível, de acordo com o direito convencional anterior".

[159] V., por tudo, PEREIRA, André Gonçalves & QUADROS, Fausto de, *Manual de direito internacional público*, 3. ed. rev. e aum. (reimpressão), Coimbra: Almedina, 2001, p. 121-123.

[160] Sobre o tema, *v.* MAZZUOLI, Valerio de Oliveira, Eficácia e aplicabilidade dos tratados em matéria tributária no direito brasileiro, *Revista Forense*, vol. 390, ano 103, Rio de Janeiro, mar.-abr. 2007, p. 583-590.

material e formalmente constitucionais – art. 5.º, § 3.º); e (*b*) os tratados comuns têm nível *supralegal*, por estarem abaixo da Constituição, mas acima de toda a legislação infraconstitucional.

O problema que visualizamos em relação aos tratados *comuns* diz respeito à falta de "cláusulas de diálogo" em seus textos, à diferença do que ocorre com os tratados de direitos humanos, que sempre trazem dispositivos no sentido de *não excluir* a aplicação do direito doméstico (ainda que em detrimento do próprio tratado) quando a norma interna for *mais benéfica* aos direitos da pessoa em causa, em consagração ao princípio *pro homine* ou *pro persona*. Nesse caso, parece estar comprovado que os critérios tradicionais de solução de antinomias (*hierárquico*, da *especialidade* e o *cronológico*) não têm aptidão para resolver os conflitos entre normas internacionais de *direitos humanos* e as normas de direito interno veiculadoras de *direitos fundamentais*, na medida em que devem ser resolvidos pela aplicação do *diálogo das fontes*, quando o juiz "escuta" o que as fontes (internacionais e internas) dizem e as "coordena" para aplicá-las (com *coerência*) ao caso concreto.[161] E essa "conversa" entre as fontes internacionais de direitos humanos e as fontes internas sobre direitos fundamentais é veiculada por meio dos próprios "vasos comunicantes" (ou *cláusulas de diálogo*) previstos tanto nas normas internacionais (*v.g.*, o art. 29, *b*, da Convenção Americana sobre Direitos Humanos) quanto nas normas internas (*v.g.*, o art. 5.º, § 2.º, c/c art. 4.º, II, ambos da Constituição de 1988).

Portanto, de volta ao caso dos tratados *comuns*, pensamos que os conflitos entre eles e as normas infraconstitucionais devem ser resolvidos pelo critério *hierárquico*.[162] Dessa forma, havendo conflito entre tratados comuns (que têm nível *supralegal* no Brasil) e leis internas, os juízes e tribunais nacionais deverão recusar-se a aplicar a norma infraconstitucional violadora do tratado enquanto este vincular o Estado. Eis aqui a aplicação do *controle de supralegalidade* das normas de direito doméstico em relação aos tratados internacionais comuns.

A solução para esse caso é encontrada no art. 27 da Convenção de Viena sobre o Direito dos Tratados, segundo o qual um Estado "não pode invocar as disposições de seu direito interno para justificar o inadimplemento de um tratado". O "direito interno" referido pela Convenção de Viena de 1969 é, evidentemente, *todo* o direito interno (inclusive a Constituição) do Estado.[163]

---

[161] V. JAYME, Erik, *Identité culturelle et intégration: le droit international privé postmoderne*, cit., p. 259.

[162] Muitos autores que versaram a *teoria geral do direito* não cuidaram desse problema quando do estudo da hierarquia das fontes jurídicas. Assim, com nenhuma palavra sequer a esse respeito, CARNELUTTI, Francesco, *Teoria geral do direito*, cit., p. 162-167.

[163] Cf. PEREIRA, André Gonçalves & QUADROS, Fausto de, *Manual de direito internacional público*, cit., p. 120. Ainda sobre a primazia do direito internacional ao direito interno, *v.*

Contudo, na medida em que se entende que os tratados comuns *cedem* ante a Constituição, tal dispositivo passa a ser interpretado com os temperamentos que o Direito Constitucional lhe impõe.[164]

2.5 Caso prático contra o Brasil ("Guerrilha do Araguaia" e a Lei de Anistia)

A Corte Interamericana de Direitos Humanos, no *Caso Gomes Lund e Outros ("Guerrilha do Araguaia")* vs. *Brasil*, em sentença de 24 de novembro de 2010, decidiu que os crimes contra a humanidade (mortes, torturas, desaparecimentos etc.) cometidos pelos agentes do Estado durante a ditadura militar brasileira (1964-1985) devem ser devidamente investigados, processados e punidos.[165] A Corte seguiu sua jurisprudência já consolidada em relação ao tema (há muito já aplicada pelos tribunais da Argentina, Chile etc.) para condenar o Brasil pelos crimes cometidos durante o regime de exceção no país.[166]

Anteriormente a essa decisão da Corte Interamericana, o Conselho Federal da OAB já havia tentado, junto ao STF, o reconhecimento da invalidade

---

CANTOR, Ernesto Rey, *Control de convencionalidad de las leyes y derechos humanos*, cit., p. LXI-LXVI.

[164] Sobre tais temperamentos, já escrevemos em outra obra: "[...] salvo a hipótese de violação formal manifesta de norma interna (constitucional) de fundamental importância para concluir tratados, uma parte não poderá jamais invocar disposições (materiais) de seu Direito interno (quaisquer delas, inclusive as da própria Constituição) como justificativa para descumprir o acordo internacional (art. 27). [...] A Constituição brasileira de 1988 aceita essa construção, ainda que por fundamentos diferentes, no que tange ao Direito Internacional convencional relativo aos direitos humanos (art. 5.º, §§ 2.º e 3.º). Quanto aos demais tratados, pensamos que eles cedem perante a Constituição, por força do preceito constitucional que sujeita os tratados à fiscalização de constitucionalidade (art. 102, inc. III, alínea *b*). Somente na falta desse comando constitucional é que a norma *pacta sunt servanda*, bem como o art. 27 da Convenção de Viena, imporiam a prevalência de *todos* os tratados internacionais sobre a nossa Constituição. Pelo fato de a Constituição brasileira consagrar a declaração de inconstitucionalidade de tratados, e dado que não há no nosso texto constitucional menção expressa sobre o grau hierárquico a ser atribuído aos tratados internacionais comuns, parece não restar outra saída senão atribuir valor infraconstitucional a tais tratados, ainda que *supralegal*" (MAZZUOLI, Valerio de Oliveira, *Curso de direito internacional público*, cit., p. 208 e 210).

[165] A propósito, no âmbito do STJ relembre-se da edição da Súmula n.º 647: "São imprescritíveis as ações indenizatórias por danos morais e materiais decorrentes de atos de perseguição política com violação de direitos fundamentais ocorridos durante o regime militar".

[166] Para detalhes sobre esse julgamento, *v.* GOMES, Luiz Flávio & MAZZUOLI, Valerio de Oliveira (orgs.), *Crimes da ditadura militar: uma análise à luz da jurisprudência atual da Corte Interamericana de Direitos Humanos*, São Paulo: RT, 2011.

Parte II • Cap. 2 • CONTROLE DE CONVENCIONALIDADE NO DIREITO BRASILEIRO | **159**

da Lei de Anistia brasileira (Lei n.º 6.683/1979).[167] Porém, o STF (por 7 votos contra 2) acabou *validando* a referida Lei, em 29 de abril de 2010.[168]

A Corte Interamericana, então, na sentença do *Caso Gomes Lund*, acusou o Estado brasileiro (em especial o seu Poder Judiciário) de não ter controlado a convencionalidade da Lei de Anistia em relação à Convenção Americana (que, segundo o próprio STF, tem valor *supralegal* no Brasil). Observou a Corte que as autoridades jurisdicionais do Brasil não cumpriram com o dever de decidir levando em consideração a Convenção Americana, bem como a interpretação que dela faz a Corte Interamericana.

---

[167] *V.* STF, ADPF n.º 153.

[168] Veja-se excerto da Ementa: "[...] 2. O argumento descolado da dignidade da pessoa humana para afirmar a invalidade da conexão criminal que aproveitaria aos agentes políticos que praticaram crimes comuns contra opositores políticos, presos ou não, durante o regime militar, não prospera. [...] A chamada Lei de Anistia diz com uma conexão *sui generis*, própria ao momento histórico da transição para a democracia. [...] 4. A lei estendeu a conexão aos crimes praticados pelos agentes do Estado contra os que lutavam contra o Estado de exceção; daí o caráter bilateral da anistia, ampla e geral, que somente não foi irrestrita porque não abrangia os já condenados – e com sentença transitada em julgado, qual o Supremo assentou – pela prática de crimes de terrorismo, assalto, sequestro e atentado pessoal. [...] No caso das leis-medida interpreta-se, em conjunto com o seu texto, a realidade no e do momento histórico no qual ela foi editada, não a realidade atual. É a realidade histórico-social da migração da ditadura para a democracia política, da transição conciliada de 1979, que há de ser ponderada para que possamos discernir o significado da expressão crimes conexos na Lei n. 6.683. É da anistia de então que estamos a cogitar, não da anistia tal e qual uns e outros hoje a concebem, senão qual foi na época conquistada. [...] A chamada Lei da Anistia veicula uma decisão política assumida naquele momento – o momento da transição conciliada de 1979. A Lei n. 6.683 é uma lei-medida, não uma regra para o futuro, dotada de abstração e generalidade. Há de ser interpretada a partir da realidade no momento em que foi conquistada. 6. A Lei n. 6.683/79 precede a Convenção das Nações Unidas contra a Tortura e Outros Tratamentos ou Penas Cruéis, Desumanos ou Degradantes – adotada pela Assembleia Geral em 10 de dezembro de 1984, vigorando desde 26 de junho de 1987 – e a Lei n. 9.455, de 7 de abril de 1997, que define o crime de tortura; e o preceito veiculado pelo artigo 5.º, XLIII da Constituição – que declara insuscetíveis de graça e anistia a prática da tortura, entre outros crimes – não alcança, por impossibilidade lógica, anistias anteriores a sua vigência consumadas. A Constituição não afeta leis-medida que a tenham precedido. [...] 8. Revisão de lei de anistia, se mudanças do tempo e da sociedade a impuserem, haverá – ou não – de ser feita pelo Poder Legislativo, não pelo Poder Judiciário. 9. A anistia da lei de 1979 foi reafirmada, no texto da EC 26/85, pelo Poder Constituinte da Constituição de 1988. Daí não ter sentido questionar-se se a anistia, tal como definida pela lei, foi ou não recebida pela Constituição de 1988; a nova Constituição a [re]instaurou em seu ato originário. [...] Afirmada a integração da anistia de 1979 na nova ordem constitucional, sua adequação à Constituição de 1988 resulta inquestionável. [...] 10. Impõe-se o desembaraço dos mecanismos que ainda dificultam o conhecimento do quanto ocorreu no Brasil durante as décadas sombrias da ditadura".

No § 177 da sentença, disse textualmente a Corte que o controle de convencionalidade não foi observado pelo Poder Judiciário brasileiro:

> No presente caso, o Tribunal observa que não foi exercido o controle de convencionalidade pelas autoridades jurisdicionais do Estado e que, pelo contrário, a decisão do Supremo Tribunal Federal confirmou a validade da interpretação da Lei de Anistia, sem considerar as obrigações internacionais do Brasil derivadas do Direito Internacional, particularmente aquelas estabelecidas nos artigos 8.º e 25 da Convenção Americana, em relação com os artigos 1.1 e 2 do mesmo instrumento. O Tribunal estima oportuno recordar que a obrigação de cumprir as obrigações internacionais voluntariamente contraídas corresponde a um princípio básico do direito sobre a responsabilidade internacional dos Estados, respaldado pela jurisprudência internacional e nacional, segundo o qual aqueles devem acatar suas obrigações convencionais internacionais de boa-fé (*pacta sunt servanda*). Como já salientou esta Corte e conforme dispõe o artigo 27 da Convenção de Viena sobre o Direito dos Tratados de 1969, os Estados não podem, por razões de ordem interna, descumprir obrigações internacionais. As obrigações convencionais dos Estados-partes vinculam todos seus poderes e órgãos, os quais devem garantir o cumprimento das disposições convencionais e seus efeitos próprios (*effet utile*) no plano de seu direito interno.[169]

Disse ainda a Corte Interamericana que as disposições da Lei de Anistia brasileira, que impedem a investigação e sanção de graves violações de direitos humanos, são completamente "incompatíveis com a Convenção Americana, carecem de efeitos jurídicos" e não podem "continuar a representar um obstáculo para a investigação dos fatos do presente caso, nem para a identificação e punição dos responsáveis, nem podem ter igual ou similar impacto sobre outros casos de graves violações de direitos humanos consagrados na Convenção Americana ocorridos no Brasil".[170]

Em suma, o que fez a Corte nesse caso foi controlar a convencionalidade (de modo complementar, secundário) da Lei de Anistia brasileira em substituição ao Judiciário nacional, que deveria ter controlado a convencionalidade dessa lei em primeira mão (em face da Convenção Americana) e não o fez. Como já vimos, cabe em primeiro lugar ao Estado controlar a convencionalidade (interna) das leis, devendo a Corte Interamericana tomar para si a competência de controle (internacional) em caso de inação do Estado ou de julgamento in-

---

[169] Corte IDH, *Caso Gomes Lund e Outros ("Guerrilha do Araguaia") vs. Brasil*, Exceções Preliminares, Mérito, Reparações e Custas, sentença de 24 de novembro de 2010, Série C, n.º 219, § 177.

[170] Idem, § 174.

suficiente, eis que a sua jurisdição é complementar e coadjuvante do Judiciário nacional em matéria de direitos humanos. A Corte Interamericana é a "intérprete última" da Convenção Americana, certo de que a intérprete primeira da Convenção é toda a magistratura nacional dos Estados-partes, cujo dever é o de controlar a convencionalidade em primeira mão e *ex officio*. No caso em apreço, a Corte Interamericana reconheceu não ter o Brasil controlado (como deveria) a convencionalidade da Lei de Anistia, tomando para si a competência (final, última) de controle.

A consequência prática dessa decisão internacional é que a Lei de Anistia brasileira deixou de ter valor jurídico (é *inválida*, no sentido já explicado no item 2.3, *supra*). Ou seja, doravante não poderá mais o Estado impedir a apuração dos referidos crimes cometidos pelos seus agentes (ditadores ou por quem agiu em nome da ditadura), devendo eliminar todos os obstáculos jurídicos que durante anos impediram as vítimas ou seus familiares do acesso à informação, à verdade e à justiça.[171]

Quando o STF validou a Lei de Anistia brasileira, dois foram os votos vencidos: o do Ministro Ricardo Lewandowski e o do Ministro Carlos Ayres Britto. Foram eles os dois únicos a compreender (na ocasião) a atual dimensão da proteção dos direitos humanos, que não é mais só doméstica (mas também internacional). Compreenderam que em matéria de direitos humanos a última palavra não é mais do STF, mas da Corte Interamericana de Direitos Humanos, que é a intérprete última da Convenção Americana e cujas decisões os Estados-partes têm o dever de fielmente cumprir.

Do sistema do *domestic affair* (em que a tutela dos direitos competia exclusivamente aos juízes nacionais) passamos para o sistema do *international concern* (segundo o qual, se os juízes nacionais não tutelam um determinado direito, este pode e deve ser tutelado pelos juízes internacionais). Os juízes internos fiscalizam o produto legislativo do Congresso Nacional; se eles não amparam os direitos das pessoas, compete às cortes internacionais cumprir esse mister, em derradeiro plano.

Para os fins que interessam a este estudo, o que importa destacar é o seguinte: quando não exercido o controle de convencionalidade pelo Judiciário interno, a Corte Interamericana (em sua função complementar das jurisdições nacionais) é que irá realizá-lo em último grau, de modo definitivo e irrecorrível. Assim, esse tipo de controle sempre será exercido, se não pelo Judiciário local, pelo órgão competente para realizar a interpretação última da Convenção Americana sobre Direitos Humanos (controle de convencionalidade em sede internacional).

---

[171] Sobre o tema, *v.* Mazzuoli, Valerio de Oliveira, *Comentários à Convenção Americana sobre Direitos Humanos*, cit., p. 32-33.

2.6 Controles legislativo e executivo da convencionalidade das leis

Durante todo este estudo verificou-se de que forma o Poder Judiciário brasileiro deve controlar a convencionalidade das leis no país. Porém, para além de um controle *jurisdicional* da convencionalidade das leis, é também possível visualizar os controles *legislativo* e *executivo* dessa mesma convencionalidade no modelo brasileiro atual. De fato, se todos os tratados de direitos humanos guardam nível de norma constitucional no Brasil, forçoso é reconhecer que tanto o Poder Legislativo quanto o Poder Executivo (e os demais órgãos do Estado, como, *v.g.*, o Ministério Público) devem também respeito para com os tratados de direitos humanos aqui em vigor, a menos que se opere a sua denúncia. Mesmo acatando a jurisprudência atual do STF em matéria de hierarquia de tratados de direitos humanos, segundo a qual tais instrumentos (quando não internalizados pela sistemática do art. 5.º, § 3.º, da Constituição) guardam nível *supralegal* no país,[172] não sobra alternativa aos poderes Legislativo e Executivo em *também* respeitar o conteúdo desses tratados e pautar os seus atos nos termos dos seus comandos, especialmente no que tange ao processo de formação das leis no Estado brasileiro.

Os controles legislativo e executivo da convencionalidade das leis são ferramentas importantes a evitar a responsabilidade internacional do Estado por descumprimento de instrumentos internacionais de direitos humanos ratificados e em vigor no Brasil. Da mesma forma que se dá com o Judiciário, os poderes Legislativo e Executivo devem também verificar a convencionalidade das normas internas (naquilo que atine à sua esfera de competência) e seguir, inclusive, a interpretação que faz dos tratados de direitos humanos (caso exista) a jurisprudência internacional (em nosso entorno geográfico, a advinda da Corte Interamericana de Direitos Humanos).

Em suma, *todos* os poderes do Estado devem controlar a convencionalidade das leis que editam, não somente o Judiciário, senão também (e com intensidade comparável) os poderes Legislativo e Executivo, como já decidiu a Corte Interamericana no julgamento dos casos *Cabrera García e Montiel Flores* vs. *México* (2010) e *Gelman* vs. *Uruguai* (2011).[173]

2.6.1 Controle legislativo da convencionalidade

Se, durante o processo legislativo, o Congresso Nacional (Câmara dos Deputados e Senado Federal) controla preventivamente a *constitucionalidade* das

---

[172] V. STF, RE n.º 466.343/SP, rel. Min. CEZAR PELUSO, julg. 03.12.2008, já citado.

[173] Corte IDH, *Caso Cabrera García e Montiel Flores* vs. *México*, Exceção Preliminar, Mérito, Reparações e Custas, sentença de 26 de novembro de 2010, Série C, n.º 220, § 225; e Corte IDH, *Caso Gelman* vs. *Uruguai*, Mérito e Reparações, sentença de 24 de fevereiro de 2011, Série C, n.º 221, § 193.

leis, da mesma forma há de controlar a *convencionalidade* da produção normativa doméstica (especialmente por meio de suas Comissões de Constituição e Justiça). Dessa forma, deve o Congresso verificar a constitucionalidade *e a convencionalidade* das normas que tramitam perante as suas duas Casas, devendo rejeitar os projetos de leis inconvencionais, ainda que guardem compatibilidade com a Constituição (quando esta é *menos benéfica* que o tratado em causa). As Comissões de Constituição e Justiça do Congresso Nacional passam a ser, também, comissões de "Constituição, *Convencionalidade* e Justiça", pois é seu mister controlar, além da constitucionalidade, a convencionalidade das normas que se aprovam no Parlamento. Essa responsabilidade controlatória da convencionalidade das leis há de se repetir em todos os níveis legislativos, é dizer, nos planos estadual, distrital e municipal.

Como se percebe, o exercício da dupla compatibilidade vertical material aqui estudada (*v.* item 2.4, *supra*) não é tarefa exclusiva do Poder Judiciário, senão também do Poder Legislativo (de maneira *preventiva*) quando da tramitação de uma norma no quadro do processo legislativo. No exercício dessa tarefa, deve o Poder Legislativo proceder à completa "interpretação conforme" aos tratados de direitos humanos no que tange às leis que pretende editar, sob pena de responsabilização internacional do Estado.

Também de maneira *repressiva* – no que tange às leis *já em vigor* – deve o Congresso Nacional controlar a convencionalidade, quando verificar que norma interna vigente está a afrontar tratado de direitos humanos ratificado e em vigor no Estado. Os parlamentares (deputados e senadores) têm a imensa responsabilidade de zelar pelo cumprimento dos instrumentos internacionais de direitos humanos de que o Brasil é parte. Assim ocorreu, *v.g.*, com a edição pelo Parlamento brasileiro da Lei n.º 12.470/2011, que alterou o art. 20, § 2.º, da Lei n.º 8.742/1993, com o fim de atribuir às pessoas com deficiência um conceito ético e conforme a Convenção sobre os Direitos das Pessoas com Deficiência de 2007, que integra o direito brasileiro com equivalência de emenda constitucional. A redação originária do art. 20, § 2.º, da Lei n.º 8.742/1993 empregava um conceito de pessoa com deficiência, para efeito de concessão do benefício assistencial, que não guardava mínima concordância com o conceito atual previsto pela Convenção de Nova York de 2007, dizendo o seguinte: "Para efeito de concessão deste benefício, a pessoa portadora de deficiência é aquela incapacitada para a vida independente e para o trabalho". Ora, uma pessoa incapacitada para a vida independente e para o trabalho está completamente inválida, e por tal motivo as pessoas com deficiência tinham extrema dificuldade em receber o benefício pelo enquadramento legal. Houve a propositura, pelo Procurador-Geral da República, de uma ADPF perante o STF (ADPF 182, de 09.07.2009) com o fim de declarar, com eficácia *erga omnes* e efeito vinculante, a invalidade, por não recepção, do art. 20, § 2.º, da Lei n.º 8.742/1993, em face da Convenção so bre os Direitos das Pessoas com Deficiência. No entanto, em um ato merecedor de aplausos, o Parlamento brasileiro se adiantou ao julgamento do STF e, verificando a inconvencionalidade da norma, alterou o texto normativo originário (abrupto em relação ao conceito de pessoa com deficiência) adaptando-o ao texto da Convenção de 2007. Editou-se, assim, a Lei n.º 12.470/2011 alterando o art. 20, § 2.º, da Lei n.º 8.742/1993, para atribuiu às pessoas com deficiência o mesmo conceito (*ipsis litteris*) da Convenção de Nova York. Portanto, houve no seio do Parlamento um exemplar controle legislativo da convencionalidade da norma interna, fruto da ameaça de a ADPF proposta perante o STF ser julgada procedente. Posteriormente, a Lei n.º 13.146/2015 (*Estatuto da Pessoa com Deficiência*) manteve o mesmo entendimento e a conformidade conceitual de "pessoa com deficiência" com o que previsto pela Convenção internacional, o que levou o STF a arquivar a ADPF por perda superveniente do objeto.[174]

Doravante, portanto, deve o Parlamento brasileiro acostumar-se em proceder à análise conjunta da constitucionalidade e da convencionalidade das normas que está a aprovar ou daquelas que já se encontram em vigor no país, evitando, ao máximo, que uma inconvencionalidade venha a ser declarada futuramente pelo Poder Judiciário, e que, em última análise, seja o Brasil responsabilizado internacionalmente por violação de direitos humanos.

2.6.2 *Controle executivo da convencionalidade*

O Poder Executivo tem também papel relevante no que tange ao controle de convencionalidade das leis, notadamente quando do exercício do *veto* aos projetos de lei inconvencionais. De fato, a Constituição brasileira garante ao Presidente da República a faculdade de vetar, no todo ou em parte, o projeto de lei que considerar "inconstitucional ou contrário ao interesse público" (CF, art. 66, § 1.º).[175] Caso o governo não entenda (como entendemos neste estudo) terem quaisquer tratados de direitos humanos *status* de norma constitucional, ao menos no que tange aos tratados *equivalentes* às emendas constitucionais (art. 5.º, § 3.º) afigura-se *dever* do Presidente da República verificar se o projeto de lei a sancionar é inconvencional, caso em que deverá vetá-lo na parte que violar o tratado, ou totalmente, se for o caso (ainda que seja o projeto *constitucional*, contudo menos benéfico aos cidadãos). Porém, no caso dos tratados de direitos

---

[174] Decisão do Min. Celso de Mello, de 24.04.2020.

[175] *In verbis*: "Se o Presidente da República considerar o projeto, no todo ou em parte, inconstitucional [leia-se também, *inconvencional*] ou contrário ao interesse público, vetá-lo-á total ou parcialmente, no prazo de quinze dias úteis, contados da data do recebimento, e comunicará, dentro de quarenta e oito horas, ao Presidente do Senado Federal os motivos do veto".

humanos não internalizados pela sistemática qualificada do art. 5.º, § 3.º, se entender o Presidente da República (seguindo a jurisprudência do STF) que tais instrumentos ostentam nível apenas *supralegal* no país, mesmo assim poderá vetar determinado projeto de lei em razão de entendê-lo "contrário ao interesse público", eis que o não cumprimento de um tratado de direitos humanos (mais benéfico) de que o Brasil é parte seguramente contraria o interesse da generalidade dos cidadãos (no que o veto presidencial por inconvencionalidade, também por esse motivo, seria plenamente legítimo).

Também o administrador público, em geral, da mesma forma que deve pautar-se pela Constituição e pelas leis vigentes e válidas no país, deverá (doravante) ter em conta o comando dos tratados de direitos humanos em vigor no Estado naquilo que também forem *mais benéficos* aos administrados. Embora aqui não se trate propriamente de *controle* de convencionalidade, trata-se, porém, de *respeito* para com o comando mais benéfico dos tratados internacionais em vigor no Estado, cujo descumprimento acarreta a este último a responsabilidade internacional. Assim, a Administração Pública de um Estado de Direito (aquele submetido ao direito nacional e internacional) deve respeitar os comandos dos tratados de direitos humanos em vigor no Estado ao expedir quaisquer atos administrativos e celebrar contratos administrativos, submetendo suas decisões ao crivo de compatibilidade material desses tratados, bem assim (quando tal for possível) da jurisprudência da Corte Interamericana a respeito do tema.[176] Como acertadamente destaca ERNESTO REY CANTOR, doravante "os atos administrativos deverão respeitar as leis, e estas deverão respeitar a Constituição, e esta deverá respeitar os tratados internacionais em que o Estado seja parte, submetendo-se a Administração ao direito internacional dos direitos humanos", de modo que "a jurisprudência internacional dos direitos humanos será a principal fonte do Direito Administrativo, mantendo incólumes os princípios da supremacia da Constituição e da presunção de legalidade dos atos administrativos".[177]

Destaque-se, ademais, que o controle executivo da convencionalidade deve realizar-se – conforme a jurisprudência da Corte Interamericana – também de forma *ex officio*, é dizer, sem a necessidade de requerimento do administrado.[178] A Administração Pública, assim agindo, garante ao administrado o "devido

---

[176] *V.* CANTOR, Ernesto Rey, *Control de convencionalidad de las leyes y derechos humanos*, cit., p. 196-197; e SAGÜÉS, Néstor Pedro, Notas sobre el control ejecutivo de convencionalidad, in BAZÁN, Víctor, RIVERA, Edwin Castro & TERÁN, Sergio J. Cuarezma (orgs.), *Estado constitucional y convencional*, Managua: INEJ/Hispamer, 2017, p. 56.

[177] CANTOR, Ernesto Rey, *Control de convencionalidad de las leyes y derechos humanos*, cit., p. 197.

[178] Corte IDH, *Caso Gelman* vs. *Uruguai*, Mérito e Reparações, sentença de 24 de fevereiro de 2011, Série C, n.º 221, § 193.

processo convencional" no âmbito administrativo e evita, em consequência, a responsabilização internacional do Estado por violação das convenções internacionais de direitos humanos de que o Brasil é parte.

É evidente, porém, que o exercício do controle executivo da convencionalidade deve inserir-se "no marco de suas respectivas competências e dos regulamentos processuais correspondentes", como deixou claro a Corte Interamericana no § 193 do caso *Gelman* vs. *Uruguai*. Portanto, esse controle pode variar de país para país, a depender do que estabelecem as normas sobre competência e os regulamentos processuais de cada qual. No Brasil, como se viu, em vários casos poderá o administrador controlar a convencionalidade das leis, como, *v.g.*, quando veta um projeto de lei inconvencional.

Assim, a exemplo do que conclui SAGÜÉS, pode-se dizer que se o órgão executivo ou administrativo está habilitado a realizar o controle de constitucionalidade, *per se*, no marco das respectivas competências e das normas processuais correspondentes, também terá a faculdade de realizar *in concreto* o controle de convencionalidade das leis; porém, se não for legalmente competente para consumar o controle repressivo de constitucionalidade, não estará também habilitado a realizar o controle repressivo de convencionalidade. Nesse último caso, deverá o órgão executivo levar (nos países em que tal for possível) a *quaestio juris* ao órgão estatal competente para a realização do controle repressivo de constitucionalidade/convencionalidade.[179]

Seja como for, a conclusão que se chega é a de que os três poderes do Estado – o Legislativo, o Executivo e o Judiciário (para além do Ministério Público) – estão submetidos ao direito internacional dos direitos humanos e devem respeitá-lo, tendo, cada qual, a sua parcela definida de responsabilidade na observância, aplicação e fiscalização do cumprimento das normas internacionais ratificadas e em vigor no Estado.

2.7   Reserva de plenário no controle de convencionalidade

Questão de suma importância é saber se, no direito constitucional brasileiro, a cláusula de reserva de plenário (CF, art. 97) terá aplicação também ao controle de convencionalidade das leis, para além do controle de constitucionalidade.

Segundo o art. 97 da Constituição de 1988, "[s]omente pelo voto da maioria absoluta de seus membros ou dos membros do respectivo órgão especial poderão os tribunais declarar a inconstitucionalidade de lei ou ato normativo do Poder Público". Essa conhecida regra sobre reserva de plenário é corrobora-

---

[179] V. SAGÜÉS, Néstor Pedro, Notas sobre el control ejecutivo de convencionalidad, cit., p. 58.

da pela Súmula Vinculante n.º 10 do STF, segundo a qual "[v]iola a cláusula de reserva de plenário (CF, art. 97) a decisão de órgão fracionário de Tribunal que, embora não declare expressamente a inconstitucionalidade de lei ou ato normativo do Poder Público, afasta sua incidência, no todo ou em parte".

Tais comandos, contudo, não têm aplicação no exercício do controle difuso de convencionalidade, quando o tratado de direitos humanos em questão não guardar *equivalência* às normas constitucionais, isto é, quando incorporado à ordem jurídica brasileira pelo método tradicional de incorporação de tratados (aprovação pelo Congresso Nacional por *maioria simples* nas duas Casas). A grande maioria dos tratados de direitos humanos incorporados à nossa ordem jurídica não guarda equivalência às normas constitucionais, dada a sua não aprovação com quórum qualificado pelo Parlamento Federal, nos termos do art. 5.º, § 3.º, da Constituição. Sabe-se já que, conforme a jurisprudência atual do STF, os tratados de direitos humanos incorporados por maioria simples guardam nível *supralegal* no Brasil, estando acima das leis, porém *abaixo* da Constituição. Os tribunais brasileiros aplicam tais tratados – no exercício do controle de convencionalidade *difuso* – com autonomia e independência do controle de constitucionalidade, podendo, assim, determinada norma ser *compatível* com a Constituição, porém *inconvencional*, dada a sua incompatibilidade com o tratado de direitos humanos em vigor no Brasil.

Portanto, quando se tratar do exercício do controle difuso de convencionalidade das leis sobre tratados aprovados pelo modelo tradicional, sem equivalência às emendas constitucionais, a cláusula constitucional de reserva de plenário não será observada pela Corte julgadora, porque inaplicável a tais tratados assim incorporados. Com isso, poderão os órgãos fracionários dos tribunais (estaduais, federais ou superiores) declarar a inconvencionalidade das leis em casos concretos, sem qualquer empecilho.

Tal não ocorrerá, no entanto, em casos de declaração de inconvencionalidade de normas que afrontam os tratados de direitos humanos *equivalentes às emendas constitucionais*, isto é, aprovados nos moldes do art. 5.º, § 3.º, da Constituição, desde que já devidamente ratificados e em vigor no Estado. Em casos tais, se estará diante de tratados que "equivalem" às emendas constitucionais e, portanto, a reserva de plenário será de absoluto rigor.

O STJ já teve a oportunidade de visitar o tema e decidir, corretamente, nesse exato sentido:

> Anote-se, ainda, que o controle de convencionalidade não se confunde com o controle de constitucionalidade, uma vez que a posição supralegal do tratado de direitos humanos é bastante para superar a lei ou ato normativo interno que lhe for contrária, abrindo ensejo a recurso especial, como, aliás, já fez

esta Corte Superior ao entender pela inconvencionalidade da prisão civil do depositário infiel.

A propósito, o art. 105, III, "a", da Constituição Federal de 1988 estabelece, expressamente, a competência do Superior Tribunal de Justiça para "julgar, em recurso especial, as causas decididas, em única ou última instância, pelos Tribunais Regionais Federais ou pelos Tribunais dos Estados, do Distrito Federal e Territórios, quando a decisão recorrida contrariar *tratado* ou lei federal, ou negar-lhes vigência" (grifou-se.)

Se a discussão girasse em torno de tratado ou convenção votado sob regime do art. 5.º, § 3.º, da CF), a coisa seria diferente, porque a norma, aí, teria *status* de emenda constitucional e, desse modo, haveria controle de constitucionalidade, com usurpação da competência do Supremo Tribunal Federal, na hipótese de controle concentrado, ou da Corte Especial do Superior Tribunal de Justiça, em caso de controle difuso (cláusula de reserva de plenário).[180]

De fato, o mandamento do art. 5.º, § 3.º, da Constituição faz com que *todas* as normas internacionais "equivalentes" às emendas constitucionais respeitem as *mesmas regras* aplicáveis às normas constitucionais em geral, não sendo diferente com a exigência da reserva de plenário nos tribunais brasileiros.

Portanto, se a reserva de plenário é de rigor para a hipótese de declaração de inconstitucionalidade de determinada norma, também será exigida quando se pretender declarar a inconvencionalidade de lei ou ato normativo do Poder Público que afronte tratado de direitos humanos *equivalente* a emenda constitucional. Todos os demais tratados de direitos humanos incorporados ao direito brasileiro sem equivalência de emenda afastam do exercício do controle de convencionalidade a necessidade de reserva de plenário, podendo a questão – declaração de inconvencionalidade de determinada norma – ser levada a efeito pelos órgãos fracionários dos tribunais nacionais. *Tollitur quaestio.*

2.8 Recursos excepcionais e controle de convencionalidade

No que tange ao controle difuso de convencionalidade, questão interessante a ser analisada diz respeito ao cabimento dos recursos excepcionais perante os tribunais superiores brasileiros, notadamente perante o Supremo Tribunal Federal.

No STF, caberá Recurso Extraordinário sempre que a decisão recorrida contrariar o disposto na Constituição ou em qualquer tratado de direitos humanos em vigor no Brasil. A essa solução se chega interpretando o art. 102, III, *a*, da Constituição – que diz caber ao STF "julgar, mediante recurso extraordinário,

---

[180] STJ, REsp. n.º 1.640.084/SP, 5.ª Turma, voto do Min. Ribeiro Dantas, julg. 15.12.2016, *DJe* 01.02.2017, p. 12.

as causas decididas em única ou última instância, quando a decisão recorrida contrariar dispositivo *desta Constituição*" – juntamente com o art. 5.º, § 2.º, da mesma Carta, segundo o qual os direitos e garantias expressos na Constituição "não excluem outros decorrentes [...] dos *tratados internacionais* [de direitos humanos] em que a República Federativa do Brasil *seja parte* [isto é, tratados já ratificados que estão em vigor internacional]".

Se o Recurso Extraordinário é instrumento do controle *difuso* de constitucionalidade, e se os direitos e garantias expressos na Constituição *não excluem* outros decorrentes dos tratados de direitos humanos em que o Brasil seja parte, parece certo que a referência prevista no art. 102, III, *a*, da Carta de 1988, sobre o cabimento do Recurso Extraordinário "quando a decisão recorrida contrariar dispositivo *desta* Constituição", há de ser ampliada – no que tange à proteção dos direitos humanos e fundamentais – com a integração do conteúdo daqueles tratados ao bloco de constitucionalidade, quer tenham tais instrumentos *status* de norma constitucional (art. 5.º, § 2.º) ou, mais ainda, *equivalência* de emenda constitucional (art. 5.º, § 3.º).

A questão já foi debatida no STF em voto proferido pelo Ministro TEORI ZAVASCKI na ADI n.º 5.240/SP, em que se discutia a validade de provimento do Tribunal de Justiça de São Paulo relativo às audiências de custódia (*v. infra*, item 3.4). Em seu voto, entendeu o Ministro pela possibilidade do exercício de controle de convencionalidade pelo STF, tendo como paradigma tratado de direitos humanos não internalizado com equivalência de emenda constitucional no Brasil, assim aduzindo:

> Senhor Presidente, a questão da natureza do Pacto de São José da Costa Rica surge, na verdade, porque a convenção trata de direitos humanos. Se tratasse de outros temas, penso que não haveria dúvida a respeito da sua natureza equivalente à lei ordinária, e há afirmação do Supremo Tribunal Federal, desde muito tempo nesse sentido.
>
> A questão surgiu com a Emenda n.º 45, que veio a conferir certas características especiais às convenções sobre direitos humanos. Essa convenção [Convenção Americana sobre Direitos Humanos] foi anterior à Emenda n.º 45, por isso que se gerou debate. Mas, mesmo que seja considerada, como reza a jurisprudência do Supremo, uma norma de hierarquia supralegal (e não constitucional), penso que o controle – que se poderia encartar no sistema de controle da convencionalidade – deve ser exercido para aferir a compatibilidade da relação entre uma norma supralegal e uma norma legal. E o exercício desse controle só pode ser da competência do Supremo Tribunal Federal.[181]

---

[181] STF, ADI n.º 5.240/SP, Tribunal Pleno, voto no Min. TEORI ZAVASCKI, julg. 20.08.2015, *DJe* 01.02.2016.

Para nós, o argumento mais forte a ser levado em consideração é o de que, ao se violar norma de tratado internacional de direitos humanos incorporado ao direito brasileiro, se está também violando o próprio núcleo constitucional de proteção dos direitos fundamentais, dado que a Constituição *recebe* tais tratados (é dizer, os incorpora ao bloco de constitucionalidade) pelo comando do art. 5.º, § 2.º, à luz da expressão "não excluem". Por isso, quaisquer tratados internacionais de direitos humanos em vigor no Brasil (tenham sido ou não aprovados por maioria qualificada no Congresso Nacional) hão de servir de paradigma à propositura do Recurso Extraordinário perante o STF, sempre que um direito neles previsto seja contrariado por decisão tomada em única ou última instância.[182]

No julgamento do RE n.º 466.343/SP, relativo à prisão civil de depositário infiel, o STF controlou a convencionalidade, inclusive, de norma constitucional e editou a Súmula Vinculante n.º 25, segundo a qual "[é] ilícita a prisão civil de depositário infiel, qualquer que seja a modalidade de depósito". De fato, a Constituição brasileira (art. 5.º, LXVII) *permite* a prisão de depositário infiel, enquanto a Convenção Americana (art. 7º, 7) a *proíbe*. Tratou-se, portanto, de exercício do controle de convencionalidade difuso relativo a texto expresso da Constituição. Perceba-se: a questão relativa ao controle de convencionalidade foi suscitada no STF por Recurso Extraordinário, que foi aceito e julgado pela Corte, para, ao final, dar a resposta adequada ao caso concreto, com edição, inclusive, de Súmula Vinculante sobre a matéria. Houve o exercício do controle de convencionalidade difuso perante o STF, tendo como paradigma tratado internacional de direitos humanos não internalizado pela sistemática do art. 5.º, § 3.º, da Constituição, levado ao conhecimento do STF por Recurso Extraordinário. Em casos tais, não se trata de violação meramente *indireta* ou *reflexa* da Constituição, senão de violação do núcleo constitucional de proteção e garantia de direitos fundamentais *stricto sensu*. Daí o cabimento do Recurso Extraordinário perante o STF em hipóteses como essa.

---

[182] Frise-se que para que o Recurso Extraordinário seja *conhecido* pelo STF deve haver demonstração de "repercussão geral", tal como dispõe o art. 102, § 3.º, da Constituição: "No recurso extraordinário o recorrente deverá demonstrar a repercussão geral das questões constitucionais discutidas no caso, nos termos da lei, a fim de que o Tribunal examine a admissão do recurso, somente podendo recusá-lo pela manifestação de dois terços de seus membros". Nos termos do art. 1.035, § 1.º, do Código de Processo Civil de 2015: "Para efeito da repercussão geral, será considerada a existência ou não de questões relevantes do ponto de vista econômico, político, social ou jurídico, que ultrapassem os interesses subjetivos do processo". Independentemente de qualquer discussão sobre o tema, não há dúvida de que as causas envolvendo tratados de direitos humanos têm notória repercussão geral, fato que obriga o STF a sempre conhecer tais recursos quando fundamentados em tratados desse gênero.

No caso da decisão do STF no RE n.º 466.343/SP, mesmo tendo o tribunal alocado os tratados de direitos humanos (não aprovados por maioria qualificada no Congresso) no nível *supralegal* de normas, certo é que o debate também envolvia a aplicação de uma norma *constitucional* (art. 5.º, LXVII) sobre a prisão civil de depositário infiel. Nessa perspectiva, poderão ocorrer duas situações práticas a serem consideradas: (*a*) o acórdão recorrido declara inconstitucional a incidência do tratado de direitos humanos de nível supralegal (conforme o STF) e, portanto, resolve a questão pelo controle de constitucionalidade; ou (*b*) controla a convencionalidade da lei, aplicando o tratado internacional e ignorando a incidência de norma constitucional sobre o mesmo assunto. Em ambas as situações, a norma constitucional é *aplicada* ou é *inaplicada* e, portanto, também sob essa perspectiva, a questão pode ser levada ao conhecimento do STF por meio de Recurso Extraordinário.[183]

O mesmo já não ocorre com as ações do controle *concentrado* de constitucionalidade, a exemplo da ADI, da ADECON ou da ADPF, que somente podem ser manejadas relativamente aos tratados internalizados pelo rito do art. 5.º, § 3.º, da Constituição, não se admitindo sua utilização tendo como fundamento um tratado que detém (o menos abrangente) *status* constitucional.[184] Certo, no entanto, é que, ao menos no que tange ao controle difuso de convencionalidade, as portas do STF permanecem abertas à discussão da convencionalidade das leis de diferentes categorias, à luz da totalidade das normas de direitos humanos em vigor no Brasil (mesmo guardando, para o STF, nível *supralegal* no país).

Quando, porém, se tratar de discutir o desacerto de interpretação legislativa levada a efeito por Tribunais de Justiça dos Estados ou por Tribunal Regional Federal sob a ótica da (in)convencionalidade da decisão, o recurso adequado será o Recurso Especial perante o STJ.[185]

---

[183]   Nesse exato sentido, *v.* MAIA, Luciano Mariz; LIRA, Yulgan; LIRA, Yure, Controle de convencionalidade nos recursos excepcionais, in MAIA, Luciano Mariz; LIRA, Yulgan (orgs.), *Controle de convencionalidade: temas aprofundados*, Salvador: JusPodivm, 2018, p. 177.

[184]   *V.* MAZZUOLI, Valerio de Oliveira, Podem os tratados de direitos humanos não "equivalentes" às emendas constitucionais servir de paradigma ao controle concentrado de convencionalidade?, cit., p. 222-229.

[185]   Cf. MARINONI, Luiz Guilherme, *Processo constitucional e democracia*, 2. ed. rev., atual. e ampl., São Paulo: RT, 2022, p. 1299.

Capítulo 3

Prática Jurisprudencial do Controle de Convencionalidade

3.1 Introdução

As edições anteriores desta monografia fizeram despertar no direito brasileiro o interesse prático pelo controle jurisdicional da convencionalidade das leis. Tal levou os tribunais brasileiros – tanto os superiores quanto os TRFs, TRTs e os Tribunais de Justiça dos Estados – a reconhecerem, na prática, a importância do controle de convencionalidade nas decisões de casos concretos, que muitas vezes eram resolvidos em desacordo com o que dispõem os tratados internacionais de direitos humanos em vigor no Brasil, o que poderia levar o Estado brasileiro à responsabilização internacional, no âmbito da Corte Interamericana de Direitos Humanos.

Aqui merece ser analisada a jurisprudência brasileira mais recente sobre controle de convencionalidade, para o fim de verificar o *estado da arte* desse mecanismo de controle normativo no direito brasileiro atual. Separamos, para tanto, temas de destaque na jurisprudência brasileira dos últimos tempos, e sobre o modo de decidir – aplicação correta ou equivocada dos tratados de direitos humanos – tecemos as devidas críticas.

De início, destaque-se o que disse o Ministro ROGERIO SCHIETTI CRUZ, do Superior Tribunal de Justiça, no julgamento do *Habeas Corpus* n.º 379.269/MS, em 24 de maio de 2017:

> Já tive a oportunidade de fazer referência, por ocasião do julgamento do Recurso Especial n.º 1.351.177-PR, à dificuldade que ainda temos de incorporar, não só à praxe dos tribunais, mas ao nosso modo de decidir, as normas de Direito Internacional.

Esse, *tout court*, é o retrato de como ainda se comporta o Poder Judiciário quando em causa a aplicação de normas internacionais, independentemente de sua índole. É exatamente essa dificuldade que se pretende, com o avanço da doutrina do controle de convencionalidade, superar no Brasil. Seja como for, certo é que em muitos casos importantes os tribunais brasileiros têm logrado aplicar as normas internacionais e controlar, ainda que com certa dificuldade, a convencionalidade das leis.

Nos itens seguintes, faremos uma análise de casos selecionados que demonstram como tem se comportado o Poder Judiciário relativamente ao exame de convencionalidade das leis. O caso clássico da prisão civil por dívida do depositário infiel (*RE* n.º 466.343-1/SP, rel. Min. CEZAR PELUSO, julg. 03.12.2008) não foi versado aqui, por já ter sido examinado no decorrer do Capítulo anterior. Aqui, cabe apenas referir que, naquela ocasião, o STF controlou bem a convencionalidade da norma interna que cominava prisão civil ao depositário infiel, em face do comando do art. 7.º, 7, da Convenção Americana sobre Direitos Humanos (*v. supra*).

3.2 Convencionalidade do duplo grau de jurisdição em matéria criminal (STF)

No julgamento da Ação Penal n.º 470 ("Caso Mensalão", iniciado em 2012) suscitou-se, perante o STF, violação à regra do art. 8.º, 2, *h*, da Convenção Americana sobre Direitos Humanos, que estabelece que toda pessoa, durante o processo, tem "direito de recorrer da sentença para juiz ou tribunal superior". Se essa tese (que é correta) fosse aceita pelo STF, dos trinta e cinco réus da Ação Penal n.º 470, apenas três (que detinham, à época, foro por prerrogativa de função) poderiam ser julgados, em única instância, pela nossa Suprema Corte. A tese, porém, não foi aceita pela maioria do STF naquela ocasião, e todos os réus da AP n.º 470 foram julgados em instância única, em flagrante violação à regra do duplo grau de jurisdição prevista na Convenção Americana.

Frise-se que, no primeiro dia de julgamento, o Ministro CELSO DE MELLO, ao analisar (em *Questão de Ordem*) a possibilidade de julgamento conjunto de todos os réus da ação penal perante o STF, assim se manifestou:

> A própria jurisprudência internacional, a respeito do princípio do duplo grau de jurisdição, tem reconhecido, como ressaltam, em seus preciosos comentários à Convenção Americana sobre Direitos Humanos, os professores LUIZ FLÁVIO GOMES e VALERIO DE OLIVEIRA MAZZUOLI, em extensa análise do artigo 8.º, item 3.º, alínea "h", do Pacto de São José da Costa Rica, que consagra o postulado do duplo grau, que há duas exceções, sendo uma delas a que envolve os processos instaurados perante "*o Tribunal Máximo de cada*

país", vale dizer, perante a Corte judiciária investida do mais elevado grau de jurisdição, como sucede com o Supremo Tribunal Federal.

A mim me parece, desse modo, Senhor Presidente, *com toda vênia*, que não há que se cogitar de transgressão às cláusulas quer da Convenção Americana de Direitos Humanos quer do Pacto Internacional de Direitos Civis e Políticos [destaques do original].[1]

Seguindo esse posicionamento, a Corte Suprema, por maioria de votos (9 contra e 2 a favor[2]), rejeitou o pedido do advogado Márcio Thomaz Bastos de desmembramento do processo, o que fez com que *todos* os réus do caso "Mensalão" (os que detinham e os que não detinham foro por prerrogativa de função) fossem julgados pelo STF, conjuntamente.

Honrou-nos o Ministro Celso de Mello com a citação de obra de nossa autoria, como suporte a justificar a tese da impossibilidade de desmembramento do processo. Cabe destacar, contudo, que a passagem doutrinária citada – relativa à seguinte obra: Gomes, Luiz Flávio & Mazzuoli, Valerio de Oliveira, *Comentários à Convenção Americana sobre Direitos Humanos: Pacto de San José da Costa Rica*, 3. ed. rev., atual. e ampl., São Paulo: RT, 2010, p. 135 – fazia referência ao sistema regional *europeu* de direitos humanos, em que realmente existe cláusula permissiva a *excepcionar* o duplo grau de jurisdição quando há processos instaurados pelas cortes supremas de cada país. De fato, dispõe o art. 2.º, 2, do Protocolo n.º 7 à Convenção Europeia de Direitos Humanos (de 1950) que o direito ao duplo grau "pode ser objeto de exceções em relação a infrações menores, definidas nos termos da lei, *ou quando o interessado tenha sido julgado em primeira instância pela mais alta jurisdição* ou declarado culpado e condenado no seguimento de recurso contra a sua absolvição" [grifo nosso]. Regra semelhante, porém, não existe na sistemática da Convenção Americana sobre Direitos Humanos, em que a garantia do duplo grau não comporta qualquer exceção.

Percebido o equívoco, o Ministro Celso de Mello, na sessão plenária do dia 18 de setembro de 2013, no julgamento do Agravo Regimental na Ação Penal n.º 470, reviu o seu posicionamento do dia 2 de agosto de 2012, para afirmar (agora corretamente, e também com apoio em nossa doutrina) o seguinte:

> Esse direito *ao duplo grau de jurisdição*, consoante adverte a Corte Interamericana de Direitos Humanos, é também invocável mesmo nas hipóteses de condenações penais em decorrência de prerrogativa de foro, decretadas,

---

[1] STF, AP n.º 470/MG, Questão de Ordem, voto do Min. Celso de Mello, julg. 02.08.2012, p. 152-153.

[2] Os 2 votos a favor foram dos Ministros Ricardo Lewandowski e Marco Aurélio.

em sede originária, por Cortes Supremas de Justiça estruturadas no âmbito dos Estados integrantes do sistema interamericano que hajam formalmente reconhecido, *como obrigatória*, a competência da Corte Interamericana de Direitos Humanos em todos os casos relativos à interpretação ou aplicação do Pacto de São José da Costa Rica. Não custa relembrar que o Brasil, *apoiando-se em soberana deliberação*, submeteu-se à jurisdição contenciosa da Corte Interamericana de Direitos Humanos, o que significa – *considerado o formal reconhecimento da obrigatoriedade* de observância e respeito da competência da Corte (Decreto n.º 4.463/2002) – que o Estado brasileiro comprometeu-se, por efeito de sua própria vontade político-jurídica, "*a cumprir a decisão da Corte em todo caso*" de que é parte (Pacto de São José da Costa Rica, Artigo 68). "*Pacta sunt servanda*"... É importante ter presente, no ponto, o magistério, sempre autorizado, dos eminentes Professores Luiz Flávio Gomes e Valerio de Oliveira Mazzuoli, cuja lição, no tema, a propósito do duplo grau de jurisdição no sistema interamericano de direitos humanos, notadamente após a Sentença proferida pela Corte Interamericana de Direitos Humanos no caso *Barreto Leiva* vs. *Venezuela*, vale rememorar: "As duas exceções ao direito ao duplo grau, que vêm sendo reconhecidas no âmbito dos órgãos jurisdicionais europeus [europeus!], são as seguintes: (*a*) caso de condenação imposta em razão de recurso contra sentença absolutória; (*b*) condenação imposta pelo tribunal máximo do país. Mas a sistemática do direito e da jurisprudência interamericana é distinta. Diferentemente do que se passa com o sistema europeu, vem o sistema interamericano afirmando que o respeito ao duplo grau de jurisdição é absolutamente indispensável, mesmo que se trate de condenação pelo órgão máximo do país. Não existem ressalvas no sistema interamericano em relação ao duplo grau de jurisdição". [...] Nem se diga que a soberania do Estado brasileiro seria oponível à autoridade das sentenças da Corte Interamericana de Direitos Humanos, quando proferidas no exercício de sua jurisdição contenciosa [grifos do original].[3]

Nesse exato sentido, o Ministro Ricardo Lewandowski, na decisão da *Questão de Ordem* antes referida, bem observou que o Brasil poderia ser internacionalmente responsabilizado caso o STF negasse vigência à regra da Convenção Americana que garante, sem exceção, o direito ao duplo grau de jurisdição em matéria criminal. Em suas palavras:

Preocupa-me, por fim, o fato de que, se este Supremo Tribunal persistir no julgamento único e final de réus sem prerrogativa de foro, ele estará, segundo penso, negando vigência ao mencionado art. 8º, 2, *h*, do Pacto de São José da Costa Rica, que lhes garante, sem qualquer restrição, o direito de recorrer, no caso de eventual condenação, a uma instância superior, insistência essa que

---

[3] STF, Ag. Reg. na AP n.º 470/MG, voto do Min. Celso de Mello, julg. 18.09.2013, p. 26-28.

Parte II • Cap. 3 • PRÁTICA JURISPRUDENCIAL DO CONTROLE DE CONVENCIONALIDADE | 177

poderá ensejar eventual reclamação perante a Comissão ou a Corte Interamericana de Direitos Humanos.[4]

Como se percebe, houve divergência na votação da *Questão de Ordem* do caso "Mensalão" perante o Supremo, tendo a tese (correta) do desmembramento do processo (baseada na garantia estabelecida pela Convenção Americana) restado vencida (o Ministro CELSO DE MELLO, como se viu, reconheceu o equívoco mais de um ano depois da apreciação da *Questão de Ordem*).

Assim, pode-se dizer que o Plenário do STF firmou (por maioria) a tese de que o duplo grau de jurisdição em matéria criminal previsto pela Convenção Americana *cede às regras processuais brasileiras* relativas à competência por prerrogativa de foro e sobre conexão. Tal, não há dúvidas, faz com que possa o Brasil ser responsabilizado no plano internacional por descumprimento (negativa de vigência) da garantia internacional do duplo grau de jurisdição, expressamente consagrada pelo art. 8.º, 2, *h*, do Pacto de São José.

No sistema interamericano, o tema relativo à garantia do duplo grau de jurisdição foi debatido pela Corte Interamericana de Direitos Humanos no julgamento do *Caso Barreto Leiva* vs. *Venezuela*, de 17 de novembro de 2009. Trata-se de caso paradigmático e que deve ser sempre referido quando se tratar de discussão relativa à garantia do duplo grau de jurisdição em matéria criminal em quaisquer Estados interamericanos, partes da Convenção Americana sobre Direitos Humanos.

Naquele caso específico, cuidava-se de ação penal em que o Sr. OSCAR ENRIQUE BARRETO LEIVA (ex-diretor geral setorial de Administração e Serviços do Ministério da Secretaria da Presidência da Venezuela) respondia conjuntamente com o ex-presidente CARLOS ANDRÉS PÉREZ e outras autoridades detentoras do foro privilegiado perante a Suprema Corte venezuelana. BARRETO LEIVA, contudo, não detinha a prerrogativa do foro como os demais réus, e mesmo assim, em razão da regra da conexão, foi julgado pela instância máxima do Poder Judiciário venezuelano, condenado a um ano e dois meses de prisão por crimes contra o patrimônio público praticados durante a sua gestão, em 1989. Após condenado, BARRETO LEIVA recorreu à Comissão Interamericana de Direitos Humanos, que, em 2008, admitiu a queixa e fez recomendações à Venezuela. Ausente qualquer resposta do Estado, a Comissão submeteu, então, a causa à jurisdição da Corte Interamericana, que entendeu, ao final, que a Venezuela violara o direito (expressamente consagrado na Convenção Americana) relativo ao duplo grau de jurisdição em matéria criminal, ao não oportunizar ao

---

[4] STF, AP n.º 470/MG, Questão de Ordem, voto do Min. RICARDO LEWANDOWSKI, julg. 02.08.2012, p. 92.

Sr. Barreto Leiva o direito de apelar para um tribunal *superior*, eis que a condenação por ele sofrida proveio de tribunal que conheceu do caso em única instância. Em outras palavras, entendeu a Corte Interamericana que o sentenciado não dispôs, em consequência da conexão, da possibilidade de impugnar a sentença condenatória, o que estaria a violar a garantia do duplo grau prevista (sem ressalvas) pelo Pacto de San José.

Destaque-se o seguinte trecho da sentença da Corte Interamericana, que condenou o Estado venezuelano por violação do duplo grau de jurisdição:

> O Tribunal assinalou nos parágrafos anteriores que a Venezuela violou o artigo 8.2.*h* da Convenção, porque não permitiu que o senhor Barreto Leiva recorresse da sentença condenatória prolatada em seu desfavor. A Comissão e o representante não solicitaram nenhuma medida de reparação, distinta da indenização, tendente a reparar essa violação. Sem embargo, a Corte, tendo em conta que a reparação do dano ocasionado pela infração de uma obrigação internacional requer, sempre que possível, a plena restituição (*restitutio in integrum*), a qual consiste no restabelecimento da situação anterior, decide ordenar ao Estado que oportunize ao senhor Barreto Leiva a possibilidade de recorrer da referida sentença.[5]

Como se percebe, o precedente do *Caso Barreto Leiva* coincide perfeitamente com a situação dos réus condenados no processo do "Mensalão", uma vez que todos eles (tendo ou não foro por prerrogativa de função) foram impedidos de recorrer da sentença condenatória para *outro* tribunal interno (pois julgados pela instância judiciária máxima do país), em violação à garantia expressa na Convenção Americana (art. 8.º, 2, *h*). Aliás, bem se diga, a decisão relativa ao *Caso Barreto Leiva* atinge *todos* os réus do processo, inclusive os detentores de foro por prerrogativa de função, pelo que a única saída para um julgamento "justo" perante uma corte judiciária máxima seria a possibilidade de *novo julgamento*, ainda que pelo mesmo tribunal (o que, a rigor, ainda assim estaria a violar a Convenção Americana, que fala em "direito de recorrer da sentença para juiz ou tribunal *superior*".

Na Convenção Europeia de Direitos Humanos, como se disse, há ressalva expressa a permitir o julgamento de quaisquer pessoas pelo mais alto tribunal do país, sem que tal configure violação ao duplo grau de jurisdição (art. 2.º, 2, do Protocolo n.º 7 à Convenção). Porém, no que tange ao Brasil, certo que o nosso país se sujeita à jurisdição da Corte Interamericana de Direitos Humanos, desde que aceitou a competência contenciosa daquele tribunal, por meio

---

[5]   Corte IDH, *Caso Barreto Leiva vs. Venezuela*, Mérito, Reparações e Custas, sentença de 17 de novembro de 2009, Série C, n.º 206, § 128.

Parte II • **Cap. 3** • PRÁTICA JURISPRUDENCIAL DO CONTROLE DE CONVENCIONALIDADE | **179**

do Decreto Legislativo n.º 89/1998, além do que não há qualquer ressalva ou exceção – diferentemente do que faz a Convenção Europeia – no que tange ao direito ao duplo grau de jurisdição na sistemática da Convenção Americana.

A Corte Interamericana, em outra passagem da referida sentença contra a *Venezuela*, assim consignou:

> Cabe observar, por outro lado, que o senhor BARRETO LEIVA poderia ter impugnado a sentença condenatória emitida pelo julgador que havia conhecido de sua causa se não houvesse operado a conexão que levou à acusação de várias pessoas em mãos de um mesmo tribunal. Neste caso, a aplicação da regra de conexão, admissível em si mesma, traz consigo a inadmissível consequência de privar o sentenciado do recurso ao que alude o artigo 8.2.*h* da Convenção.[6]

A Corte Interamericana fez valer tal posicionamento inclusive para os réus que detinham, à época, foro por prerrogativa de função, entendendo que também a eles deveria ser garantido o duplo grau de jurisdição, nestes termos:

> Sem prejuízo do anterior e tendo em conta as violações declaradas na presente sentença, o Tribunal entende oportuno ordenar ao Estado que, dentro de um prazo razoável, adeque seu ordenamento jurídico interno de tal forma que garanta o direito de recorrer das sentenças condenatórias, conforme o artigo 8.2.*h*, da Convenção, a toda pessoa julgada por um ilícito penal, inclusive aquelas que gozem de foro especial.[7]

Como se vê, o precedente da Corte Interamericana (*Caso Barreto Leiva* vs. *Venezuela*) demonstra nitidamente tratar-se de violação a um direito humano o cerceamento (pelo motivo que for) ao duplo grau de jurisdição, mesmo quando o julgamento se deu pelo mais alto tribunal de um país (como é o caso, no Brasil, de um julgamento perante o STF). Em outros termos, percebe-se que a Corte Interamericana atribui à garantia do duplo grau um viés praticamente *absoluto* no sistema interamericano, já que não admite sequer a exceção de ter sido o julgamento realizado pelo mais alto tribunal de justiça do país, diferentemente do que ocorre com o sistema regional europeu de direitos humanos, que comporta referida exceção no art. 2.º, 2, do Protocolo n.º 7 à Convenção Europeia de Direitos Humanos.

Portanto, considerando a similitude absoluta entre o *Caso Barreto Leiva* vs. *Venezuela*, julgado pela Corte Interamericana em 17 de novembro de 2009, e o que foi decidido pelo STF na *Questão de Ordem* da Ação Penal n.º 470, não

---

6   Idem, § 91.

7   Idem, § 134.

há dúvida de que a decisão brasileira violou a Convenção Americana sobre Direitos Humanos ao não desmembrar o processo para (ao menos) os réus sem foro por prerrogativa de função, sendo *inconvencional* à luz de norma expressa no Pacto de San José na interpretação que dela fez a Corte Interamericana, sua intérprete última.

Em suma, o STF não controlou devidamente a convencionalidade das leis brasileiras – em especial, o Código de Processo Penal, que estabelece a regra da conexão nos arts. 76, III e 78, III – em face da Convenção Americana, que garante a todos os acusados de delito o direito de recorrer da sentença para juiz ou tribunal superior. No caso do "Mensalão" apenas três réus exerciam o mandato, à época do julgamento, de deputados federais e, portanto, estavam amparados pelo foro privilegiado perante o STF. Não obstante, todos os 35 réus foram conjuntamente julgados pela Suprema Corte, por ter o STF entendido que as conexões entre as acusações não autorizavam o desmembramento da ação penal. Certo é que o STF foi incoerente nessa decisão, especialmente quando se leva em conta que o próprio Supremo (desde dezembro de 2008) admite o *status* supralegal dos tratados internacionais de direitos humanos no Brasil.[8] Assim, uma vez que o Estado não controlou a convencionalidade das leis, ou a controlou de forma errônea ou equivocada, pode o sistema interamericano de direitos humanos, mediante queixa de qualquer cidadão, avocar para si a competência de controle e ordenar, em última análise, que nova solução seja dada ao caso concreto.

O próprio Ministro CELSO DE MELLO, a certa altura do julgamento, aventou essa hipótese, dizendo que "[n]ada impedirá, *contudo*, que a Comissão Interamericana de Direitos Humanos, sediada em Washington, D.C., esgotada a jurisdição doméstica (ou interna) e atendidas *as demais* condições estipuladas no Artigo 46 e nos Artigos 48 a 51 do Pacto de São José, submeta o caso *à jurisdição contenciosa* da Corte Interamericana de Direitos Humanos, em ordem a permitir que esta exerça *o controle de convencionalidade*" [destaques do original].[9]

De fato, não há dúvidas que o STF negou vigência à regra clara do art. 8.º, 2, *h*, da Convenção Americana, abrindo, a partir desse momento, a possibilidade de condenação do Brasil perante o sistema interamericano de direitos humanos. Certo é que tal posicionamento do STF haveria de ser revisto, notadamente a partir da nova concepção (desde 2008) que vem demonstrando ter o STF sobre o *status* normativo dos tratados de direitos humanos em nosso direito interno (*v.* RE n.º 466.343-1/SP). A propósito, frise-se que desde 2007 a 1.ª Turma do

---

[8] V. STF, RE n.º 466.343-1/SP, Tribunal Pleno, rel. Min. CEZAR PELUSO, julg. 03.12.2008, *DJe* 05.06.2009.

[9] STF, AP n.º 470/MG, Min. CELSO DE MELLO, debate do dia 15.08.2012, p. 569-570.

Parte II • Cap. 3 • PRÁTICA JURISPRUDENCIAL DO CONTROLE DE CONVENCIONALIDADE | **181**

STF vem entendendo que as disposições da Convenção Americana *sobrepõem--se* às do Código de Processo Penal (perceba-se que o *status* supralegal dos tratados de direitos humanos somente viria a ser definitivamente reconhecido pelo Supremo na histórica decisão do RE n.º 466.343-1/SP, em 03.12.2008). Veja-se a ementa do acórdão que inaugurou esse posicionamento da 1.ª Turma do STF:

> *HABEAS CORPUS*. PROCESSO PENAL. SENTENÇA CONDENATÓRIA. RECURSO DE APELAÇÃO. PROCESSAMENTO. POSSIBILIDADE. DESNECESSIDADE DE RECOLHIMENTO DO RÉU À PRISÃO. DECRETO DE CUSTÓDIA CAUTELAR NÃO PREJUDICADO. PRISÃO PREVENTIVA SUBSISTENTE ENQUANTO PERDURAREM OS MOTIVOS QUE A MOTIVARAM. ORDEM CONCEDIDA.
>
> I – Independe do recolhimento à prisão o regular processamento de recurso de apelação do condenado.
>
> II – O decreto de prisão preventiva, porém, pode subsistir enquanto perdurarem os motivos que justificaram a sua decretação.
>
> III – *A garantia do devido processo legal engloba o direito ao duplo grau de jurisdição, sobrepondo-se à exigência prevista no art. 594 do CPP.*
>
> IV – O acesso à instância recursal superior consubstancia direito que se encontra incorporado ao sistema pátrio de direitos e garantias fundamentais.
>
> V – *Ainda que não se empreste dignidade constitucional ao duplo grau de jurisdição, trata-se de garantia prevista na Convenção Interamericana de Direitos Humanos, cuja ratificação pelo Brasil deu-se em 1992, data posterior à promulgação do Código de Processo Penal.*
>
> VI – *A incorporação posterior ao ordenamento brasileiro de regra prevista em tratado internacional tem o condão de modificar a legislação ordinária que lhe é anterior.*
>
> VII – Ordem concedida [grifos nossos].[10]

Observe-se que essa decisão, ao declarar a inaplicabilidade do então vigente art. 594 do CPP,[11] teve fundamental importância para que dito dispositivo fosse, pouco tempo depois, revogado pelo Poder Legislativo (Lei n.º 11.719/2008). É curioso que o STF, no caso do "Mensalão", não tenha seguido esse posicionamento (de superioridade da Convenção Americana) já reconhecido pela 1.ª Turma desde 2007 (*HC* n.º 88.420), e pelo Plenário desde 2008 (RE n.º 466.343-1/SP).

---

[10] STF, *HC* n.º 88.420, 1.ª Turma, rel. Min. RICARDO LEWANDOWSKI, v.u., julg. 17.04.2007, *DJe* 08.06.2007.

[11] *Verbis*: "O réu não poderá apelar sem recolher-se à prisão, ou prestar fiança, salvo se for primário e de bons antecedentes, assim reconhecido na sentença condenatória, ou condenado por crime de que se livre solto".

Destaque-se, ainda, que o Brasil, ao ratificar (em 1992) a Convenção Americana, não fez qualquer *reserva* ao tratado no intento de bloquear o comando do art. 8.º, 2, *h*, da Convenção. Nesse sentido, o Estado brasileiro assumiu para si exatamente o que dispõe o art. 5.º, § 2.º, da Constituição de 1988, segundo o qual os direitos e garantias expressos na Constituição "não excluem" outros (direitos e garantias) decorrentes "dos tratados internacionais em que a República Federativa do Brasil seja parte". Ademais, nenhum processo internacional relativo a direitos humanos, ajuizado perante um tribunal internacional de direitos humanos do qual o Brasil é parte, afronta a Constituição brasileira; ao contrário, a Constituição sempre reconheceu (e aceitou) essa sistemática desde a sua promulgação, quando fez constar, no Ato das Disposições Constitucionais Transitórias, que "o Brasil propugnará pela formação de um tribunal internacional dos direitos humanos" (art. 7.º).

Por tudo isso, é *convencional* a garantia do duplo grau de jurisdição em matéria criminal (segundo a Convenção Americana e a jurisprudência da Corte Interamericana) e não pode deixar de ser observada no Brasil, sob qualquer pretexto. Como já se viu, e para o fim de respeitar o devido processo convencional interno, a "saída honrosa" do STF para a questão foi aceitar (por maioria) o recurso de Embargos Infringentes para os réus da AP n.º 470 (*v.* Parte I, Cap. 2, item 2.4.2, *supra*).[12] Não fosse a admissão dos Embargos Infringentes, aqueles réus não teriam outra oportunidade de se defender perante o STF, que ali servia de instância inicial e, portanto, única de julgamento.

É, em suma, dever do Estado brasileiro adaptar o seu sistema de justiça aos parâmetros internacionalmente reconhecidos em matéria de direitos humanos, para o fim de garantir a todo réu em processo penal o direito ao duplo grau de jurisdição, sob pena de responsabilidade internacional do Estado.

3.3 Convencionalidade das políticas públicas de inserção das pessoas com deficiência (STF)

Em abril de 2015, a 2.ª Turma do STF, ao negar provimento a Agravo Regimental em Recurso Extraordinário com Agravo, entendeu que o princípio da separação dos poderes não inviabiliza, por si só, a atuação do Poder Judiciário quando diante de inadimplemento do Estado em políticas públicas constitucionalmente previstas (o caso em tela versava educação de deficientes auditivos e contratação de professores especializados em Língua Brasileira de

---

[12] STF, Emb. Inf. na Ação Penal n.º 470/MG, Tribunal Pleno, rel. Min. JOAQUIM BARBOSA, julg. 18.09.2013, *DJe* 24.09.2013.

Parte II • Cap. 3 • PRÁTICA JURISPRUDENCIAL DO CONTROLE DE CONVENCIONALIDADE | 183

Sinais – Libras).[13] Além do argumento constitucional, o STF também se utilizou de argumento *convencional* sobre inserção de pessoas com deficiência na sociedade, qual seja, o de que as políticas públicas relativas às pessoas com deficiência decorrem da Convenção da ONU sobre os Direitos das Pessoas com Deficiência, de 2007. O acórdão ficou assim ementado:

> Agravo regimental em recurso extraordinário com agravo. 2. Direito Constitucional. Educação de deficientes auditivos. Professores especializados em Libras. 3. Inadimplemento estatal de políticas públicas com previsão constitucional. Intervenção excepcional do Judiciário. Possibilidade. Precedentes. 4. Cláusula da reserva do possível. Inoponibilidade. Núcleo de intangibilidade dos direitos fundamentais. 5. Constitucionalidade *e convencionalidade* das políticas públicas de inserção dos portadores de necessidades especiais na sociedade. Precedentes. 6. Ausência de argumentos suficientes a infirmar a decisão recorrida. 7. Agravo regimental a que se nega provimento [grifo nosso].

Destaque-se que a Convenção da ONU sobre os Direitos das Pessoas com Deficiência foi aprovada pelo Congresso Nacional brasileiro com *equivalência de emenda constitucional*, por meio do Decreto Legislativo n.º 186/2008. É dizer, o Parlamento brasileiro aprovou a Convenção referida por três quintos dos votos dos membros de cada uma de suas Casas, em dois turnos, seguindo o rito estabelecido pelo art. 5.º, § 3.º, da Constituição. Assim, uma vez ratificada pelo governo, a Convenção passou a contar, no Brasil, com equivalência de emenda constitucional.[14]

A decisão do STF foi, portanto, acertada, e pode-se dizer que controlou bem a convencionalidade naquele caso concreto. Frise-se, apenas, que na Ementa do acórdão foi empregada expressão indevida, qual seja, "portadores de necessidades especiais", em vez do termo termicamente correto "pessoas com deficiência".[15] De fato, se é certo que toda pessoa com deficiência tem necessidades especiais, não é menos verdade que nem todas as pessoas com necessidades especiais têm obrigatoriamente uma deficiência. Não há dúvidas que uma criança, uma gestante ou um idoso têm necessidades especiais, tal não significando que tenham algum tipo de deficiência. Portanto, a precisão terminológica deve ser empregada com rigor nesta seara, para o fim de dar a cada qual a proteção que o direito internacional reconhece. Poder-se-ia argumentar que a Constituição de 1988 se utiliza, em vários dispositivos, da expressão "pessoas

---

[13]   STF, ARE n.º 860.979 AgR/DF, 2.ª Turma, rel. Min. GILMAR MENDES, julg. 14.04.2015, *DJe* 06.05.2015.

[14]   *V.* Decreto n.º 6.949/2009.

[15]   A propósito, *v.* MAZZUOLI, Valerio de Oliveira, *Curso de direitos humanos*, cit., p. 251-253.

portadoras de deficiência".[16] No entanto, a partir do ingresso no Brasil (com equivalência de emenda) da Convenção da ONU sobre os Direitos das Pessoas com Deficiência, tem-se que os dispositivos constitucionais brasileiros que se referem às "pessoas *portadoras* de deficiência" devem ser interpretados *conforme* esse tratado internacional (o que o STF também deveria ter feito, mas não fez). Assim, por ter sido a Constituição de 1988 revigorada ("emendada") com a Convenção sobre os Direitos das Pessoas com Deficiência, a expressão a ser atualmente empregada em nosso país é "pessoas *com* deficiência". Também o Senado Federal, em investigação realizada sobre tais aspectos conceituais, concluiu que a melhor expressão é mesmo "pessoas com deficiência", tal como veiculada em normas internacionais, em razão de motivos como: não esconder ou camuflar a deficiência, mostrar com dignidade a realidade e valorizar as diferenças e necessidades decorrentes da deficiência. Ainda segundo o Senado, "[o]utro princípio utilizado para embasar a escolha é defender a igualdade entre as pessoas com deficiência e as demais em termos de direitos e dignidade, o que exige a equiparação de oportunidades atendendo às diferenças individuais".[17]

Tirante, portanto, o uso indevido no acórdão da expressão "portadores de necessidades especiais", hoje não mais aceita, a decisão do STF em comento foi acertada em termos de controle de convencionalidade.

---

[16] Como, *v.g.*, nos seguintes: art. 7.º, XXXI ("proibição de qualquer discriminação no tocante a salário e critérios de admissão do trabalhador portador de deficiência"); art. 23, II ("cuidar da saúde e assistência pública, da proteção e garantia das pessoas portadoras de deficiência"); art. 24, XIV ("proteção e integração social das pessoas portadoras de deficiência"); art. 37, VIII ("a lei reservará percentual dos cargos e empregos públicos para as pessoas portadoras de deficiência e definirá os critérios de sua admissão"); art. 203, IV e V ("habilitação e reabilitação das pessoas portadoras de deficiência e a promoção de sua integração à vida comunitária"; "garantia de um salário mínimo de benefício mensal à pessoa portadora de deficiência [...]"); art. 208, III ("atendimento educacional especializado aos portadores de deficiência, preferencialmente na rede regular de ensino"); art. 227, § 1.º, II ("criação de programas de prevenção e atendimento especializado para as pessoas portadoras de deficiência física, sensorial ou mental, bem como de integração social do adolescente e do jovem portador de deficiência [...]") e seu § 2.º ("A lei disporá sobre normas de construção dos logradouros e dos edifícios de uso público e de fabricação de veículos de transporte coletivo, a fim de garantir acesso adequado às pessoas portadoras de deficiência"); art. 244 ("A lei disporá sobre a adaptação dos logradouros, dos edifícios de uso público e dos veículos de transporte coletivo atualmente existentes a fim de garantir acesso adequado às pessoas portadoras de deficiência [...]") etc.

[17] Senado Federal, Como chamar as pessoas com deficiência? *Jornal Conversa Pessoal*, ano VI, n.º 70, set. 2006, p. 1-2.

Parte II • Cap. 3 • PRÁTICA JURISPRUDENCIAL DO CONTROLE DE CONVENCIONALIDADE | 185

3.4 Convencionalidade das audiências de custódia (STF)

Em agosto de 2015, o Pleno do STF julgou a ADI n.º 5.240, pela qual a Associação dos Delegados de Polícia do Brasil (Adepol-Brasil) pretendia ver declarada a inconstitucionalidade total dos dispositivos do Provimento Conjunto n.º 03/2015, da Presidência do Tribunal de Justiça e da Corregedoria-Geral de Justiça do Estado de São Paulo, que disciplinou as audiências de custódia no âmbito daquele tribunal, sob a alegação de que, por ter o regramento da audiência de custódia natureza jurídica de norma processual, dependeria da edição de lei federal, por força dos arts. 22, I, e 5.º, II, da Constituição Federal, pelo que o provimento do TJSP estaria suprindo lacuna legal e extrapolando de forma inconstitucional o poder regulamentar daquele tribunal.[18]

No enfrentamento do tema, o STF entendeu, acertadamente, que a previsão do art. 7.º, 5, da Convenção Americana sobre Direitos Humanos, segundo o qual toda pessoa presa "deve ser conduzida, sem demora, à presença de um juiz", legitima as audiências de custódia no Brasil, por se tratar de "direito convencional de apresentação do preso ao Juiz", além do que "[a] Convenção Americana sobre Direitos do Homem (*sic*) e o Código de Processo Penal, posto ostentarem eficácia geral e *erga omnes*, atingem a esfera de atuação dos Delegados de Polícia, conjurando a alegação de violação da cláusula pétrea de separação de poderes".[19]

Depois dessa decisão, o CNJ determinou, para todo o país, o cumprimento da norma insculpida art. 7.º, 5, da Convenção Americana, impondo que "toda pessoa presa em flagrante delito, independentemente da motivação ou natureza do ato, seja obrigatoriamente apresentada, em até 24 horas da comunicação do flagrante, à autoridade judicial competente, e ouvida sobre as circunstâncias em que se realizou sua prisão ou apreensão".[20]

Garantiu-se, em suma, de forma acertada, a convencionalidade das audiências de custódia no Brasil, em respeito a comando expresso na Convenção Americana sobre Direitos Humanos.

3.5 Inconvencionalidade do *bis in idem* por pena cumprida no estrangeiro (STF)

No julgamento do *Habeas Corpus* n.º 171.118/SP, o STF controlou a convencionalidade do art. 8.º do Código Penal, que prevê que "[a] pena cumprida

---

[18] STF, ADI n.º 5.240/SP, Tribunal Pleno, rel. Min. Luix Fux, julg. 20.08.2015, *DJe* 01.02.2016.

[19] Idem.

[20] *Resolução n.º 213*, de 15.12.2015, art. 1.º.

no estrangeiro atenua a pena imposta no Brasil pelo mesmo crime, quando diversas, ou nela é computada, quando idênticas".

O *Habeas Corpus* foi impetrado para trancar a ação penal na origem em que o paciente se via processado pelos mesmos fatos que ensejaram a condenação penal em processo já transitado em julgado na Justiça suíça. No TRF-3 houve deferimento de liminar ao entendimento de que o caso se amoldaria às hipóteses de extraterritorialidade condicionada, não obstante o colegiado da Corte ter revogado a liminar concedida, ao entendimento de que o crime foi efetivamente cometido sob a jurisdição brasileira, pelo que incidiria a regra da territorialidade. No STJ, por sua vez, a tese majoritária acompanhou a decisão do TRF-3, com divergência aberta para reconhecer a vedação ao *bis in idem* prevista nos tratados internacionais de direitos humanos em vigor no Brasil, haja vista que o duplo julgamento por fatos idênticos estaria a afrontar o *ne bis in idem*.

Na 2.ª Turma do STF – seguindo o voto do Min. GILMAR MENDES –, houve o devido controle de convencionalidade da norma para trancar o processo penal em relação ao paciente, reconhecendo-se a dupla persecução penal em afronta às garantias internacionais de direitos humanos previstas em tratados de que o Brasil é parte. O acórdão ficou assim ementado:

> 1. Penal e Processual Penal. 2. Proibição de dupla persecução penal e *ne bis in idem*. 3. Parâmetro para controle de convencionalidade. Art. 14.7 do Pacto Internacional sobre Direitos Civis e Políticos. Art. 8.4 da Convenção Americana de Direitos Humanos. Precedentes da Corte Interamericana de Direitos Humanos no sentido de *"proteger os direitos dos cidadãos que tenham sido processados por determinados fatos para que não voltem a ser julgados pelos mesmos fatos"* (Casos *Loayza Tamayo* vs. *Peru* de 1997; *Mohamed* vs. *Argentina* de 2012; *J.* vs. *Peru* de 2013). 4. Limitação ao art. 8.º do Código Penal e interpretação conjunta com o art. 5º do CP. 5. Proibição de o Estado brasileiro instaurar persecução penal fundada nos mesmos fatos de ação penal já transitada em julgado sob a jurisdição de outro Estado. Precedente: Ext. 1.223/DF, Rel. Min. CELSO DE MELLO, Segunda Turma, *DJe* 28.2.2014. 6. Ordem de *habeas corpus* concedida para trancar o processo penal.

O voto do relator, depois de reconhecer que "o controle de convencionalidade pode ser realizado sobre as leis infraconstitucionais", e que, portanto, "o Código Penal deve ser aplicado em conformidade com os direitos assegurados na Convenção Americana de Direitos Humanos e com o Pacto Internacional de Direitos Civis e Políticos", deixou assente "que o exercício do controle de convencionalidade, tendo por paradigmas os dispositivos do art. 14, n.º 7, do Pacto Internacional sobre Direitos Civis e Políticos e o art. 8, n.º 4, da Convenção Americana de Direitos Humanos, determina a vedação à dupla persecução penal, ainda que em jurisdições de países distintos", concluindo, corretamente, que "o art. 8.º do Código Penal deve ser lido em conformidade com os preceitos convencionais e a jurisprudência da Corte Interamericana de Direitos Humanos, vedando-se a dupla persecução penal por idênticos fatos".[21]

A decisão do STF, como se percebe, controlou perfeitamente a convencionalidade da norma penal brasileira, compreendendo, ademais, a eficácia e aplicabilidade das normas internacionais de direitos humanos na ordem jurídica brasileira, para o fim de garantir o direito do cidadão de não ser demandando duplamente pelo mesmo crime.

3.6 (In)convencionalidade do crime de desacato (STJ)

Em dezembro de 2016, a 5.ª Turma do STJ, por unanimidade, teve a oportunidade de controlar a convencionalidade do crime de desacato, tipificado no art. 331 do Código Penal.[22] A 5.ª Turma do tribunal, seguindo o voto do Relator, Ministro RIBEIRO DANTAS, com base, *inter alia*, em estudo de nossa lavra, entendeu que "a Corte Interamericana de Direitos Humanos, quando do julgamento do caso *Almonacid Arellano y otros* vs. *Chile*, passou a exigir que o Poder Judiciário de cada Estado Parte do Pacto de São José da Costa Rica exerça o controle de convencionalidade das normas jurídicas internas que aplica aos casos concretos", razão pela qual "a ausência de lei veiculadora de *abolitio criminis* não inibe a atuação do Poder Judiciário na verificação da inconformidade do art. 331 do Código Penal, que prevê a figura típica do desacato, com o art. 13 do Pacto de São José da Costa Rica, que estipula mecanismos de proteção à liberdade de pensamento e de expressão".[23]

O Relator, depois de explicar o que se entende por controle de convencionalidade e de reconhecer que esse controle há de ser exercido, *prima facie*, pelo Poder Judiciário interno dos Estados-partes, realizou perfeito controle de convencionalidade do art. 331 do Código Penal, à luz do que dispõe o art. 13 da Convenção Americana sobre Direitos Humanos. Em sua conclusão, asseverou que "as leis de desacato restringem indiretamente a liberdade de expressão, porque carregam consigo a ameaça do cárcere ou multas para aqueles que insultem ou ofendam um funcionário público", o que demonstra "a inviabilidade da condenação por desacato com fundamento em tipo penal incompatível com os parâmetros normativos oferecidos pelo art. 13 do Pacto de São José da Costa Rica".

---

[21] STF, *HC* 171.118/SP, 2.ª Turma, rel. Min. GILMAR MENDES, julg. 12.11.2019, *DJe* 12.08.2020.

[22] *Verbis*: "Desacatar funcionário público no exercício da função ou em razão dela: Pena – detenção, de seis meses a dois anos, ou multa".

[23] STJ, REsp. n.º 1.640.084/SP, 5.ª Turma, rel. Min. RIBEIRO DANTAS, julg. 15.12.2016, *DJe* 01.02.2017.

De nossa parte, entendemos inconvencionais, inclusive, os tipos penais de desacato dos arts. 299 e 300 do Código Penal Militar, que versam o desacato a militar (ou a servidor público em lugar sujeito à administração militar) no exercício de função de natureza militar ou em razão dela. Exatamente sobre o art. 299 do CPM, o Ministro EDSON FACHIN, do STF, no julgamento do *HC* n.º 141.949/DF, corretamente entendeu que "[s]endo esses os parâmetros para o controle, é, de fato, difícil sustentar que a tipificação do desacato possa conter justificação válida para restringir a liberdade de expressão", além do que "também o Supremo Tribunal Federal tem reconhecido, na linha do sistema interamericano, uma reduzida margem de aplicação do parâmetro da necessidade e um alto preço pelo direito à liberdade de expressão".[24] Portanto, à semelhança do art. 331 do Código Penal, os arts. 299 e 300 do CPM são, igualmente, inconvencionais, porque violam o direito à liberdade de expressão garantido constitucional e convencionalmente. Exceção, porém, há de ser feita – à luz do art. 13, 2, *b*, da Convenção Americana[25] – apenas ao art. 298 do CPM, que tipifica o crime de "[d]esacatar superior, ofendendo-lhe a dignidade ou o decoro, ou procurando deprimir-lhe a autoridade", pois, neste caso, o crime é propriamente militar (aquele que apenas um militar pode cometer) e visa à garantia da lei e da ordem pública e, em última análise, da própria segurança nacional.

Em maio de 2017, a 3.ª Seção do STJ – responsável pela uniformização da jurisprudência da Corte – decidiu contrariamente ao estabelecido pela 5.ª Turma, entendendo (por maioria) não ser inconvencional o tipo penal do desacato, previsto no art. 331 do Código Penal.[26] Destaque-se que o voto do Relator, Ministro REYNALDO SOARES DA FONSECA, acompanhou o entendimento da 5.ª Turma, no sentido de ser inconvencional o crime de desacato, mas restou vencido pela divergência aberta pelos votos dos Ministros ANTONIO SALDANHA PALHEIRO (Relator para acórdão) e ROGÉRIO SCHIETTI CRUZ (que foram acompanhados pelos demais Ministros da Seção, à exceção do Relator e do Ministro RIBEIRO DANTAS).

No voto vencedor, o Ministro ANTONIO SALDANHA PALHEIRO – também citando o nosso conceito de controle de convencionalidade e a necessidade de dupla compatibilidade vertical material para que a produção normativa domés-

---

[24] STF, *HC* n.º 141.949, 2.ª Turma, rel. Min. GILMAR MENDES, voto-vogal (vencido) do Min. EDSON FACHIN, julg. 13.03.2018.

[25] *Verbis*: "O exercício do direito previsto no inciso precedente não pode estar sujeito a censura prévia, mas a responsabilidades ulteriores, que devem ser expressamente fixadas pela lei e ser necessárias para assegurar: [...] *b*) a proteção da segurança nacional, da ordem pública, ou da saúde ou da moral públicas".

[26] STJ, *HC* n.º 379.269/MS, 3.ª Seção, rel. Min. REYNALDO SOARES DA FONSECA, rel. p/ acórdão Min. ANTONIO SALDANHA PALHEIRO, julg. 24.05.2017, *DJe* 30.06.2017.

tica tenha validade no Brasil – entendeu que "atraindo essa conjuntura à situação em concreto, tem-se que o crime de desacato não pode, sob qualquer viés, seja pela ausência de força vinculante às recomendações expedidas pela CIDH [Comissão Interamericana de Direitos Humanos], como já explanado, seja pelo viés interpretativo, o que merece especial importância, ter sua tipificação penal afastada". Por fim, afirmou que "ainda que existisse decisão da Corte (IDH) sobre a preservação dos direitos humanos, essa circunstância, por si só, não seria suficiente a elidir a deliberação do Brasil acerca da aplicação de eventual julgado no seu âmbito doméstico, tudo isso por força da soberania inerente ao Estado".

Como se nota, o voto vencedor se utilizou do argumento da *soberania* para afastar eventual decisão da Corte Interamericana a respeito do tema, baseando-se na falaciosa ideia de *margem de apreciação nacional*, não adotada, como se sabe, pelo sistema interamericano de direitos humanos (senão apenas pelo sistema regional europeu). Tal interpretação, portanto, não é correta e está em desacordo com a arquitetura contemporânea de proteção dos direitos humanos e com os parâmetros de interpretação presentes no sistema interamericano.[27] De fato, quando os Estados assumem obrigações internacionais relativas a direitos humanos, que restringem a sua atuação discricionária, eles próprios *limitam* a sua soberania em razão de propósitos maiores consagrados pelos documentos internacionais que estão a ratificar.[28] Não fosse assim, todas as garantias decorrentes do direito internacional dos direitos humanos cederiam face às normas do direito interno, o que não é correto e, tampouco, jurídico.

Por sua vez, o Ministro ROGERIO SCHIETTI CRUZ, em voto também vencedor, argumentou "que não houve, na espécie, nenhuma decisão da Corte Interamericana sobre Direitos Humanos (*sic*) envolvendo o crime de desacato no âmbito do sistema penal brasileiro", como se tal, diga-se de passagem, fosse necessário para que o Poder Judiciário dos Estados controlasse a convencionalidade das leis. Ora, se a jurisprudência constante da Corte Interamericana (*v.* Parte I, Cap. 1, *supra*) é categórica em determinar que o controle de convencionalidade das leis deve ser exercido, *em primeiro plano*, pelos juízes e tribunais *internos* dos Estados-partes, é porque, evidentemente, supõe *não haver* decisão inter-

---

[27] A propósito, cf. FACHIN, Melina Girardi, (Des)acatando uma teoria não seletiva do controle de convencionalidade: ou ainda primeiras reflexões para uma teoria não consequencialista dos diálogos interno-internacional em matéria de direitos humanos, in COSTA, Pablo Henrique Hubner de Lanna (org.), *Controle de convencionalidade: estudos em homenagem ao Professor Doutor Valerio de Oliveira Mazzuoli*, Belo Horizonte: Arraes, 2019, p. 210.

[28] Cf. MAZZUOLI, Valerio de Oliveira, Direitos humanos provenientes de tratados: exegese dos §§ 1.º e 2.º do art. 5.º da Constituição de 1988, *Revista Jurídica*, vol. 278, ano 48, Porto Alegre, dez. 2000, p. 39-60.

nacional para *todos* os casos apresentados e a envolver *todos* os Estados-partes. Não há, pois, necessidade de a Corte Interamericana manifestar-se sobre caso *idêntico* ao ajuizado no direito interno, para que, neste, se possa resolver sobre a convencionalidade das leis, bastando, para tanto, que os juízes internos controlem a convencionalidade *como se juízes internacionais fossem*. Por isso, é descabida a colocação que faz o Ministro de ausência de similitude fática entre os julgados pela Corte Interamericana e o caso dos autos.

Ademais, também não se pode concordar com a afirmação do Ministro Schietti de que "[a]s normas de direito internacional, integrantes do nosso ordenamento jurídico, podem ser interpretadas como qualquer outra, não havendo essa força vinculante que se procurou a elas emprestar". A assertiva, sem mais, faz tábula rasa das conquistas logradas pelo direito internacional dos direitos humanos nos últimos tempos, em especial das normas constitucionais contemporâneas (no Brasil, *v.g.*, os §§ 2.º e 3.º do art. 5.º da Constituição Federal) que atribuem privilégio hierárquico aos tratados de direitos humanos em vigor no Estado, as quais estão a demonstrar que tais instrumentos têm, *sim*, força vinculante superior a todas as outras normas do ordenamento jurídico interno (*v.*, nesta Parte II, Cap. 1, *supra*).

Relembre-se, a propósito, que no *Caso A Última Tentação de Cristo* vs. *Chile* a Corte Interamericana entendeu que a responsabilidade internacional de um Estado ocorre mesmo na hipótese de a alegada inconvencionalidade residir em norma de cunho constitucional (naquele caso, debatia-se sobre a validade do art. 19, n.º 12, da Constituição do Chile, que estabelecia a censura prévia na produção cinematográfica, em violação também ao art. 13 da Convenção Americana).[29] O mesmo posicionamento da Corte Interamericana foi reafirmado no julgamento do *Caso García Rodríguez e Outros* vs. *México*, de 25 de janeiro de 2023, quando a Corte declarou inconvencional dispositivo da Constituição mexicana que previa a prisão automática de pessoas sem ordem judicial.[30] Portanto, o exercício do controle de convencionalidade (até mesmo envolvendo norma constitucional) é obrigação do Poder Judiciário que não pode ser afastado no Brasil por qualquer argumento.

Corretos, portanto, estavam a decisão da 5.ª Turma do STJ (Recurso Especial n.º 1.640.084/SP, rel. Min. Ribeiro Dantas) e o voto do Ministro

---

[29] Corte IDH, *Caso A Última Tentação de Cristo (Olmedo Bustos e Outros)* vs. *Chile*, Mérito, Reparações e Custas, sentença de 5 de fevereiro de 2001, Série C, n.º 73, § 72. Assim também, na Corte Europeia de Direitos Humanos, o caso *Open Door and Dublin Well Woman vs. Ireland*, já havia decidido no mesmo sentido (julg. 19.10.1992, pub. A 426 A).

[30] Corte IDH, *Caso García Rodríguez e Outros* vs. *México*, Exceções Preliminares, Mérito, Reparação e Custas, sentença de 25 de janeiro de 2023, Série C, nº 482, § 174.

REYNALDO SOARES DA FONSECA (proferido no julgamento do *HC* n.º 379.269/MS, perante a 3.ª Seção daquele tribunal) no que tange ao devido controle de convencionalidade da norma sobre desacato presente no Código Penal.

A fim de pôr termo à questão, o Conselho Federal da OAB propôs, perante o STF, a ADPF nº 496, que, no entanto, foi julgada improcedente em 22 de junho de 2020, vencidos os Ministros EDSON FACHIN e ROSA WEBER, tendo o STF fixado a tese (inconvencional) de que "[f]oi recepcionada pela Constituição de 1988 a norma do art. 331 do Código Penal, que tipifica o crime de desacato". Perceba-se, na tese da Suprema Corte, que também não houve o devido controle de convencionalidade da norma em questão, pois, a referência à recepção "pela Constituição de 1988", deixa de lado a recepção do dispositivo "pela Convenção Americana sobre Direitos Humanos", como deveria ser. A tese firmada pelo STF, portanto, fez também tábula rasa da norma internacional em vigor no Brasil e, sobretudo, da jurisprudência vinculante da Corte Interamericana de Direitos Humanos na matéria. Esse é, em suma, mais um exemplo de falta de devido controle de convencionalidade pelo Poder Judiciário, capaz de, *per se*, responsabilizar o Brasil no plano internacional por violação a tratado internacional de direitos humanos em vigor.

3.7 Inconvencionalidade da inacumulabilidade dos adicionais de insalubridade e periculosidade (TST)

Em abril de 2016, o Tribunal Superior do Trabalho protagonizou um dos capítulos mais tristes de sua história, ao não reconhecer valor (qualquer valor) às convenções internacionais do trabalho ratificadas e em vigor no Brasil, que têm (segundo o STF, como vimos) prevalência sobre todas as normas infraconstitucionais brasileiras. A corte trabalhista simplesmente fez tábula rasa de convenções importantíssimas e mais benéficas ao trabalhador, ao reformar o entendimento da 7.ª Turma, que, controlando a convencionalidade da Consolidação das Leis do Trabalho, havia entendido (corretamente) pela prevalência das convenções internacionais da OIT, para garantir aos empregados o direito à cumulação dos adicionais de insalubridade e periculosidade.[31]

A decisão referida emanou da Subseção I da Seção Especializada em Dissídios Individuais do TST, cujo voto do Relator para o acórdão destacou:

> *Data venia* do entendimento esposado por Sua Excelência e pelos Exmos. Ministros que o acompanharam, as Convenções n.ºˢ 148 e 155 da OIT não contêm qualquer norma explícita em que se assegure a percepção cumula-

---

[31] TST-RR-1072-72.2011.5.02.0384, Ac. n.º 1.572/2014, 7.ª Turma, rel. Min. CLÁUDIO MASCARENHAS BRANDÃO, julg. 24.09.2014.

tiva dos adicionais de periculosidade e de insalubridade em decorrência da exposição do empregado a uma pluralidade de agentes de risco distintos. [...] Penso, ainda, que, a par de não conterem dispositivo formalmente em contraposição ao § 2.º do art. 193 da CLT, as Convenções n.os 148 e 155, assim como é característico das normas internacionais emanadas da OIT, ostentam conteúdo aberto, de cunho genérico. Funcionam basicamente como um código de conduta para os Estados-membros. Não criam, assim, no caso, direta e propriamente obrigações para os empregadores representados pelo Estado signatário.[32]

Como se chegou até aqui? No julgamento do processo RR-1072-72.2011.5.02.0384, de 24 de setembro de 2014, a 7.ª Turma do TST, ao adotar expressamente o nosso entendimento sobre o controle difuso de convencionalidade, declarou, por unanimidade, que a previsão contida no art. 193, § 2.º, da CLT (*verbis*: "O empregado poderá optar pelo adicional de insalubridade que porventura lhe seja devido") era incompatível com a Constituição Federal de 1988 (que garante, de forma plena, o direito ao recebimento dos adicionais de penosidade, insalubridade e periculosidade, sem qualquer ressalva no que tange à cumulação) e também *inconvencional*, por violar as referidas Convenções n.os 148 e 155 da OIT, que admitem a hipótese de cumulação dos adicionais e estabelecem critérios e limites dos riscos profissionais em face da exposição simultânea a vários fatores nocivos.

O Ministro Cláudio Brandão, Relator, baseado em estudo de nossa lavra, havia bem compreendido a importância de se controlar a convencionalidade da CLT tendo como paradigmas as convenções da OIT citadas, pelo que entendeu inconvencional (inaplicável e inválida) a norma doméstica menos benéfica ao trabalhador, para o fim de garantir a possibilidade de cumulação dos referidos adicionais.[33] Veja-se o que sustentou o Ministro Cláudio Brandão no julgamento do recurso citado, exemplo de compreensão escorreita do tema:

[...] a partir de então, se as Convenções mencionadas situam-se acima da legislação consolidada, as suas disposições hão de prevalecer, tal como ocorreu com a autorização da prisão civil decorrente da condição de

---

[32] TST-E-ARR-1081-60.2012.5.03.0064, SBDI-I, rel. p/ acórdão Min. João Oreste Dalazen, julg. 28.04.2016 (vencidos o Relator, Min. Cláudio Mascarenhas Brandão, e os Ministros Augusto César de Carvalho, Hugo Carlos Scheuermann e Alexandre Agra Belmonte).

[33] O Ministro, inclusive, participou com estudo doutrinário – intitulado "A efetividade das Convenções n.os 148 e 155 da OIT e efeitos no direito interno" – de obra coletiva que coordenamos com Georgenor de Sousa Franco Filho, *Direito internacional do trabalho: o estado da arte sobre a aplicação das convenções internacionais da OIT no Brasil*, São Paulo: LTr, 2016, p. 127-141.

depositário infiel, afastada do ordenamento jurídico pátrio por decisão do STF. [...] Exceção haveria se as convenções mencionadas consagrassem normas menos favoráveis ao trabalhador, o que autorizaria o seu afastamento [...]. Finalmente, embora despiciendo, incumbe salientar a imposição ao Judiciário para, em sua atuação, tornar efetivas as aludidas normas, mais do que apenas reconhecer a sua existência e efetividade, diante da obrigatoriedade também a ele imposta, em face da vinculação de todo [o] Estado brasileiro, e não apenas do Poder Executivo que a subscreveu. [...] Cabe, portanto, a este Tribunal proclamar a superação da norma interna em face de outra, de origem internacional, mais benéfica, papel, aliás, próprio do Judiciário [...].[34]

A 7.ª Turma do TST, portanto, havia demonstrado que o Tribunal estava preparado para bem aplicar as convenções internacionais da OIT, que são tratados especiais de direitos humanos e têm prevalência (afirmada pelo STF no RE n.º 466.343-1/SP) sobre as normas domésticas menos benéficas, como é, indubitavelmente, o caso do art. 193, § 2.º, da CLT. [35] Ocorre que, levado o tema à Subseção I da Seção Especializada em Dissídios Individuais do TST, contrariou-se todas as convenções internacionais da OIT sobre a matéria e descartou-se o princípio da primazia da norma mais favorável ao trabalhador.

Para nós, soa inacreditável que um tribunal superior consiga dizer, especialmente no momento atual de engajamento cada vez maior do Estado brasileiro na seara internacional, que os tratados de direitos humanos (que são tratados especiais) não se sobrepõem às normas internas menos benéficas, e que, ademais, as normas da OIT de proteção dos trabalhadores configuram apenas "códigos de conduta" incapazes de criar obrigações positivas para as partes.

Trata-se, como salta aos olhos, de exemplo a não ser seguido. Decisão dessa índole, que despreza anos de conquistas dos direitos dos trabalhadores e toda a evolução da doutrina sobre o controle de convencionalidade, configura verdadeiro contrassenso – desde o desconhecimento da jurisprudência do STF que aloca os tratados de direitos humanos em nível supralegal, até a desarrazoada referência de que os tratados de direitos humanos apenas "ostentam conteúdo aberto, de cunho genérico" – capaz de responsabilizar o Estado brasileiro na seara internacional.

---

[34] TST-RR-1072-72.2011.5.02.0384, Ac. n.º 1.572/2014, 7.ª Turma, rel. Min. CLÁUDIO MASCARENHAS BRANDÃO, julg. 24.09.2014.

[35] Nesse sentido, *v.* AZEVEDO NETO, Platon Teixeira de, *Controle de convencionalidade em matéria trabalhista*, cit., p. 145, concordando que "o artigo 193, § 2.º da CLT não resiste ao controle de convencionalidade".

3.8 Convencionalidade do tipo penal militar de posse de substância entorpecente para uso próprio (STM)

O Código Penal Militar disciplina, no art. 290, o crime de tráfico, posse ou uso de entorpecente ou substância de efeito similar, cominando pena de reclusão, de até cinco anos, para quem "[r]eceber, preparar, produzir, vender, fornecer, ainda que gratuitamente, ter em depósito, transportar, trazer consigo, ainda que para uso próprio, guardar, ministrar ou entregar de qualquer forma a consumo substância entorpecente, ou que determine dependência física ou psíquica, em lugar sujeito à administração militar, sem autorização ou em desacordo com determinação legal ou regulamentar".

Tem-se constantemente alegado, perante a Justiça Militar, a inconvencionalidade desse tipo penal militar, sob o argumento de que viola a Convenção Única sobre Entorpecentes, de 1964 (promulgada no Brasil pelo Decreto n.º 54.216/1964), e a Convenção Contra o Tráfico Ilícito de Entorpecentes e Substâncias Psicotrópicas, de 1991 (promulgada no Brasil pelo Decreto n.º 154/1991). Os recorrentes (*v.g.*, a Defensoria Pública da União) entendem que a imposição de pena privativa de liberdade ao usuário de droga, além de excessivamente gravosa, não se mostra adequada à prevenção do crime, já que não é apta à ressocialização do usuário.

No julgamento do Recurso de Apelação n.º 199-68.2015.7.01.0101/RJ, o Superior Tribunal Militar – depois de expor o nosso entendimento sobre os controles de convencionalidade e de supralegalidade das leis – entendeu, no entanto, que "embora as citadas convenções mencionem, expressamente, a importância do tratamento e da reabilitação dos viciados em entorpecentes, em nada se opõem à cominação de pena privativa de liberdade ao usuário de drogas", e que, "[a]o contrário, a profilaxia dos necessitados é medida complementar, que poderá funcionar como substitutiva da pena nos casos legalmente autorizados, à exemplo da situação do semi-imputável". A Corte castrense argumentou, ainda, que "os militares manuseiam artefatos bélicos de alta periculosidade", pelo que "conduta como a descrita nos autos coloca em risco não só a integridade do militar, mas também a de terceiros".[36]

Na maioria dos seus julgamentos, o raciocínio que faz o STM é o seguinte: pelo fato de os tratados de direitos humanos aprovados por maioria simples não guardarem (conforme orientação do STF) hierarquia constitucional, senão apenas supralegal, a prática delituosa descrita no art. 290 do CPM

---

[36] STM, Apelação n.º 199-68.2015.7.01.0101/RJ, rel. Min. Péricles Aurélio Lima de Queiroz, julg. 13.09.2017, *DJe* 28.09.2017. Em idêntico sentido, *v.* STM, Apelação n.º 38-15.2016.7.11.0111/DF, rel. Min. Maria Elizabeth Guimarães Teixeira, julg. 15.08.2017, *DJe* 28.08.2017.

Parte II • Cap. 3 • PRÁTICA JURISPRUDENCIAL DO CONTROLE DE CONVENCIONALIDADE | 195

se mantém no direito brasileiro, por restar conforme o texto constitucional. A Corte militar argumentou que o próprio STF (*HC* n.º 107.688, 2.ª Turma, rel. Min. AYRES BRITTO, *DJe* 19.12.2011) já reconheceu "a compatibilidade do maior rigor penal castrense com o modo peculiar pelo qual a Constituição Federal dispõe sobre as Forças Armadas brasileiras", e que "as referidas Convenções, além de não trazerem em seu texto qualquer impedimento à criminalização da posse de droga pelo usuário, são diplomas ineficazes para afastar a incidência do art. 290 do CPM", razão pela qual "inexiste controle de convencionalidade do imperativo militar pelas Convenções Internacionais supracitadas".[37]

Perceba-se, portanto, que o STM *tem exercido* o controle de convencionalidade – ou o controle de supralegalidade – da lei penal militar tomando como paradigmas tratados internacionais em vigor no Brasil, mesmo entendendo não ter havido incompatibilidade entre a norma do art. 290 do CPM e as convenções internacionais relativas a entorpecentes.

3.9 (In)convencionalidade da submissão de civis à jurisdição da Justiça Militar (STM)

Em várias ocasiões, o Superior Tribunal Militar teve a oportunidade de controlar a convencionalidade do art. 9.º, III, do Código Penal Militar – que considera crimes militares, em tempo de paz, os praticados por civil contra as instituições militares – relativamente ao disposto no art. 8.º, 1, da Convenção Americana sobre Direitos Humanos, segundo o qual "[t]oda pessoa tem direito a ser ouvida, com as devidas garantias e dentro de um prazo razoável, por um juiz ou tribunal competente, independente e imparcial, estabelecido anteriormente por lei, na apuração de qualquer acusação penal formulada contra ela, ou para que se determinem seus direitos ou obrigações de natureza civil, trabalhista, fiscal ou de qualquer outra natureza".

Em decisão de outubro de 2017, o STM, por unanimidade, desproveu recurso do Ministério Público Militar que requeria, em caso a envolver alegada ocorrência de crime militar praticado por civis, o declínio de competência da Justiça Militar em favor da Justiça Federal, ao argumento de que o julgamento de civil pela Justiça Militar ofende os princípios do juiz natural e da igualdade, precipuamente o art. 8.º, 1, da Convenção Americana.[38]

---

[37] STM, Apelação n.º 38-15.2016.7.11.0111/DF, rel. Min. MARIA ELIZABETH GUIMARÃES TEIXEIRA, julg. 15.08.2017, *DJe* 28.08.2017; e Apelação n.º 257-76.2012.7.11.0011, rel. Min. CLEONILSON NICÁCIO SILVA, julg. 19.11.2013, *DJe* 05.12.2013.

[38] STM, RSE n.º 56-75.2016.7.10.0010/CE, rel. Min. CARLOS AUGUSTO DE SOUSA, julg. 26.10.2017, *DJe* 23.11.2017.

No voto do Relator, argumentou-se simplesmente que "[n]o que tange ao pleito ministerial da inconvencionalidade do art. 9.º, inciso III, do CPM (fls. 1.042/1.065), em relação à Convenção Americana sobre Direitos Humanos, é de valia esclarecer que este Tribunal, em diversas oportunidades, já se posicionou no sentido da possibilidade de julgamento de civis por esta Justiça, sem que houvesse violação à citada Convenção", bem assim que "consoante a jurisprudência desta Corte, a competência para o julgamento de civis decorreria de mandamento insculpido no art. 124 da CF/88".

Para nós, a decisão do STM não controlou devidamente a convencionalidade do Código Penal Militar à luz da Convenção Americana sobre Direitos Humanos, tampouco demonstrou conhecimento da jurisprudência da Corte Interamericana de Direitos Humanos relativa ao tema. De fato, no julgamento do *Caso Palamara Iribarne* vs. *Chile*, o tribunal interamericano determinou ao Estado chileno que adequasse o seu ordenamento jurídico aos padrões internacionais sobre jurisdição penal militar, de forma tal que, no caso de se considerar necessária a existência de uma jurisdição penal militar, esta deva limitar-se apenas ao conhecimento de delitos funcionais cometidos por militares em serviço ativo. A Corte Interamericana, ainda, determinou ao Chile o estabelecimento, por meio de legislação, de limites à competência material e pessoal dos tribunais militares de forma tal que, em nenhuma circunstância, um civil seja submetido à jurisdição de tribunais penais militares.[39]

Destaque-se que, em agosto de 2013, a Procuradoria-Geral da República propôs perante o STF uma ADPF (n.º 289) requerendo fosse dada interpretação conforme a Constituição, para o fim de reconhecer a incompetência da Justiça Militar para julgar civis em tempo de paz e para que os crimes cometidos sejam submetidos a julgamento pela Justiça comum, federal ou estadual.[40] Na ação, o MPF se reportou à citada decisão da Corte Interamericana tomada no *Caso Palamara Iribarne* vs. *Chile*, a qual, para o Brasil, vale como *res interpretata* (*v.* Parte I, Cap. 1, *supra*) e, portanto, é capaz de direcionar as decisões internas ao exato sentido do que pretendido pela Corte Interamericana, intérprete última do Pacto de San José. A referida ADPF está pendente de julgamento até o presente momento (setembro de 2024).

No entanto, em julgamento de 10 de novembro de 2023, por apertada maioria de 6 votos a 5, com divergência do voto do Relator, a Suprema Corte decidiu que os crimes militares, mesmo que praticados por civis, devem ser julgados pela Justiça Militar, quando assim definidos pela lei e por afetarem

---

[39] Corte IDH, *Caso Palamara Iribarne vs. Chile*, Mérito, Reparações e Custas, sentença de 22 de novembro de 2005, Série C, n.º 135, §§ 256-257.

[40] STF, ADPF n.º 289, Tribunal Pleno, rel. Min. GILMAR MENDES.

Parte II • Cap. 3 • PRÁTICA JURISPRUDENCIAL DO CONTROLE DE CONVENCIONALIDADE | **197**

a dignidade da instituição das Forças Armadas.[41] Tratou-se do julgamento de um Recurso Ordinário em *Habeas Corpus*, que não integra o controle abstrato (concentrado) de normas, e sim o controle concreto (difuso) de constitucionalidade. No julgamento, chamou a atenção o voto do Min. Luís Roberto Barroso, que sustentou não haver inconvencionalidade no julgamento de civis pela jurisdição militar no Brasil, ainda que reconhecesse que a competência da Justiça Militar da União para o julgamento de civis seria *anômala*. Em seu voto, demonstrou o Ministro conhecer a jurisprudência da Corte Interamericana de Direitos Humanos, segundo a qual deve ser afastada, de forma absoluta, a possibilidade de civis serem julgados por tribunais militares (item 10 do voto). No entanto, aduziu que a realidade brasileira é distinta, porque "[d]iferentemente das jurisdições militares examinadas pela Corte internacional, a Justiça Militar brasileira não faz parte do Poder Executivo e não integra as Forças Armadas, sendo efetivo órgão do Poder Judiciário" (item 11 do voto), razão pela qual também divergiu do voto do Relator para autorizar o julgamento de civil perante a Justiça Militar no Brasil.

Para nós, no entanto, a ideia transmitida pela Corte Interamericana é clara no sentido da impossibilidade de julgamento de civis pela Justiça Militar, independentemente da integração desta ao Poder Executivo ou ao Poder Judiciário do Estado, razão pela qual consideramos inconvencional a decisão do STF nesse caso, por afronta à jurisprudência do sistema interamericano de direitos humanos, em especial o que decidido pela Corte Interamericana no *Caso Palamara Iribarne* vs. *Chile*, de 2005.

3.10 Inconvencionalidade da inversão da ordem processual da oitiva de testemunhas de defesa e acusação do art. 222, §§ 1.º e 2.º, do CPP (TRF-2)

O art. 222, *caput*, do Código de Processo Penal estabelece que "[a] testemunha que morar fora da jurisdição do juiz será inquirida pelo juiz do lugar de sua residência, expedindo-se, para esse fim, carta precatória, com prazo razoável, intimadas as partes". Os §§ 1.º e 2.º do mesmo dispositivo, por sua vez, dispõem, respectivamente, que "[a] expedição da precatória *não suspenderá* a instrução criminal", e que "[f]indo o prazo marcado, *poderá realizar-se o julgamento*, mas, a todo tempo, a precatória, uma vez devolvida, será junta aos autos". Em suma, o que está a afirmar o art. 222 do CPP é que a expedição da carta precatória não suspende a instrução criminal, e que a prolação da sentença pode dar-se, inclusive, antes mesmo da juntada da precatória aos autos.

---

[41] STF, RHC n.º 142.608/SP, rel. Min. Edson Fachin, Plenário Virtual, julg. 10.11.2023.

Certo é que tais disposições são, em tudo, flagrantemente inconvencionais, pois afrontam a garantia mínima prevista no art. 8.º, 2, *c*, da Convenção Americana sobre Direitos Humanos, segundo o qual, durante o processo, toda pessoa tem direito, em plena igualdade, à concessão "do tempo e dos meios adequados para a preparação de sua defesa".

Sobre o tema, o TRF-2 (Rio de Janeiro e Espírito Santo) entendeu, corretamente, que na linha da determinação da Convenção Americana resta nítido que a inversão da ordem processual de oitiva das testemunhas de defesa e acusação, bem como a realização de interrogatório do réu sem que tenham sido devolvidas todas as cartas precatórias ao juízo de origem, e a prolação de julgamento de mérito sem que todas as provas estejam disponíveis para serem refutadas ou realçadas, obstam ao acusado o acesso aos meios necessários à preparação de sua defesa técnica, pois "[o]s patronos dos réus não poderão referir-se ao conteúdo das alegações das testemunhas ouvidas, muito embora o Juiz sentenciante possa utilizar seus depoimentos para embasar eventual condenação do acusado ou mesmo exasperar sua pena ou, por outro lado, pode ser proferido decreto condenatório independente de alegações essenciais contidas nas provas testemunhais de defesa, que somente poderiam ser avaliadas em eventual recurso da parte, em clara violação ao duplo grau de jurisdição". Em conclusão, o TRF-2 entendeu que "permitir a aplicação de tais dispositivos significa não conceder à defesa técnica ampla possibilidade de manifestar-se sobre os elementos de convicção encartados no processo criminal", pelo que "[o] contraditório efetivo consagrado pelo tratado internacional estaria, portanto, prejudicado".[42]

Além do mais, ainda segundo o tribunal, sob esse aspecto a própria autodefesa ficaria enfraquecida, posto não poder o réu valer-se amplamente de seu interrogatório para contestar todas as afirmações feitas pelas testemunhas ou elucidar eventuais declarações que venham a lhe favorecer, em violação, também, ao disposto no art. 8.º, 2, *c*, da Convenção Americana. Daí a decisão ter sido no sentido do reconhecimento da ilegalidade da norma e, consequentemente, da nulidade do julgamento realizado sem a observância do devido processo legal.[43] De nossa parte, diríamos que anulação do julgamento deveria dar-se em razão da inobservância do devido processo legal *e também* do devido processo convencional.

Por fim, interessante notar que, naquele julgamento, o TRF-2 entendeu que, mesmo estando as garantias do contraditório e da ampla defesa albergadas pela Constituição Federal, não se tratava, propriamente, de hipótese de decla-

---

[42] TRF-2, Processo n.º 0517682-29.2006.4.02.5101, 2.ª Turma Especializada, rela. Desa. SIMONE SCHREIBER, julg. 04.10.2016, *DJe* 03.11.2016.

[43] Idem.

ração de *inconstitucionalidade* do art. 222, §§ 1.º e 2.º, do CPP, razão pela qual não haveria violação da cláusula de reserva de plenário insculpida no art. 97 da Constituição[44] e na Súmula Vinculante n.º 10 do STF.[45] O tribunal entendeu (corretamente) que a hipótese era de controle de convencionalidade das leis, por que a reserva de plenário não teria cabimento.[46] Reconheceu-se, assim, que uma norma pode ser constitucional, porém *inconvencional*; que não são obrigatoriamente *válidas* todas as leis *vigentes*, pois pode estar presente a hipótese (exatamente como a que se analisa) de serem as normas *constitucionais*, mas *inconvencionais* e, portanto, *inválidas*. Daí o motivo de restar superada a cláusula de reserva de plenário do art. 97 da Constituição (e da Súmula Vinculante n.º 10 do STF) quando do exercício do controle difuso da convencionalidade das leis relativo a tratados incorporados por maioria simples ao direito brasileiro (*v.* Cap. 2, item 2.7, *supra*).

3.11 Inconvencionalidade do pagamento de custas por ausência do autor na audiência inaugural previsto no art. 844, § 2.º, da CLT (TRT-3)

O art. 844, § 2.º, da CLT – incluído pela Lei n.º 13.467/2017 – dispõe que "[n]a hipótese de *ausência do reclamante* [à audiência inaugural], este será *condenado ao pagamento das custas* calculadas na forma do art. 789 desta Consolidação, *ainda que beneficiário da justiça gratuita*, salvo se comprovar, no prazo de quinze dias, que a ausência ocorreu por motivo legalmente justificável".

Em 1.º de fevereiro de 2018, o Tribunal Regional do Trabalho da 3.ª Região (Minas Gerais) entendeu que a condenação em custas por ausência do autor na audiência inaugural é regra inconstitucional – por violação do princípio da inafastabilidade da jurisdição, assegurado no art. 5.º, XXXV, da Constituição – e *também* inconvencional, por violar o disposto no art. 8.º, 1, da Convenção Americana sobre Direitos Humanos, segundo o qual "[t]oda pessoa *tem direito a ser ouvida*, com as devidas garantias e dentro de um prazo razoável, *por um juiz ou tribunal competente*, independente e imparcial, estabelecido anteriormente por lei, na apuração de qualquer acusação penal formulada contra ela, ou para que

---

[44] *Verbis*: "Somente pelo voto da maioria absoluta de seus membros ou dos membros do respectivo órgão especial poderão os tribunais declarar a inconstitucionalidade de lei ou ato normativo do Poder Público".

[45] *Verbis*: "Viola a cláusula de reserva de plenário (CF, artigo 97) a decisão de órgão fracionário de tribunal que, embora não declare expressamente a inconstitucionalidade de lei ou ato normativo do Poder Público, afasta sua incidência, no todo ou em parte".

[46] TRF-2, Processo n.º 0517682-29.2006.4.02.5101, 2.ª Turma Especializada, rela. Desa. Simone Schreiber, julg. 04.10.2016, *DJe* 03.11.2016.

se determinem seus direitos ou obrigações de natureza civil, *trabalhista*, fiscal ou de qualquer outra natureza".[47]

De fato, ao assegurar a Convenção Americana o acesso à justiça a todas as pessoas (diz o texto que "[t]oda pessoa tem direito a ser ouvida... por um juiz ou tribunal competente...") para o fim de determinarem seus direitos ou obrigações de natureza trabalhista, certo é que está a impedir que normas como a do art. 844, § 2.º, da CLT, inviabilizem às partes de vindicarem judicialmente suas pretensões. Daí a conclusão do TRT-3 de que "[o] novel art. 844, parágrafo 2.º, da CLT, ao impor ao empregado beneficiário da justiça gratuita, ou seja, com clara impossibilidade de arcar com os custos do processo sem prejuízo de seu sustento e/ou de sua família, o pagamento de custas processuais, inviabiliza o acesso à justiça e promove a desigualdade no tratamento das partes".[48] Como se não bastasse, ainda segundo o tribunal, o dispositivo "[p]ermite, via reflexa, o incentivo de condutas ilegais e lesivas de empregadores que, beneficiando-se da impossibilidade de o empregado bater às portas do Poder Judiciário, deixam de pagar as verbas trabalhistas eventualmente sonegadas".[49]

De nossa parte, também entendemos que o amplo acesso à justiça é direito humano inafastável no Brasil, pois expressamente previsto na Convenção Americana, que conta com índole e nível constitucional entre nós (ou, para ficar com a posição dominante do STF, nível *supralegal* no país). Por isso, foi acertada a tese esposada pelo TRT-3, no sentido de declarar inconvencional (inválida) a norma insculpida no art. 844, § 2.º, da CLT, incluída pela Lei n.º 13.467/2017.

Faltou, contudo, à decisão do TRT de Minas Gerais referir-se ao julgamento, pela Corte Interamericana de Direitos Humanos, do *Caso Cantos* vs. *Argentina*, de 28 de novembro de 2002, em que ficou assentado que o valor de custas processuais e multas em casos tais constituem "uma obstrução do acesso à justiça, pois não se mostram como razoáveis, mesmo quando a mencionada taxa judicial seja, em termos aritméticos, proporcional ao montante da demanda".[50] Nesse sentido, a Corte Interamericana considerou que mesmo não sendo o direito de acesso à justiça um direito absoluto, e que, por isso, pode sujeitar-se a algumas limitações discricionárias por parte do Estado, é necessário, ainda assim, que tais limitações "devam guardar correspondência entre o meio empregado e o fim perseguido e, em definitivo, não podem supor a negação mesma desse

---

[47] TRT-3, PJe n.º 0011592-69.2017.5.03.0185 (RO), 7.ª Turma, rel. Des. Marcelo Lamego Pertence, julg. 01.02.2018.

[48] Idem.

[49] Idem.

[50] Corte IDH, *Caso Cantos vs. Argentina*, Mérito, Reparações e Custas, sentença de 28 de novembro de 2002, Série C, n.º 97, § 54.

Parte II • **Cap. 3** • PRÁTICA JURISPRUDENCIAL DO CONTROLE DE CONVENCIONALIDADE | **201**

direito".[51] Portanto, segundo o tribunal interamericano, para satisfazer o direito de acesso à justiça, não basta que no respectivo processo se produza uma decisão judicial definitiva, requerendo-se, também, que quem participa do processo possa fazê-lo sem o temor de ver-se obrigado a pagar somas desproporcionais ou excessivas à simples razão de ter recorrido a um tribunal.[52]

Em suma, são inconvencionais as normas internas que impõem pagamento de custas a quem tem garantido (constitucional e convencionalmente) o direito amplo de acesso à justiça. Assim sendo, cabe aos tribunais brasileiros declarar a inconvencionalidade de normas dessa índole, tal como fez o TRT-3 no julgamento citado.

3.12 Conclusão

Como foi possível notar ao longo deste Capítulo, os tribunais brasileiros vêm exercendo, cada qual à sua maneira, o controle de convencionalidade das leis no país. Contudo, nos julgados analisados foi possível verificar certa dificuldade em compreender a normativa internacional em causa, seu significado perante o sistema de direito interno, sua abrangência e seus limites. Notou-se, ademais, certa falta de traquejo com os documentos internacionais de direitos humanos em vigor no Brasil e de conhecimento da jurisprudência consolidada da Corte Interamericana de Direitos Humanos a respeito de certos temas.

Justiça, no entanto, seja feita à jurisprudência do STF, que, do elenco analisado, é a que melhor compreendeu os instrumentos internacionais de direitos humanos (em especial, a Convenção Americana sobre Direitos Humanos) e tem primado pela sua escorreita aplicação na maioria dos casos sob sua jurisdição. Tal não significa, contudo, que as decisões da Suprema Corte passem imunes às críticas. Apenas se constatou que, relativamente aos casos julgados por outros tribunais superiores, os decididos pelo STF são os que melhor se aproximam da técnica pretendida ao controle de convencionalidade das leis.

Certo é que a prática jurisprudencial do controle de convencionalidade no Brasil não é uniforme e requer, em prazo razoável, uma devida padronização. Para tanto, tem especial relevo o controle exercido pelo STF nos casos que lhe são postos, pois a sua jurisprudência espraia comandos a todos os demais tribunais do país, notadamente no exercício do controle abstrato.

Oxalá que os tribunais pátrios possam, cada vez mais, compreender a importância do exercício do controle de convencionalidade e bem conhecer as normas e jurisprudência internacionais relativas aos temas que lhes cabem analisar.

---

[51]   Idem.
[52]   Idem, § 55.

Conclusão Geral

O que se pode concluir, ao cabo desta exposição teórica, é que o direito brasileiro está integrado com um novo tipo de controle da produção normativa doméstica, que é o *controle de convencionalidade*. Este tem por fundamento o respeito que as normas do direito interno – inclusive as de cunho constitucional – devem ter para com as previsões mais benéficas provindas dos tratados internacionais de direitos humanos ratificados e em vigor no Brasil.

Todos os tratados internacionais de direitos humanos em vigor no Estado servem de paradigma ao controle da produção e da aplicação das normas do direito interno, se mais benéficos que as normas domésticas. Daí por que o controle de convencionalidade não se iguala à mera aplicação de tratados, pois esta desconhece o resultado do diálogo das fontes pela conclusão *pro homine* ou *pro persona*. A mera aplicação de tratados é, de certa forma, prepotente, por não aceitar a aplicação da norma mais benéfica ao ser humano ou à vítima da violação de direitos humanos, razão pela qual o controle de supralegalidade está afeto apenas aos tratados internacionais *comuns*.

O controle jurisdicional da convencionalidade das leis é obrigação *ex officio* afeta a toda a magistratura nacional, devendo ser exercitado em todos os casos ligados a uma violação de direitos humanos, cuja base protetiva encontra amparo em previsão normativa convencional de que o Estado é parte. Esse controle *interno* de convencionalidade não exclui, no entanto, o controle *internacional* da convencionalidade, exercido, *v.g.*, pela Corte Interamericana de Direitos Humanos, que atua em última análise (por isso, trata-se de controle *secundário*, não *primário*) quando o Poder Judiciário nacional falhar na proteção (ou não exercer a proteção) dos direitos previstos nos tratados de direitos humanos em vigor. Assim, o controle internacional da convencionalidade complementa o controle interno em casos de deficiência na aplicação escorreita da normativa internacional de direitos humanos respectiva.

Não somente o Poder Judiciário, mas também o Ministério Público deve examinar (controlar ou aferir, conforme o caso) a convencionalidade das normas domésticas nos casos em que atua, respeitando os limites interpretativos advindos da Corte Interamericana de Direitos Humanos ou, em sua falta, decorrentes dos princípios internacionais relativos à matéria em causa (direitos de crianças, idosos, mulheres, pessoas com deficiência, comunidade LGBT-QIA+, povos indígenas e comunidades tradicionais, pessoas em situação de rua etc.). O importante é ter presente que todos os tratados de direitos humanos em vigor no Brasil são de conhecimento obrigatório aos órgãos do Estado vinculados ao sistema de justiça e também aos poderes Legislativo e Executivo.

Doravante, a produção normativa doméstica conta com um duplo limite vertical material no Brasil: (*a*) a Constituição e os tratados de direitos humanos (primeiro limite), e (*b*) os tratados internacionais comuns (segundo limite) em vigor no Estado. Trata-se de *duplo controle* de materialidade de cunho obrigatório aos juízes nacionais. No caso do primeiro limite, relativo aos tratados de direitos humanos, estes podem ter sido ou não aprovados com o *quorum* qualificado previsto na Constituição (no art. 5.º, § 3.º). Caso não tenham sido aprovados com essa maioria qualificada, seu *status* será de norma (apenas) materialmente constitucional, o que lhes garante serem paradigma do controle *difuso* de convencionalidade (a partir de sua ratificação e entrada em vigor no Estado); caso, porém, tenham sido aprovados (e entrado em vigor no plano interno, após sua ratificação) pela sistemática do art. 5.º, § 3.º, tais tratados serão material *e formalmente* constitucionais, e assim servirão também de paradigma do controle *concentrado* (para além do *difuso*) de convencionalidade.

Os tratados de direitos humanos paradigmas do controle concentrado de convencionalidade autorizam que os legitimados para a propositura das ações do controle abstrato de normas (ADI, ADECON e ADPF) proponham tais medidas perante o STF como meio de invalidar norma interna (ainda que *compatível* com a Constituição) que viole tratado internacional de direitos humanos em vigor no Estado. Além desses meios de controle de convencionalidade por ação, também há no direito brasileiro o controle de convencionalidade por omissão, com a utilização da ADO para declarar a inconvencionalidade por omissão de medida para tornar efetiva norma internacional de direitos humanos em vigor no Brasil e anteriormente aprovada por maioria qualificada. Quanto aos tratados internacionais comuns, temos como certo que eles servem de paradigma ao controle de *supralegalidade* das normas infraconvencionais (*v.g.*, todas as leis complementares, ordinárias, delegadas, medidas provisórias etc.), de sorte que a incompatibilidade destas com os preceitos contidos naqueles invalida a disposição legislativa em benefício da aplicação do tratado, atendido o princípio de hierarquia.

Entre nós, juízes e tribunais nacionais estão obrigados a controlar *ex officio* (e preliminarmente) a convencionalidade das leis, invalidando as normas domésticas menos benéficas incompatíveis com os tratados de direitos humanos em vigor no Brasil. Trata-se de respeitar o que a Corte Interamericana de

Direitos Humanos vem decidindo desde 2006, quando determinou ser obrigação primária do Judiciário nacional realizar o exercício de compatibilização das normas internas com os tratados de direitos humanos (em especial, a Convenção Americana sobre Direitos Humanos) ratificados e em vigor no Estado. Apenas quando todos os juízes e tribunais dos Estados-partes à Convenção Americana controlarem a convencionalidade das leis domésticas, seguindo a interpretação que faz da Convenção a Corte Interamericana, é que se poderá chegar à maturidade do sonhado *ius commune* interamericano, com a aplicação uniforme do direito internacional dos direitos humanos em todos os Estados do Continente Americano.

Enquanto, porém, o *ius commune* interamericano não vem efetivamente à luz, certo é que o profissional do direito já tem a seu favor um arsenal enormemente maior do que havia anteriormente para invalidar as normas do direito interno que materialmente violam *ou* a Constituição *ou* algum tratado internacional (de direitos humanos ou não) ratificado pelo governo e em vigor no Estado. Essa a enorme novidade do direito brasileiro atual, que representa seguro avanço do constitucionalismo pátrio rumo à concretização do almejado Estado Constitucional e Humanista de Direito. O tempo dirá se avançamos.

Bibliografia

ACCIOLY, Hildebrando. *Tratado de direito internacional público*, vol. I. 2. ed. Rio de Janeiro: MRE, 1956.

ALBANESE, Susana (coord.). *El control de convencionalidad*. Buenos Aires: Ediar, 2008.

ALCALÁ, Humberto Nogueira. Reforma constitucional de 2005 y control de constitucionalidad de tratados internacionales. *Estudios Constitucionales*, año 5, n.º 1, Universidad de Talda, 2007, p. 59-88.

ALCALÁ, Humberto Nogueira. Los desafíos del control de convencionalidad del *corpus iuris* interamericano para los tribunales nacionales, y su diferenciación con el control de constitucionalidad. In: MARINONI, Luiz Guilherme; MAZZUOLI, Valerio de Oliveira (coords.). *Controle de convencionalidade: um panorama latino-americano (Brasil, Argentina, Chile, México, Peru, Uruguai)*. Brasília: Gazeta Jurídica, 2013, p. 461-540.

ALLAND, Denis (coord.). *Droit international public*. Paris: PUF, 2000.

ARANTES, Delaíde Alves Miranda. *Trabalho decente: uma análise na perspectiva dos direitos humanos trabalhistas a partir do padrão decisório do Tribunal Superior do Trabalho*. São Paulo: LTr, 2023.

AZEVEDO NETO, Platon Teixeira de. *Controle de convencionalidade em matéria trabalhista*. 2. ed. Brasília: Venturoli, 2023.

BACHOF, Otto. *Normas constitucionais inconstitucionais?* Trad. José Manuel M. Cardoso da Costa. Coimbra: Livraria Almedina, 1994.

BANK, Roland. Tratados internacionales de derechos humanos bajo el ordenamiento jurídico alemán. *Anuario de Derecho Constitucional Latinoamericano*, 10. año, Tomo II. Montevideo: Konrad-Adenauer-Stiftung, 2004, p. 721-734.

BARROSO, Luís Roberto. *O controle de constitucionalidade no direito brasileiro*. 2. ed. rev. e atual. São Paulo: Saraiva, 2007.

BARROSO, Luís Roberto. Constituição e tratados internacionais: alguns aspectos da relação entre direito internacional e direito interno. In: MENEZES DIREITO, Carlos Alberto; CANÇADO TRINDADE, Antonio Augusto; PEREIRA,

Antonio Celso Alves (coords.). *Novas perspectivas do direito internacional contemporâneo: estudos em homenagem ao Professor Celso D. de Albuquerque Mello.* Rio de Janeiro: Renovar, 2008, p. 185-208.

Bazán, Víctor. Control de convencionalidad y diálogo jurisprudencial en el Estado constitucional y convencional. In: Bazán, Víctor; Rivera, Edwin Castro; Terán, Sergio J. Cuarezma (orgs.). *Estado constitucional y convencional.* Managua: INEJ/Hispamer, 2017, p. 25-49.

Belaunde, Domingo García; Palomino Manchego, José Felix. El control de convencionalidad en el Perú. In: Marinoni, Luiz Guilherme; Mazzuoli, Valerio de Oliveira (coords.). *Controle de convencionalidade: um panorama latino-americano (Brasil, Argentina, Chile, México, Peru, Uruguai).* Brasília: Gazeta Jurídica, 2013, p. 655-679.

Bickel, Alexander M. *The least dangerous branch: the Supreme Court at the bar of politics.* 2. ed. New Haven: Yale University Press, 1986.

Bidart Campos, German J. *Tratado elemental de derecho constitucional argentino*, Tomo III (El derecho internacional de los derechos humanos y la reforma constitucional de 1994). Buenos Aires: Ediar, 1995.

Bitencourt, Cezar Roberto. *Tratado de direito penal: parte geral*, vol. 1. 19. ed. rev., atual. e ampl. São Paulo: Saraiva, 2013.

Bittencourt, Carlos Alberto Lúcio. *O controle jurisdicional da constitucionalidade das leis.* 2. ed. Rio de Janeiro: Forense, 1968.

Bobbio, Norberto. *O positivismo jurídico: lições de filosofia do direito.* Trad. Márcio Pugliesi, Edson Bini e Carlos E. Rodrigues. São Paulo: Ícone, 1995.

Bogdandy, Armin von; Mac-Gregor, Eduardo Ferrer; Antoniazzi, Mariela Morales (coords.). *La justicia constitucional y su internacionalización: ¿hacia un* ius constitutionale commune *en América Latina?* México, D.C.: UNAM, 2010 (2 vols.).

Bonifácio, Artur Cortez. *O direito constitucional internacional e a proteção dos direitos fundamentais.* São Paulo: Método, 2008.

Borges, José Souto Maior. *Curso de direito comunitário: instituições de direito comunitário comparado – União Europeia e Mercosul.* 2. ed. São Paulo: Saraiva, 2009.

Bruce, Eva. Contrôle de constitutionnalité et contrôle de conventionnalité: réflexions autour de l'article 88-1 de la Constitution dans la jurisprudence du Conseil Constitutionnel. *VIème Congrès de Droit Constitutionnel (Association Française de Droit Constitutionnel).* Montpellier, jun. 2005, p. 1-28.

BURGORGUE-LARSEN, Laurence. Le bannissement de l'impunité: décryptage de la politique jurisprudentielle de la Cour Interaméricaine des Droits de l'Homme. *Revue Trimestrielle des Droits de l'Homme*, n.º 89, 2012, p. 3-42.

BURGORGUE-LARSEN, Laurence. Chronique d'une théorie en vogue en Amérique Latine: décryptage du discours sur le contrôle de conventionalité. *Revue Française de Droit Constitutionnel*, n.º 100, 2014, p. 831-863.

CABALLERO OCHOA, José Luis. *La incorporación de los tratados internacionales sobre derechos humanos en España y México*. México, D.C.: Porrúa, 2009.

CACHAPUZ DE MEDEIROS, Antônio Paulo. *O poder de celebrar tratados*: competência dos poderes constituídos para a celebração de tratados, à luz do direito internacional, do direito comparado e do direito constitucional brasileiro. Porto Alegre: Sergio Antonio Fabris, 1995.

CANÇADO TRINDADE, Antônio Augusto. *Tratado de direito internacional dos direitos humanos*, vol. I. Porto Alegre: Sergio Antonio Fabris, 1997.

CANÇADO TRINDADE, Antônio Augusto. *Tratado de direito internacional dos direitos humanos*, vol. III. Porto Alegre: Sergio Antonio Fabris, 2003.

CANÇADO TRINDADE, Antônio Augusto. Desafios e conquistas do direito internacional dos direitos humanos no início do século XXI. In: CACHAPUZ DE MEDEIROS, Antônio Paulo (org.). *Desafios do direito internacional contemporâneo*. Brasília: Fundação Alexandre de Gusmão, 2007, p. 207-321.

CANOTILHO, José Joaquim Gomes. *Direito constitucional e teoria da Constituição*. 7. ed. Coimbra: Almedina, 2003.

CANTOR, Ernesto Rey. *Control de convencionalidad de las leyes y derechos humanos*. México, D.C.: Porrúa, 2008.

CANTOR, Ernesto Rey. Controles de convencionalidad de las leyes. In: MAC-GREGOR, Eduardo Ferrer; LELLO DE LARREA, Arturo Zaldívar (coords.). *La ciencia del derecho procesal constitucional: estudios en homenaje a Héctor Fix-Zamudio en sus cincuenta años como investigador del derecho*. México, D.C.: Instituto de Investigaciones Jurídicas de la UNAM/Marcial Pons, 2008, p. 225-262.

CARDUCCI, Michele; RIBERI, Pablo (orgs.). *La dinamica delle integrazioni regionali latinoamericane: casi e materiali*. Torino: Giappichelli, 2014.

CARNELUTTI, Francesco. *Teoria geral do direito*. Trad. A. Rodrigues Queiró e Artur Anselmo de Castro. Rio de Janeiro: Âmbito Cultural, 2006.

CASTILLA, Karlos. El control de convencionalidad: un nuevo debate en México a partir de la sentencia del caso Radilla Pacheco. *Anuario Mexicano de Derecho Internacional*, vol. XI. México, D.C.: UNAM, 2011, p. 593-624.

CASTILLA, Karlos. ¿Control interno o difuso de convencionalidad? Una mejor idea: la garantía de tratados. *Anuario Mexicano de Derecho Internacional*, vol. XIII. México, D.C.: UNAM, 2013, p. 51-97.

CONSTANTINESCO, Vlad; JACQUÉ, Jean-Paul. L'application du droit international et communautaire au regard de la Constitution française. In: KOENIG, Pierre; RÜFNER, Wolfgang (ed.). *Die Kontrolle der Verfassungsmäßigkeit in Frankreich und in der Bundesrepublik Deutschland*. Köln: Carl Heymanns Verlag, 1985, p. 175-213.

COSTA, Pablo Henrique Hubner de Lanna (org.). *Controle de convencionalidade: estudos em homenagem ao Professor Doutor Valerio de Oliveira Mazzuoli*. Belo Horizonte: Arraes, 2019.

CAVALLO, Gonzalo Aguilar. El control de convencionalidad: análisis de derecho comparado. *Revista Direito GV*, vol. 9, n.º 2. São Paulo, jul.-dez. 2013, p. 721-754.

DIMOULIS, Dimitri; MARTINS, Leonardo. *Teoria geral dos direitos fundamentais*. São Paulo: RT, 2007.

DINIZ, Maria Helena. *Conflito de normas*. 6. ed. atual. de acordo com o novo Código Civil (Lei 10.406/2002). São Paulo: Saraiva, 2005.

DINIZ, Maria Helena. *Lei de introdução ao Código Civil brasileiro interpretada*. 13. ed., rev. e atual. São Paulo: Saraiva, 2007.

DOKHAN, David. *Les limites du contrôle de la constitutionnalité des actes législatifs*. Paris: LGDJ, 2001.

DULITZKY, Ariel E. An Inter-American Constitutional Court? The invention of the conventionality control by the Inter-American Court of Human Rights. *Texas International Law Journal*, vol. 50, Issue 1, 2015, p. 45-93.

DUTHEILLET DE LAMOTHE, Olivier. Contrôle de conventionnalité et contrôle de constitutionnalité en France. *Visite au Tribunal Constitutionnel Espagnol (Madrid, 2-4 avril 2009)*. Paris: Conseil Constitutionnel, 2009, p. 1-5 [mimeo].

DUTHEILLET DE LAMOTHE, Olivier. Contrôle de constitutionnalité et contrôle de conventionnalité. In: *Juger l'administration, administrer la justice: mélanges en l'honneur de Daniel Labetoulle*. Paris: Dalloz, 2007, p. 315-327.

FACCHIN, Roberto. *L'interpretazione giudiziaria della Convenzione europea dei diritti dell'uomo*. Padova: CEDAM, 1990.

FACHIN, Melina Girardi. (Des)acatando uma teoria não seletiva do controle de convencionalidade: ou ainda primeiras reflexões para uma teoria não consequencialista dos diálogos interno-internacional em matéria de direitos humanos. In: COSTA, Pablo Henrique Hubner de Lanna (org.). *Controle de convencionalidade: estudos em homenagem ao Professor Doutor Valerio de Oliveira Mazzuoli*. Belo Horizonte: Arraes, 2019, p. 195-213.

FERRAJOLI, Luigi. *Derechos y garantías: la ley del más débil*. Trad. Perfecto Andrés Ibáñez e Andrea Greppi. Madrid: Trotta, 1999.

FERRAJOLI, Luigi. *Direito e razão: teoria do garantismo penal*. 2. ed. rev. e ampl. Trad. Ana Paula Zomer Sica (*et al.*). São Paulo: RT, 2006.

FERRAJOLI, Luigi. *A soberania no mundo moderno: nascimento e crise do Estado nacional*. Trad. Carlo Coccioli e Márcio Lauria Filho. São Paulo: Martins Fontes, 2007.

FERRAZ JR., Tercio Sampaio. *Introdução ao estudo do direito: técnica, decisão, dominação*. 4. ed., rev. e ampl. São Paulo: Atlas, 2003.

FERREIRA FILHO, Manoel Gonçalves. *Direitos humanos fundamentais*. São Paulo: Saraiva, 1995.

FRANCO FILHO, Georgenor de Sousa; MAZZUOLI, Valerio de Oliveira (orgs.). *Direito internacional do trabalho: o estado da arte sobre a aplicação das convenções internacionais da OIT no Brasil*. São Paulo: LTr, 2016.

GARCIA, Maria. *Limites da ciência: a dignidade da pessoa humana, a ética da responsabilidade*. São Paulo: RT, 2004.

GARCÍA-MORELOS, Gumesindo. *El control judicial difuso de convencionalidad de los derechos humanos por los tribunales ordinarios en México*. México, D.C.: Ubijus, 2010.

GARCÍA-SAYÁN, Diego. Una viva interacción: Corte Interamericana y tribunales internos. *La Corte Interamericana de Derechos Humanos: un cuarto de siglo: 1979-2004*. San José: CIDH, 2005, p. 323-384.

GOHIN, Olivier. Le Conseil d'État et le contrôle de la constitutionnalité de la loi. *Revue Française de Droit Administratif*, 16(6), nov.-dez. 2000, p. 1175-1188.

GOMES, Luiz Flávio. *Estado constitucional de direito e a nova pirâmide jurídica*. São Paulo: Premier Máxima, 2008.

GOMES, Luiz Flávio; VIGO, Rodolfo Luis. *Do Estado de direito constitucional e transnacional: riscos e precauções (navegando pelas ondas evolutivas do Estado, do direito e da justiça)*. São Paulo: Premier Máxima, 2008.

GOMES, Luiz Flávio; GARCÍA-PABLOS DE MOLINA, Antonio. *Direito penal: parte geral*, vol. 2. São Paulo: RT, 2007.

GOMES, Luiz Flávio; MAZZUOLI, Valerio de Oliveira (orgs.). *Crimes da ditadura militar: uma análise à luz da jurisprudência atual da Corte Interamericana de Direitos Humanos*. São Paulo: RT, 2011.

GONZÁLEZ PEREZ, Jesus. *La dignidad de la persona*. Madrid: Civitas, 1986.

GOUVEIA, Jorge Bacelar. *Manual de direito internacional público*. 5. ed. ampl. Coimbra: Almedina, 2017.

GOY, Raymond. *La Cour Internationale de Justice et les droits de l'homme.* Bruxelles: Bruylant, 2002.

GROS ESPIELL, Hector. La Convention américaine et la Convention européenne des droit de l'homme: analyse comparative. *Recueil des Cours*, vol. 218, 1989-VI, p. 167-412.

HÄBERLE, Peter. *La garantía del contenido esencial de los derechos fundamentales*. Trad. Joaquín Brage Camazano. Madrid: Dykinson, 2003.

HENDERSON, Humberto. Los tratados internacionales de derechos humanos en el orden interno: la importancia del principio *pro homine*. *Revista Instituto Interamericano de Derechos Humanos*, vol. 39. San José, 2004, p. 71-99.

HERRERÍAS CUEVAS, Ignacio Francisco. *Control de convencionalidad y efectos de las sentencias*. México, D.C.: Ubijus, 2011.

HERRERÍAS CUEVAS, Ignacio Francisco; RODRÍGUEZ, Marcos del Rosario. *El control de constitucionalidad y convencionalidad: sentencias que han marcado un nuevo paradigma (2007-2012)*. México, D.C.: Ubijus, 2012.

HITTERS, Juan Carlos. Control de constitucionalidad y control de convencionalidad: comparación (criterios fijados por la Corte Interamericana de Derechos Humanos). *Estudios Constitucionales*, año 7, n.º 2. Universidad de Talca, 2009, p. 109-128.

HITTERS, Juan Carlos. Control de convencionalidad (adelantos y retrocesos). *Estudios Constitucionales*, año 13, n.º 1, Universidad de Talca, 2015, p. 123-162.

JAYME, Erik. Identité culturelle et intégration: le droit international privé postmoderne. *Recueil des Cours*, vol. 251, 1995, p. 9-267.

KELSEN, Hans. *Teoria pura do direito*. 7. ed. Trad. João Baptista Machado. São Paulo: Martins Fontes, 2006.

LAFER, Celso. *A internacionalização dos direitos humanos: Constituição, racismo e relações internacionais*. Barueri: Manole, 2005.

LARRIEUX, Jorge T. Caso Gelman *vs.* Uruguay: justicia transicional, Corte Interamericana de Derechos Humanos y el control de convencionalidad. *Anuario de Derecho Constitucional Latinoamericano*, 19. año. Bogotá: Konrad-Adenauer-Stiftung, 2013, p. 589-606.

LOPES, José Reinaldo de Lima. Da efetividade dos direitos econômicos, culturais e sociais. *Direitos humanos: visões contemporâneas*. São Paulo: Associação Juízes para a Democracia, 2001, p. 91-106.

LUCCHETTI, Alberto J. Los jueces y algunos caminos del control de convencionalidad. In: ALBANESE, Susana (coord.). *El control de convencionalidad.* Buenos Aires: Ediar, 2008, p. 131-162.

MAC-GREGOR, Eduardo Ferrer. El control difuso de convencionalidad en el Estado constitucional. In: FIX-ZAMUDIO, Héctor; VALADÉS, Diego (coords.). *Formación y perspectiva del Estado mexicano.* México, D.C.: El Colegio Nacional-UNAM, 2010, p. 151-188.

MAC-GREGOR, Eduardo Ferrer. Reflexiones sobre el control difuso de convencionalidad a la luz del caso Cabrera García y Montiel Flores *vs.* México. *Boletín Mexicano de Derecho Comparado,* año XLIV, n.º 131, maio-ago. 2011, p. 917-967.

MAC-GREGOR, Eduardo Ferrer. Eficacia de la sentencia interamericana y la cosa juzgada internacional: vinculación directa hacia las partes (*res judicata*) e indirecta hacia los Estados parte de la Convención Americana (*res interpretata*) – Sobre el cumplimiento del *Caso Gelman vs. Uruguay. Anuario de Derecho Constitucional Latinoamericano,* 19. año. Bogotá: Konrad-Adenauer-Stiftung, 2013, p. 589-606.

MAC-GREGOR, Eduardo Ferrer; SILVA GARCÍA, Fernando. *El caso Castañeda ante la Corte Interamericana de Derechos Humanos.* México, D.C.: Porrúa, 2009.

MAIA, Luciano Mariz; LIRA, Yulgan; LIRA, Yure. Controle de convencionalidade nos recursos excepcionais. In: MAIA, Luciano Mariz; LIRA, Yulgan (orgs.). *Controle de convencionalidade: temas aprofundados.* Salvador: JusPodivm, 2018, p. 155-183.

MARGUÉNAUD, Jean-Pierre. *La Cour Européenne des Droits de l'Homme.* 3. ed. Paris: Dalloz, 2005.

MARINONI, Luiz Guilherme. *Processo constitucional e democracia.* 2. ed. São Paulo: RT, 2022.

MARINONI, Luiz Guilherme; MAZZUOLI, Valerio de Oliveira (coords.). *Controle de convencionalidade: um panorama latino-americano (Brasil, Argentina, Chile, México, Peru, Uruguai).* Brasília: Gazeta Jurídica, 2013.

MARQUES, Claudia Lima; MAZZUOLI, Valerio de Oliveira. O consumidor-depositário infiel, os tratados de direitos humanos e o necessário diálogo das fontes nacionais e internacionais: a primazia da norma mais favorável ao consumidor. *Revista de Direito do Consumidor,* vol. 70, ano 18. São Paulo, abr.-jun. 2009, p. 93-138.

MARTÍN, Carlos de Cabo. *Sobre el concepto de ley.* Madrid: Trotta, 2000.

MARTINICO, Giuseppe; POLLICINO, Oreste. *The interaction between Europe's legal systems: judicial dialogue and the creation of supranational laws.* Cheltenham, UK: Edward Elgar Publishing, 2012.

MARTINS, Thomas Passos, A implementação do constitucionalismo na França. *Revista da AJURIS*, ano XXXIV, n.º 108. Porto Alegre, dez. 2007, p. 309-322.

MAZZUOLI, Valerio de Oliveira. Direitos humanos provenientes de tratados: exegese dos §§ 1.º e 2.º do art. 5.º da Constituição de 1988. *Revista Jurídica*, vol. 278, ano 48. Porto Alegre, dez. 2000, p. 39-60.

MAZZUOLI, Valerio de Oliveira. O *treaty-making power* na Constituição brasileira de 1988: uma análise comparativa do poder de celebrar tratados à luz da dinâmica das relações internacionais. *Revista Brasileira de Política Internacional*, vol. 44, n.º 2, Brasília, 2001, p. 82-108.

MAZZUOLI, Valerio de Oliveira. *Direitos humanos, Constituição e os tratados internacionais: estudo analítico da situação e aplicação do tratado na ordem jurídica brasileira.* São Paulo: Juarez de Oliveira, 2002.

MAZZUOLI, Valerio de Oliveira. *Prisão civil por dívida e o Pacto de San José da Costa Rica: especial enfoque para os contratos de alienação fiduciária em garantia.* Rio de Janeiro: Forense, 2002.

MAZZUOLI, Valerio de Oliveira. O novo § 3.º do art. 5.º da Constituição e sua eficácia. *Revista Forense*, vol. 378, ano 101. Rio de Janeiro, mar.-abr. 2005, p. 89-109.

MAZZUOLI, Valerio de Oliveira. Eficácia e aplicabilidade dos tratados em matéria tributária no direito brasileiro. *Revista Forense*, vol. 390, ano 103. Rio de Janeiro, mar.-abr. 2007, p. 583-590.

MAZZUOLI, Valerio de Oliveira. A tese da supralegalidade dos tratados de direitos humanos. *Revista Jurídica Consulex*, ano XIII, n.º 195. Brasília, abr. 2009, p. 54-55.

MAZZUOLI, Valerio de Oliveira. O sistema regional europeu de proteção dos direitos humanos. *Revista Forense*, vol. 406, ano 105. Rio de Janeiro, nov.--dez. 2009, p. 325-347.

MAZZUOLI, Valerio de Oliveira. *Comentários à Convenção Americana sobre Direitos Humanos – Pacto de San José da Costa Rica* (com Luiz Flávio Gomes). 3. ed., rev., atual. e ampl. São Paulo: RT, 2010.

MAZZUOLI, Valerio de Oliveira. *Direito supraconstitucional: do absolutismo ao Estado Constitucional e Humanista de Direito* (com Luiz Flávio Gomes). São Paulo: RT, 2010.

MAZZUOLI, Valerio de Oliveira. *Tratados internacionais de direitos humanos e direito interno.* São Paulo: Saraiva, 2010.

MAZZUOLI, Valerio de Oliveira. The Inter-American human rights protection system: structure, functioning and effectiveness in Brazilian law. *Anuario Mexicano de Derecho Internacional*, vol. XI. México, D.C.: UNAM, 2011, p. 331-367.

MAZZUOLI, Valerio de Oliveira. Podem os tratados de direitos humanos não "equivalentes" às emendas constitucionais servir de paradigma ao controle concentrado de convencionalidade? *Direito Público*, vol. 12, n.º 64. Porto Alegre, jul.-ago. 2015, p. 222-229.

MAZZUOLI, Valerio de Oliveira. *Curso de direito internacional público*. 11. ed. rev., atual. e ampl. Rio de Janeiro: Forense, 2018.

MAZZUOLI, Valerio de Oliveira. *Curso de direitos humanos*. 10. ed. rev., atual. e ampl. São Paulo: Método, 2024.

MAZZUOLI, Valerio de Oliveira. *Curso de direito internacional privado*. 6. ed. rev., atual, e ampl. Rio de Janeiro: Forense, 2023.

MAZZUOLI, Valerio de Oliveira; FARIA, Marcelle Rodrigues da Costa e; OLIVEIRA, Kledson Dionysio de. *Controle de convencionalidade pelo Ministério Público*. 2. ed. rev., atual e ampl. Rio de Janeiro: Forense, 2022.

MAZZUOLI, Valerio de Oliveira; AZEVEDO NETO, Platon Teixeira de (orgs.). *Controle de convencionalidade no direito do trabalho brasileiro*. Brasília: Venturoli, 2024.

MELLO, Celso D. de Albuquerque. O § 2.º do art. 5.º da Constituição Federal. In: TORRES, Ricardo Lobo (org.). *Teoria dos direitos fundamentais*. 2. ed. rev. e atual. Rio de Janeiro: Renovar, 2001, p. 1-33.

MENDES, Gilmar Ferreira. *Direitos fundamentais e controle de constitucionalidade*. 3. ed. São Paulo: Saraiva, 2004.

MENDES, Gilmar Ferreira. *Jurisdição constitucional: o controle abstrato de normas no Brasil e na Alemanha*. 5. ed. São Paulo: Saraiva, 2005.

MENDES, Gilmar Ferreira; BRANCO, Paulo Gustavo Gonet. *Curso de direito constitucional*. 8. ed. rev. e atual. São Paulo: Saraiva, 2013.

MIRANDA, Jorge. *Jurisprudência constitucional escolhida*, vol. III. Lisboa: Universidade Católica Editora, 1997.

MIRANDA, Jorge. *Curso de direito internacional público*. 5. ed. rev. e atual. Cascais: Princípia, 2012.

MIRANDA, Jorge. *Manual de direito constitucional*, Tomo VI – Inconstitucionalidade e garantia da Constituição, 4. ed. rev. e atual. Coimbra: Coimbra Editora, 2013.

OLIVEIRA, Kledson Dionysio de. *Processo penal convencional e fundamentos das obrigações positivas do Estado em matéria penal*. Belo Horizonte: D'Plácido, 2022.

OLIVEIRA, Kledson Dionysio de. Processo penal convencional: direito à justiça para as vítimas de crimes na jurisprudência vinculante da Corte Interamericana de Direitos Humanos. In: SARRUBBO, Mario Luiz; MORAN, Fabiola; ROMANO, Michel Betenjane; LEITÃO, Patricia de Carvalho; CHAKIAN, Silvia (coords.). *Ministério Público estratégico: tutela da vítima*. Indaiatuba: Foco, 2024, p. 103-126.

OTEIZA, Eduardo. La doctrina de la Corte Interamericana referida al control difuso de convencionalidad *ex officio*. In: WAMBIER, Teresa Arruda Alvim (coord.). *Direito jurisprudencial*. São Paulo: RT, 2012, p. 203-224.

PEREIRA, André Gonçalves; QUADROS, Fausto de. *Manual de direito internacional público*. 3. ed. rev. e aum. (reimpressão). Coimbra: Almedina, 2001.

PIOVESAN, Flávia. *Direitos humanos e o direito constitucional internacional*. 7. ed. rev., ampl. e atual. São Paulo: Saraiva, 2006.

PONTES DE MIRANDA, Francisco Cavalcanti. *Comentários à Constituição de 1967 com a Emenda n. 1 de 1969*, Tomo III, 3. ed. Rio de Janeiro: Forense, 1987.

RAMÍREZ, Sergio García. *La Corte Interamericana de Derechos Humanos*. México, D.C.: Porrúa, 2007.

RAMÍREZ, Sergio García. El control judicial interno de convencionalidad. In: BOGDANDY, Armin von; PIOVESAN, Flávia; ANTONIAZZI, Mariela Morales (coords.). *Estudos avançados de direitos humanos: democracia e integração jurídica – emergência de um novo direito público*. Rio de Janeiro: Elsevier, 2013, p. 557-589.

RAMOS, André de Carvalho. *Processo internacional de direitos humanos: análise dos sistemas de apuração de violações dos direitos humanos e a implementação das decisões no Brasil*. Rio de Janeiro: Renovar, 2002.

RAMOS, André de Carvalho. Tratados internacionais: novos espaços de atuação do Ministério Público. *Boletim Científico – Escola Superior do Ministério Público da União*, ano II, n.º 7. Brasília, abr.-jun. 2003, p. 86-88.

RAMOS, André de Carvalho. *Responsabilidade internacional por violação de direitos humanos: seus elementos, a reparação devida e sanções possíveis*. Rio de Janeiro: Renovar, 2004.

RAMOS, André de Carvalho. Responsabilidade internacional do Estado por violação de direitos humanos. *Revista CEJ*, n.º 29. Brasília, abr.-jun. 2005, p. 53-63.

RAMOS, André de Carvalho. *Teoria geral dos direitos humanos na ordem internacional*. 2. ed. São Paulo: Saraiva, 2012.

REALE, Miguel. *Fontes e modelos do direito: para um novo paradigma hermenêutico*. São Paulo: Saraiva, 1994.

REZEK, José Francisco. *Direito internacional público: curso elementar*. 10. ed. rev. e atual. São Paulo: Saraiva, 2005.

RIDEAU, Joel. Le rôle de l'Union européenne en matière de protection des droits de l'homme. *Recueil des Cours*, vol. 265, 1997, p. 9-480.

ROSA, Alexandre Morais da. *Garantismo jurídico e controle de constitucionalidade material*. Florianópolis: Habitus, 2002.

ROSS, Alf. *Direito e justiça*. Trad. Edson Bini. Bauru: Edipro, 2000.

SAGÜÉS, Néstor Pedro. El "control de convencionalidad" en el sistema interamericano, y sus anticipos en el ámbito de los derechos económico-sociales: concordancias y diferencias con el sistema europeo. In: BOGDANDY, Armin von; FIX-FIERRO, Héctor; ANTONIAZZI; Mariela Morales; MAC-GREGOR, Eduardo Ferrer (coords.). *Construcción y papel de los derechos sociales fundamentales*. México, D.C.: UNAM, 2011, p. 381-417.

SAGÜÉS, Néstor Pedro. Obligaciones internacionales y control de convencionalidad. *Estudios constitucionales*, año 8, n.º 1. Universidad de Talca, 2010, p. 117-136.

SAGÜÉS, Néstor Pedro. El "control de convencionalidad", en particular sobre las Constituciones nacionales. *La Ley*, año LXXIII, n.º 35. Buenos Aires, fev. 2009, p. 1-3.

SAGÜÉS, Néstor Pedro. Notas sobre el control ejecutivo de convencionalidad. In: BAZÁN, Víctor; RIVERA, Edwin Castro; TERÁN, Sergio J. Cuarezma (orgs.). *Estado constitucional y convencional*. Managua: INEJ/Hispamer, 2017, p. 51-60.

SAMPAIO, José Adércio Leite. *A Constituição reinventada pela jurisdição constitucional*. Belo Horizonte: Del Rey, 2002.

SARLET, Ingo Wolfgang. *A eficácia dos direitos fundamentais*. 6. ed. rev. atual. e ampl. Porto Alegre: Livraria do Advogado, 2006.

SCHNAID, David. *Filosofia do direito e interpretação*. 2. ed. rev. e atual. São Paulo: RT, 2004.

SCHWEITZER, Michael. *Staatsrecht III: Staatsrecht, Völkerrecht, Europarecht*. 9. Aufl. Heidelberg: C.F. Müller, 2008.

SILVA IRARRAZAVAL, Luis Alejandro. El control de constitucionalidad de los actos administrativos en Francia y el control indirecto de constitucionalidad de la ley: la teoría de la ley pantalla. *Ius et Praxis*, vol. 12, n.º 2, 2006, p. 201-219.

SILVA, José Afonso da. *Curso de direito constitucional positivo*. 26. ed. rev. e atual. São Paulo: Malheiros, 2006.

SILVA, José Afonso da. *Comentário contextual à Constituição*. 2. ed. São Paulo: Malheiros, 2006.

SOUSA, Filipe Venade de. O controle de convencionalidade da Convenção das Nações Unidas sobre os Direitos das Pessoas com Deficiência: uma visão portuguesa. *Revista dos Tribunais*, vol. 938, ano 102. São Paulo, dez. 2013, p. 183-210.

SUDRÉ, Frédéric. A propos du "dialogue des juges" et du contrôle de conventionnalité. *Mélanges Jean-Claude Gautron*. Paris: A. Pedone, 2004, p. 207-226.

TAVARES, André Ramos. *Reforma do Judiciário no Brasil pós-88: (des)estruturando a justiça*. São Paulo: Saraiva, 2005.

TELLES JUNIOR, Goffredo. *Iniciação na ciência do direito*. São Paulo: Saraiva, 2001.

TIGROUDJA, Hélène. *La Cour Interaméricaine des Droits de l'Homme: analyse de la jurisprudence consultative et contentieuse*. Bruxelles: Bruylant, 2003.

VELLOSO, Carlos Mário da Silva. Os tratados na jurisprudência do Supremo Tribunal Federal. *Revista de Informação Legislativa*, ano 41, n.º 162. Brasília, abr.-jun. 2004, p. 35-45.

VIGNALI, Heber Arbuet; ARRIGHI, Jean Michel. Os vínculos entre o direito internacional público e os sistemas internos. *Revista de Informação Legislativa*, ano 29, n.º 115. Brasília, jul.-set. 1992, p. 413-420.

WEIS, Carlos. *Direitos humanos contemporâneos*. São Paulo: Malheiros, 1999.

ZIMERMAN, Silvina. El camino emprendido por los jueces hacia el control de covnencionalidad: los derechos económicos, sociales y culturales. In: ALBANESE, Susana (coord.). *El control de convencionalidad*. Buenos Aires: Ediar, 2008, p. 267-286.

Obras do Autor

Livros publicados

Controle jurisdicional da convencionalidade das leis. 6. ed. rev., atual. e ampl. Rio de Janeiro: Forense, 2025.

Curso de direito internacional privado. 6. ed. rev., atual. e ampl. Rio de Janeiro: Forense, 2023.

Curso de direito internacional público. 16. ed. rev., atual. e ampl. Rio de Janeiro: Forense, 2023.

Curso de direitos humanos. 10. ed. rev., atual. e ampl. São Paulo: Método, 2024.

Direito dos tratados. 2. ed. rev., atual. e ampl. Rio de Janeiro: Forense, 2014.

Direito internacional público: parte geral. 8. ed. rev., atual. e ampl. São Paulo: Ed. RT, 2014.

Direito internacional: tratados e direitos humanos fundamentais na ordem jurídica brasileira. Rio de Janeiro: América Jurídica, 2001.

Direitos humanos. São Paulo: Método, 2024 (Coleção Exame Nacional da Magistratura – ENAM).

Direitos humanos, Constituição e os tratados internacionais: estudo analítico da situação e aplicação do tratado na ordem jurídica brasileira. São Paulo: Juarez de Oliveira, 2002.

Direitos humanos e cidadania à luz do novo direito internacional. Campinas: Minelli, 2002.

Direitos humanos na jurisprudência internacional: sentenças, opiniões consultivas, decisões e relatórios internacionais (com a colaboração de Monique Jeane Barbosa da Silva e Jennifer de Lara Gnoatto). São Paulo: Método, 2019.

Estudos avançados de direito internacional. Belo Horizonte: Arraes, 2017.

Natureza jurídica e eficácia dos acordos stand-by com o FMI. São Paulo: Ed. RT, 2005.

Os sistemas regionais de proteção dos direitos humanos: uma análise comparativa dos sistemas interamericano, europeu e africano. São Paulo: Ed. RT, 2011 (Coleção "Direito e Ciências Afins", vol. 9).

Por um tribunal de justiça para a Unasul: a necessidade de uma corte de justiça para a América do Sul sob os paradigmas do Tribunal de Justiça da União Europeia e da Corte Centro-Americana de Justiça. Brasília: Senado Federal/Secretaria de Editoração e Publicações, 2014.

Prisão civil por dívida e o Pacto de San José da Costa Rica: especial enfoque para os contratos de alienação fiduciária em garantia. Rio de Janeiro: Forense, 2002.

Tratados internacionais de direitos humanos e direito interno. São Paulo: Saraiva, 2010.

Tratados internacionais: com comentários à Convenção de Viena de 1969. 2. ed. rev., ampl. e atual. São Paulo: Juarez de Oliveira, 2004.

Tribunal Penal Internacional e o direito brasileiro. 3. ed. rev. e atual. São Paulo: Ed. RT, 2012 (Coleção "Direito e Ciências Afins", vol. 3).

Coautoria

Acumulação de cargos públicos: uma questão de aplicação da Constituição. 2. ed. rev., atual. e ampl. Com Waldir Alves. Belo Horizonte: Arraes, 2017.

Comentários à Convenção Americana sobre Direitos Humanos. Com Flávia Piovesan e Melina Girardi Fachin. Rio de Janeiro: Forense, 2019.

Comentários à reforma criminal de 2009 e à Convenção de Viena sobre o Direito dos Tratados. Com Luiz Flávio Gomes e Rogério Sanches Cunha. São Paulo: Ed. RT, 2009.

Contratos comerciais internacionais em situações de crise: estudo comparado de direito europeu e latino-americano sobre negócios estrangeiros em crises transnacionais. Com Gabriella Boger Prado. Belo Horizonte: D'Plácido, 2021.

Controle de convencionalidade pelo Ministério Público. Com Marcelle Rodrigues da Costa e Faria e Kledson Dionysio de Oliveira. 2. ed. rev., atual. e ampl. Rio de Janeiro: Forense, 2022.

Direito supraconstitucional: do absolutismo ao Estado Constitucional e Humanista de Direito. 2. ed. rev., atual. e ampl. Com Luiz Flávio Gomes. São Paulo: Ed. RT, 2013 (Coleção "Direito e Ciências Afins", vol. 5).

O judiciário brasileiro e o direito internacional: análise crítica da jurisprudência nacional. Com Jahyr-Philippe Bichara. Belo Horizonte: Arraes, 2017.

O juiz e o direito: o método dialógico e a magistratura na pós-modernidade. Com Luiz Flávio Gomes. Salvador: JusPodivm, 2016.

Teoria tridimensional das integrações supranacionais: uma análise comparativa dos sistemas e modelos de integração da Europa e América Latina. Com Michele Carducci. Rio de Janeiro: Forense, 2014.

Coautoria e coordenação

Direitos humanos contemporâneos: perspectivas da proteção internacional e impactos no direito brasileiro. Rio de Janeiro: Lumen Juris, 2023.

Direitos humanos das minorias e grupos vulneráveis. Belo Horizonte: Arraes, 2018.

Direito internacional nos tribunais superiores. Belo Horizonte: Arraes, 2021.

Novos paradigmas da proteção internacional dos direitos humanos: diálogos transversais, proteção multinível e controle de convencionalidade no direito brasileiro. Belo Horizonte: Arraes, 2018.

O novo direito internacional do meio ambiente. Curitiba: Juruá, 2011.

Coautoria e cocoordenação

Controle de convencionalidade: um panorama latino-americano *(Brasil, Argentina, Chile, México, Peru, Uruguai).* Com Luiz Guilherme Marinoni. Brasília: Gazeta Jurídica, 2013.

Crimes da ditadura militar: uma análise à luz da jurisprudência atual da Corte Interamericana de Direitos Humanos. Com Luiz Flávio Gomes. São Paulo: Ed. RT, 2011.

Direito à liberdade religiosa: desafios e perspectivas para o século XXI. Com Aldir Guedes Soriano. Belo Horizonte: Fórum, 2009.

Direito da integração regional: diálogo entre jurisdições na América Latina. Com Eduardo Biacchi Gomes. São Paulo: Saraiva, 2015.

Direito internacional do trabalho: o estado da arte sobre a aplicação das convenções internacionais da OIT no Brasil. Com Georgenor de Sousa Franco Filho. São Paulo: LTr, 2016.

Direito internacional dos direitos humanos: estudos em homenagem à Professora Flávia Piovesan. Com Maria de Fátima Ribeiro. Curitiba: Juruá, 2004.

Direito internacional dos direitos humanos e impactos na ordem interna: controle de convencionalidade, tridimensionalidade protetiva e garantia do princípio pro homine. Com Ana Flávia Marcelino de Barros. Belo Horizonte: Arraes, 2021.

Doutrinas essenciais de direito internacional, 5 vols. Com Luiz Olavo Baptista. São Paulo: Ed. RT, 2012.

Hard cases controle de convencionalidade e o posicionamento do Supremo Tribunal Federal. Com Eduardo Biacchi Gomes. Curitiba: Instituto Memória, 2020.

Novas perspectivas do direito ambiental brasileiro: visões interdisciplinares. Com Carlos Teodoro José Hugueney Irigaray. Cuiabá: Cathedral, 2009.

Novas vertentes do direito do comércio internacional. Com Jete Jane Fiorati. Barueri: Manole, 2003.

Novos estudos de direito internacional contemporâneo, 2 vols. Com Helena Aranda Barrozo e Márcia Teshima. Londrina: EDUEL, 2008.

O Brasil e os acordos econômicos internacionais: perspectivas jurídicas e econômicas à luz dos acordos com o FMI. Com Roberto Luiz Silva. São Paulo: Ed. RT, 2003.

Práticas do sistema interamericano de direitos humanos: reflexões sobre a eficácia das garantias convencionais e impactos no ordenamento interno. Com Murilo Franco de Miranda. Belo Horizonte: Arraes, 2019.

Organização

Vade Mecum Internacional. 18. ed. rev., atual. e ampl. São Paulo: Método, 2024.

Obras em língua estrangeira

Em inglês

The law of treaties: a comprehensive study of the 1969 Vienna Convention and beyond. Rio de Janeiro: Forense, 2016.

Em francês

Le régime des contrats commerciaux internationaux au regard des situations de crises sanitaires transnationales: étude comparative de droit européen et droit latino-americain. Com Gabriella Boger Prado. Curitiba: Instituto Memória, 2020.

Em espanhol

Derecho de los tratados. Naucalpan de Juárez: Derecho Global, 2024.

Derecho internacional público contemporáneo. Barcelona: Bosch, 2019.

Manual contemporáneo de derechos humanos. San Salvador: Cuscatleca, 2021.

Obras não jurídicas

Chopin: elementos de pianística e impressões sobre a vida e obra. Belo Horizonte: Letramento, 2020.

Da pedra bruta à pedra cúbica: ensaios de evolução do aprendiz ao companheiro. Cuiabá: Umanos, 2022.

Simbolismo astrológico e duodenário zodiacal no R∴E∴A∴A∴. Belo Horizonte: D'Plácido, 2023.

Coautoria e cocoordenação

Arte, cultura e civilização: ensaios para o nosso tempo. Com Gilberto Morbach. Belo Horizonte: Letramento, 2021.